신약성경 이야기

三浦綾子 지음 / 崔正善 옮김

志 成 文 化 社

야훼여! 당신 장막에서 살 자 누구입니까?
당신의 거룩한 산에 머무를 자 누구입니까?
허물없이 정직하게 살며
마음으로부터 진실을 말하고
남을 모함하지 않는 사람,
이웃을 해치지 않고
친지를 모욕하지 않으며,
야훼 눈 밖에 난 자를 얕보되
야훼 두려워하는 이를 높이는 사람,
손해를 보아도 맹세를 지키고
돈놀이하지 않으며,
뇌물을 받고 무죄한 자를 해치지 않는 사람,
이렇게 사는 사람은 영원히 흔들리지 아니하리라.

—— 시편 제15편 〈다윗의 시〉

역자의 머리말

우리 인간은 영(靈)과 육(肉)을 아울러 가져야 사람이다. 육도 먹어야 살지만 영도 먹어야 산다.

"사람이 떡으로만 살 것이 아니요, 하나님의 입으로 나오는 모든 말씀으로 살 것이라."(마 4 : 4)

이 사막과 같이 메마른 세상에서 우리는 이따금씩 영적 기갈(飢渴)을 느낀다. 나는 대체 무엇이냐, 나는 왜 존재하느냐, 삶이란 무엇이냐, 나를 에워싼 세계란 무엇이냐 등등 우리의 영은 끝없이 의문을 발하며 갈구(渴求)한다.

이 요구를 충족시켜 줄 양서(良書)의 하나가 바로 이 「신약성경 이야기」(原題;신약성서 입문)이다. 이 책의 저자 미우라 아야꼬(三浦綾子) 여사는 25년의 신력(信歷)을 가졌다. 이 책을 옮겨 쓰면서 나는 먼저 그 연륜의 무게에 놀랐다. 그리고 여사의 해박한 성서 지식에 더욱 놀랐다. 전문가를 능가하는 심오함에 경탄을 금할 수가 없었기 때문이다.

그 무엇보다도 이 책을 빛내는 것은 여사의 부드러운 필치로 깊은 진리를 잘 소개했다는 점이다. 이미 우리는 여사의 저서 「빙점(氷點)」으로 그 문장에 너무나 친숙하다. 그리고 여사의 저서 「구약성경 이야기」(原題;구약성서 입문)를 읽으신 분은 이 책이 그것에 쌍벽을 이루는 훌륭한 책임을 잘 아실 것이다.

그리스도교가 유대교에 뿌리를 두듯이, 「신약성서」는 「구약성서」에 근원을 둔다. 그리고 「신약성서」가 예수 그리스도의 전기(傳記)라면 구약성서는 예수 그리스도의 출현의 예고(豫告)이다.

"이 성경이 곧 내게 대하여 증거하는 것이로다."(요 5 : 39)

여기서 '나'는 예수 그리스도 자신을 가리키고, '성경'은 「구약성서」를 가리킨다(예수 그리스도 당시에는 「신약성서」가 아직 한 줄도 기록되지 않았다). 그러므로 「구약성서」도 "생명의 떡"(요 6 : 35)인 예수 그리스도를 설명하는 책이고, 물론 「신약성서」는 더욱 그렇다.

"내게 오는 자는 결코 주리지 아니할 터이요, 나를 믿는 자는 영원히 목마르지 아니하리라"——저자 미우라 여사는 이 점을 잘 파악하여 그 해설에 주력하였다. 그리고 친절하게 「신약성서」 27 권 전반에 걸쳐서 안내하였다. 최고의 문학이라고 일컫는 성서를 쉽게 터득할 수 있는 지름길을 여기에 마련해 놓은 것이다.

"썩는 양식"을 위하여 세월을 허송하는 사람이 많은 이 때에 "영생하도록 있는 양식"(요 6 : 27)을 위하여 일하는 일꾼들이 이 책으로 많이 살찌기를 바라는 마음 간절하다.

崔 正 善

마음이 풍요로워지는 길

사람은 대체로 언제 어떤 동기로 성서에 접촉할까? 일본 가정의 80퍼센트가 성서를 가졌다고 하는데, 그 성서는 저마다 어떻게 해서 가지게 되었을까?

선물로 받았다는 사람도 있겠지만, 어느 날 처점에서 문득 눈에 띄어서 샀다는 사람도 있을 것이다. 언제인가 나는 성서 한 권을 사기 위해 낙도로부터 일부러 배를 타고서 육지의 도시에 있는 서점까지 갔다 온 사람의 얘기를 듣고 감동한 일이 있다.

여하간 여러 모양으로 성서가 우리의 집안에 있는 것이다. 그러나 아무리 자기 스스로 원해서 사 와도 그 성서를 당장 처음부터 끝까지 통독한 사람은 몇 사람도 못 될 것이다. 대개의 경우 펼쳐 보기는 했지만 곧 내던져 버렸다든가, 아주 옛날부터 집에 성서가 있었지만 손에 들어 본 일도 없다는 것이 우리들의 성서와의 관련 방식이 아닐까?

세상에는 아주 무관심으로 한평생을 마치는 사람도 적지 않다. 그러나 어떤 사람이라도 한평생에 한 번이나 두 번은 반드시,

"오오, 하나님!"

하고 외치며,

"대체 어떻게 하면 좋을까?"

하고 신음하는 슬픔과 고통을 당하지 않을까?

만일 그럴 때에 그 사람이 성서를 알고 있다면 그 고통과 슬픔은

그 사람에게 단순한 고통과 슬픔으로 끝나지 않고, 좀더 다른 의미를 지닐는지도 모른다.

나 자신 성서를 몰랐을 때의 자신과 알고부터의 자신을 비교해서 그렇게 생각한다. 나는 13년 동안 긴 병을 앓았다. 육친과 애인의 죽음도 만났다. 인간관계의 번민도 당했다. 그러나 성서를 알고부터의 그런 슬픔과 고통은 이전의 슬픔과 고통과는 전혀 다른 의미를 지니게 되었다.

나는 성서를 한 번도 손에 들어 보지 못한 사람, 읽어 보기는 했지만 어려운 듯해서 읽을 수가 없다고 생각하는 사람, 그런 사람들과 함께 「신약성서」의 세계에 대해서 힘써 쉽게 이야기하고 싶어서 이 글을 쓰기 시작했다. 내게도 성서는 어려운 책이었던 만큼 그런 사람들의 마음을 알기 때문이다.

그런데 지금은 그리 눈에 띄지 않으나, 나의 소녀시절인 1930년경에는 노방(路傍) 전도를 하는 구세군(그리스도교의 한 갈래)의 모습을 흔히 목격했었다. 북을 두들기면서,

"믿기만 하오.

믿는 사람은 아무나

구원받으리."

라고 찬송가를 큰소리로 부르고, 성서를 읽으며 길 가는 사람들에게 소리치고 있었다.

하지만 거의 모든 사람들이 관심을 보이지 않고 빨리빨리 지나갔다. 그중에는,

"뭐야, 예수쟁이들이 !"

하고, 들으라는 듯이 욕지거리를 하는 사람들도 있었다. 그러나 때로는 두 사람이나 세 사람이 머물러 서서 조용히 그 이야기에 귀를 기울이기도 하였다. 나는 어쨌느냐 하면, 관심을 보이지 않고 가 버리는 쪽이었다.

그러나 이 노방 전도에서 인도를 받아 신도나 목사가 된 사람도

의외로 생겼다.

나는 이 '신약성서 입문'을 광문사(光文社) 발행인 「보석」이라는 월간지에 1977년 1월호부터 13회에 걸쳐서 연재했다. 정치·경제·사회 사건을 중심으로 편집하는 이 잡지에 '신약성서 입문'을 연재함에 있어서 나는 어쩐지 노방 전도를 시작하는 것 같은 감개를 품었다. 이 잡지는 종교지가 아니었기 때문이다. 아마 대부분의 사람은 '신약성서 입문'이라는 제목의 이 페이지에는 아무런 관심도 보이지 않고 넘기고 읽을 것이 아닌가, 나는 그렇게 생각했다.

이 묶여진 책도 여러 종류의 책이 진열되는 서점의 한구석에 진열될 것이지만, 역시 노방 전도와 같은 것이라고 생각한다.

거의 모든 사람은 이 책을 손에 드는 일이 없지 않을까? 그러나 몇 사람은 열심으로 읽어 줄는지도 모른다. 그러고 또 성서를 읽기에 이르는지도 모른다. 그런 사람이 설혹 한 사람이나 두 사람이라도 좋다. 나는 그런 사람들을 위해서 이 책을 세상에 내놓고 싶다.

되풀이하지만, 나는 이 '신약성서 입문'을 시종 힘써 쉽게 썼다고 생각한다. 나는 물론 목사도 아니고, 교사도 아니다. 주일마다 교회로 가서 예배를 드리고, 목사의 설교를 듣고 있는 평신도에 지나지 않는다. 그래서 전문적인 일은 아무 것도 모른다. 그리스도를 믿는 25년 동안에 목사와 신앙 선배들에게서 듣거나, 여러 가지 그리스도교지(誌)와 참고서 중에서 읽거나, 나 혼자서 느끼거나 생각했던 것을 쓴 것뿐이다. 선인들이 연구하고 생각한 것이 내 나름대로의 모양으로 이 책에 나타난 것뿐이어서, 말하자면 받아 옮긴 것이나 인용된 것을 또 인용한 것이 많다.

그러나 내 나름대로 미력을 다해서, 이 책이 '신약성서의 입문'에 약간이라도 도움이 되기를 기도하면서 썼다고 생각한다. 이 빈약한 책을 통해서 성서를 친근히 해주신다면 더 이상 다행한 일이 없겠다.

이 책은 앞서 광문사에서 출판한 조그만 책자 「구약성경 이야기」

(原題;구약성서 입문)의 자매판이다. 성서는 신약과 구약을 합쳐서 완전한 한 권이 되므로, 이 입문서도 두 권 합쳐서 한 권이라고 생각하고 읽어 주시기를 바란다. 그리고 각 장(章)이 평균하지 못하고, 특히 마태복음에 지면을 많이 소비하고, 서간이 그 성질상의 점도 있어서 극히 간단히 끝난 것을 사과 드린다.

끝으로, 연재 때에 많이 도와주신 여러 선생님에게 깊은 감사를 드린다.

미우라 아야꼬(三浦綾子)

1

마태복음(Matthew 福音)

"마음이 가난한 사람들은 행복하다. 천국이 저들의 것
이다." 이 예수님의 말씀을 들으면서 마태는 무엇을 생
각했을까? 우리는 하나님 앞에 설 때 진정 자랑할 만한
것이 무엇일까? 돈주머니는 천국에서 한푼의 가치도
없다. 지위가 있다고 먼저 천국의 문을 통과할 수도
없다. 하나님 앞에는 그저 "저에게는 자랑할 아무 것도
없습니다"는 겸손뿐이다.

사랑하는 사람에게서 선물로 받은 성서

내가 처음으로 성서를 손에 든 것은 주일학교를 다니던 소학교 3학년 생일 때이다. 그러나 이 때 내가 주일학교를 다닌 것은 하나님을 찾으려 했기 때문이 아니다. 나의 집은 그 당시 12명의 대가족인데다 또 사내아이가 많았기 때문에 일요일은 집안이 쿵쾅 하고 떠들며 돌아다니는 아이들로 시끄러웠다. 여하간 8조(疊=다다미) 두 칸, 6조 한 칸의 단 세 칸 밖에 없는 집이었다. 비 내리는 날이나 겨울의 추운 날은 아무래도 집안에서 놀게 된다. 책을 읽는 것을 좋아하던 나는 그 시끄러운 세계가 싫었다. 그래서 친구들이 권유하는 대로 교회를 다녔다. 말하자면 조용한 일요일을 원했던 것이다.

그러므로 이 때 성서를 펼쳤다는 것도 나에게 그리 큰 영향을 주지 못했다. 따라서 성서를 읽은 것은 이미 연령도 27세가 된 요양 중일 때였다. 그때도 나는 성서를 마음속에서 읽고 싶은 것이 아니었다.

다른 책에서도 썼지만, 나는 전시중 다른 교사들과 마찬가지로 그저 부질없이 열성스런 교사였다. 그 7년째에 패전을 당했다. 일본은 미군의 점령하에 들어갔고, 미군의 지령으로 교과서는 부분부분 먹으로 지워야 했다. 그런 작업을 학생에게 지시하면서 아직 젊었던 나의 가슴은 참기 어려운 굴욕감으로 아팠다. 어제까지 가슴을 펴고 가르치던 교과서에 먹을 칠하게 하는 이 이상한 체험 속에서 나는 언덕에서 거꾸로 굴러 떨어지는 속도로 허무의 연못 속으로 떨어졌다.

상세한 것은 자서전 「길이 있었다」에 쓰여 있는데, 그 후부터의 나는 이미 열성 있는 교사가 아니었다.

그때까지 열심이었던 만큼, 교과서에 먹칠을 하게 한 교사인 나는 아이들 앞에 얼굴을 들 수 없다는 생각으로 교단에 섰다. 이미 나는 엄하게 꾸짖는 교사가 아니었다. 수업중 학생들이 사담을 하든, 숙제를 잊고 오든 그런 일은 아무래도 좋았다. 이곳저곳 먹칠 투성이인 교과서 그 어디를 펼쳐서 도대체 무엇을 가르치겠단 말인가? 어제까지 옳았던 일이 왜 옳지 않은가? 과연 오늘 옳지 않다고 하는 것이 진정 옳지 않은가? 나는 가르친다는 일의 무게를 그때 겨우 깨달았고, 또 두려웠다. 그리고 나는 교실에서 빨래를 하면서 학생에게 자습을 명하는 교사가 되어 버렸다. 이러는 중에 나는 두 남성과 거의 동시에 약혼하고, 퇴직하고, 그 직후 발병하여 결핵요양소로 들어갔다.

그 뒤, 3년의 세월이 흘러서도 나는 여전히 허무적이고 자포자기하는 나날을 되풀이하면서 요양하고 있었다. 그러던 내 앞에 나타난 사람이 소꿉친구인 마에까와 타다시(前川正)라는 의학도였다. 그도 역시 요양중이었는데, 그는 나와는 달리 크리스찬 가정에서 자란 독실한 크리스찬이었다. 그에게서 「신약성서」를 선물로 받은 것은 그 1년 후였다. 그가 읽으라고 낡아진 그 「신약성서」의 속표지에는,

'너희가 짐을 서로 지라'

는 사인이 되어져 있었다. 그 성서를 내게 건네 줄 때 그는 말했다.

"나와 함께, 날마다 성서를 처음부터 읽어 보지 않으시렵니까?"

나는 고개를 끄덕였다. 이렇게 끄덕이기까지의 1년 동안의 일들은 길어지기 때문에 생략하지만, 나는 이미 그를 사랑하기 시작했었다.

예수 그리스도의 족보

그러나 허무적인 생각은 끈질기게 나의 마음을 점령하고 있었다
(그이한테서 성서를 받기 1년 전에 다른 사람에게서 받았지만, 거
의 읽지 않았다).

그이한테서 받은 성서의 첫 페이지를 펼치니까,

"아브라함과 다윗의 자손, 예수 그리스도의 세계(世系)라"

라고 쓰여 있고, 이어 수십 명의 인명이 쓰여 있었다. 나는 이것에
놀랐다. 나는 독서를 좋아하는 편이어서 구미(歐美)의 번역서도 즐
겨 읽었다. 지루할 만큼 세밀한 자연묘사로 시작되는 소설도 질려
서 물러난 일이 없었다. 그러나 이「신약성서」의 첫 페이지는 얼마
나 무뚝뚝한 표정을 보이는가.

하지만 성서를 가지신 분이나 보신 분은 아시겠지만, 성서를 가
지지 못한 사람은 그것이 얼마나 무뚝뚝한 글인가를 아마 상상도
할 수 없으리라고 생각한다. 그래서 다음에 마태복음 1장의 족보
부분을 전문 인용해 보겠다. 이 첫머리의 글을 처음으로 읽으시고
"이것은 재미있을 것 같다"든가, "얼마나 멋진 서두(書頭)인가" 하
고 시초부터 생각하시는 분이 계시다면 서신을 주시기 바란다.

아브라함과 다윗의 자손, 예수 그리스도의 세계라.

아브라함이 이삭을 낳고, 이삭은 야곱을 낳고, 야곱은 유다와
그의 형제를 낳고, 유다는 '다말에게서' 베레스와 세라를 낳고,
베레스는 헤스론을 낳고, 헤스론은 람을 낳고, 람은 아미나답을
낳고, 아미나답은 나손을 낳고, 나손은 살몬을 낳고, 살몬은 '라
합에게서' 보아스를 낳고, 보아스는 '룻에게서' 오벳을 낳고, 오
벳은 이새를 낳고, 이새는 다윗왕을 낳으니라.

다윗은 '우리야의 아내에게서' 솔로몬을 낳고, 솔로몬은 르호
보암을 낳고, 르호보암은 아비야를 낳고, 아비야는 아사를 낳고,

아사는 여호사밧을 낳고, 여호사밧은 요람을 낳고, 요람은 웃시야를 낳고, 웃시야는 요담을 낳고, 요담은 아하스를 낳고, 아하스는 히스기야를 낳고, 히스기야는 므낫세를 낳고, 므낫세는 아몬을 낳고, 아몬은 요시야를 낳고, 바벨론으로 이거할 때에 요시야는 여고냐와 그의 형제를 낳으니라.

바벨론으로 이거한 후에 여고냐는 스알디엘을 낳고, 스알디엘은 스룹바벨을 낳고, 스룹바벨은 아비훗을 낳고, 아비훗은 엘리아김을 낳고, 엘리아김은 아소르를 낳고, 아소르는 사독을 낳고, 사독은 아킴을 낳고, 아킴은 엘리웃을 낳고, 엘리웃은 엘르아살을 낳고, 엘르아살은 맛단을 낳고, 맛단은 야곱을 낳고, 야곱은 마리아의 남편 요셉을 낳았으니 마리아에게서 그리스도라 칭하는 예수가 나시니라.

어떤가? 이 족보를 한 자도 **빼지** 않고 읽으신 분이 몇 분이나 계실까? 나는 마에까와 타다시와 성서를 건너뛰지 않고 읽기로 약속했기 때문에 하는 수 없이 읽었다. 여하간 한 자도 빼지 않고 읽었다. 이것만 읽는데도 인간은 매우 지루하리라고 생각했다. 그래서 도중부터 나의 애인으로 삼는다면 어떤 이름이 좋을까 하고 참으로 성실치 못한 태도로 겨우 읽었다.

'웃시야(일본음으로 우지야, 우지가 구더기와는 음이 같음=역자 주)라니 구역질나는군. 스룹바벨(일본음으로 조로바베루, 조로는 벌레를 연상케 하고, 바베루는 먹는다는 말과 비슷함=역자 주)이라니 기분이 **나쁘다.** '

라고 속으로 생각하면서 읽었다.

그러나 그로부터 27년이 지난 지금은 다르다. 그것은 일본인이 '오다 노부나가(織田信長), 아께찌 미쯔히데(明治光秀), 토요또미 히데요시(豊臣秀吉), 토꾸가와 이에야스(德川家康)'라고 나열한 것만 보고서 그것이 천하를 장악한 차례이고, 한 사람 한 사람의 성격이나 사건이나 에피소드를 뚜렷하게 상기하는 것과 비슷하다. 즉, 지금은 내가 지루함을 느끼지 않고 오히려 흥미 깊게 이 족보를 읽을 수가 있다.

그런데 이 마태복음은 유대인을 위해서 쓰여진 복음서였다.

버클레이의 주석에 의하면, 유대인에게는 그 인물이 어떤 가문에 태어났느냐 하는 문제가 매우 흥미 있는 것이었다. 그것은 유대인이 민족의 혈통을 존중했기 때문인데, 외국인의 피가 조금이라도 섞인 인간은 유대인이라고 불리울 자격이 없었다고 한다.

그래서 하나님을 섬기는 제사장에게는 족보 제출을 의무화했었고, 아내의 족보도 5대 전까지는 밝혀야 했다. 그리고 이 족보들은 한 곳에 보존되어 있었다.

그 당시의 헤롯왕은 에돔인과 유대인의 혼혈이었기 때문에 등록담당자를 죽여서 증거를 인멸하려고조차 했다고 한다. 그 정도까지 유대인에게 족보는 매우 흥미로운 것이고 또 중요한 것이었다.

예수라는 30 가량의 청년은 어떤 족보를 가지고 있었는가. 이 마태복음의 첫 페이지를 읽을 때의 유대인의 표정이 상상된다. 유대인들은 유대교의 성전(聖典)인 「구약성서」에 밝아서 구약성서에 나타나는 왕과 인물들의 이름을 잘 기억하고 있었다. 그 왕들의 이름이 계속 나오는 예수 그리스도의 족보는 매우 무게가 있는 것이었으리라.

그런데 나는 이 족보에 대해 몇 번인가 설교를 들으면서 이 자랑스러운 족보 중에도 사실은 문제가 숨어 있음을 알게 되었다. 위에 인용한 글 중에 강조부분(‘   ’표시)이 그것이다.

첫째, 유다는 다말에게서 베레스와 세라를 낳았다.

이 다말은 사실 유다의 며느리였다. 그 며느리와 시아버지인 유다 사이에 태어난 쌍둥이가 베레스와 세라이다. 이 며느리는 창녀의 모습을 하고 시아버지를 유혹했다. 상세한 것은 「구약성서」 창세기 38장에 나와 있는데, 이런 쇼킹한 일을 한 사람이 이 족보에는 거짓말이나 숨김 없이 쓰여 있다.

둘째, 살몬은 라합에게서 보아스를 낳았다.

이 라합은 기생이다. 이 라합에 얽힌 에피소드도 「구약성서」에 나와 있다(여호수아 2 장, 6 장 25 절=역자 주).

셋째, 보아스는 룻에게서 오벳을 낳았다.

「구약성서」에는 룻기라는 아름다운 고부(姑婦)의 얘기가 있다. 룻은 마음이 착한 며느리인데, 유대인이 싫어하는 외국인이다. 유대인으로서는 될수록 숨기고 싶은 얘기를 이 족보는 조금도 숨기지 않고 전한다.

넷째, 다윗은 우리야의 아내에게서 솔로몬을 낳았다.

다윗왕의 이름은 독자도 아시리라고 믿는다. 왜냐 하면 다윗의 모습은 조각이나 그림에 많이 남겨졌기 때문이다. 이 다윗이 솔로몬이라는 아들을 얻은 셈인데, 그 솔로몬의 어머니는 족보에 있는 대로 우리야라는 사람의 아내이다.

우리야는 다윗의 부하이다. 그 부하가 전장(戰場)으로 나가고 집에 없는 어느 날 다윗은 왕궁 옥상에서 몸을 씻는 한 여자를 발견했다. 멀리서 보기에도 아름다운 그 여자에게 마음을 뺏긴 다윗은 당장 그 여자를 불러다가 함께 잤다. 얼마 후 그 여자, 즉 우리야의 아내는 임신했다. 계율이 엄한 유대교의 세계에서는,

"간음하지 말지니라"

의 율법은 왕 앞이라고 해도 엄연히 막아 서 있었다.

다윗은 그 임신을 호도(糊塗)하기 위해서 우리야를 전장으로부터 소환했지만, 우리야는 성에 유숙하고 아내의 품으로 돌아가지 않았다. 그는 전우가 싸우고 있는데 아내와 잘 수 없다는 충의로운 군인이었다. 그래서 다윗은 우리야를 간계로 전사시키고, 그 아내를 자기의 아내로 삼았다.

둘째 관문, 처녀 마리아의 잉태

이런 사건은 유대인 모두가 기억하는 바였다. 즉, 예수 그리스도의 족보에는 꼭 거룩한 사람들만 등장한 것이 아니었다. 도리어 유대인이 싫어한 외국 여자, 간통을 한 남녀, 창녀 등이 뚜렷하게 쓰여 있다. 이것은 결국 그리스도교의 사상을 단적으로 나타내고 있다. 즉, 인간에 대한 무차별, 평등사상의 표현인 것이다.

또 하나님의 아들 그리스도가 이처럼 죄 많은 세계에 태어나셨다는 사실을 설명하고 있다. 오욕투성이인 세상에 예수님이 탄생하신 비밀이 여기에 있는 것이다.

그러나 내가 그런 사실을 안 것은 교회를 다니게 된 후부터였고, 읽기 시작한 성서에는 모를 것이 많았다.

부끄러운 일이지만, 예수 그리스도란 성명이라고 생각했다. 즉, 그리스도가(家)의 예수인가 하고 생각했었다. 그러나 예수는 이름이고, 그리스도란 구주(救主)라는 뜻임을 나는 얼마 지나서야 겨우 알았다. 이런 착오는 나만 한 것 같지 않다.

내가 소속한 교회의 전임(前任) 목사는 예수님이 남자인지 여자인지조차 몰랐다고 한다. 어느 날 그것을 남몰래 그의 형에게 물었더니, 영문 성서를 읽으라는 대답을 듣고, 그것으로 예수는 ‘ He ’(그)라는 사실을 알았다고 한다. 그런 착오를 나도 몇 번인가 저지르면서 성서를 읽었다. 그런데 전술한 족보가 지루하다는 것이 어떤 의미에서는 우리의 한 관문이라고 생각한다. 첫 페이지에서 내던져 버린 사람은 굉장한 보화의 산인 성서의 세계로 도달할 수 없다.

첫째 관문을 통과하면 또 다음 관문이 기다리고 있으며, 그런 관문을 몇인가 통과해야 비로소 성서를 자기의 목숨보다 더 소중한 것으로 여겨서 단단히 자기의 손에 붙잡을 수 있게 되는 것이다.

이 족보 뒤에 오는 관문은 다음 조목이다.

"예수 그리스도의 나심은 이러하니라. 그 모친 마리아가 요셉과 정혼하고 동거하기 전에 성령으로 잉태된 것이 나타났다."(1장 18절=역자 주)

성서란 재미있는 책이라고 나는 생각한다. 지구가 시작된 이래 얼마나 많은 인간이 태어났는지 모르지만, 처녀가 성령(하나님의 영)으로 아이를 낳았다는 얘기는 들어 본 일이 없다. 믿기 어려운 그런 일을 첫 페이지에 내는 것은 모처럼 성서를 읽으려는 사람들에게 찬물을 끼얹는 일이 아닐까? 처음에는 좀더 사람들이 이해할 만한 일부터 쓰면 좋을 터인데 하고 나는 생각했다. 그러나 이렇게 믿기 어렵고 황당무계(荒唐無稽)라고나 할 일을 「신약성서」는 구태여 그 첫페이지에 기록했다. 그것은 그 일이 너무나 움직이기 어려운 사실이었기 때문이 아닐까? 이렇게 말하면 사람들은 웃음을 터뜨릴는지도 모른다.

그러나 십여 년 전, 어떤 의학자의 다음과 같은 연구발표를 읽은 일이 있다. 그것은 큰 바이브레이션으로, 난자가 단독으로 분열하고 처녀 임신도 있을 수 있다는 연구였다. 그 학자는 난자에 수만 번이나 바늘로 자극을 주어서 연구했다고 한다.

정신적, 육체적으로 큰 충격을 받았을 때 난자가 정충을 맞이함이 없이 수태할 수 있다는 이론은 점차 수립되고 있는 것 같다.

세계 중의 교회에서는 옛부터 주일마다 "그리스도는 성령으로 잉태하사 동정녀(童貞女) 마리아에게 나시고 ……"라는 신앙고백이 드려진다. 그 신자들 중에는 세계적인 대과학자도 대의학자도 대대로 지금에 이르기까지 있다. 즉, 어떤 대과학자도 신에 의한 이 처녀 잉태를 믿고 있다.

여하간 성서는 신앙의 책이다. 현재 가지고 있는 인간의 지식으로는 해명할 수 없는 기적 얘기가 많이 나온다. 그리고 그 기적들에 대한 의문이나 비판의 2천년 역사 속에 성서는 견디어 왔다. 그런 생각으로 우리는 기적에 대해서 성급하게 결론을 내리지 말고 겸손하게 대해야 할 것이다.

복음이란 기쁜 소식

그런데 마태복음이란 마태라는 사람이 쓴 복음서라는 말이다(마태가 모은 자료를 기초 삼아 쓰여졌고, 저자 불명이라는 설도 있다).

복음이란 '기쁜 소식'인데, 복음서에는 예수님의 생애가 쓰여 있다.

복음서에는 마태복음, 마가복음, 누가복음, 요한복음 등 넷이 있는데, 그중 요한복음 이외를 공관(共觀)복음이라고 한다. 내용이 대체로 공통되고, 같은 견지에서 쓰여진 데서 이처럼 말한다.

요한복음은 그 점에서 다른 문체와 내용을 지니고 있다.

「신약성서」에는 이 밖에 사도들의 신앙활동을 전한 사도행전(使徒行傳), 그리고 사도들의 서신과 계시록이 있다. 이 「신약성서」를 펼치는데 편리한 노래를 나는 배웠다. 이것은 매우 편리하므로 여기에 소개하고 싶다. 곡은 '학도야 학도야 청년 학도야'의 학도가에 맞춘 것이다.

마태 마가 누가 요한
사도 로마 고린도 전
고린도 후서 갈라디아
에베소 빌립보 골로새

데살로니가 전 후 디모데 전
디모데 후서 디도 빌레몬
히브리 야고보 베드로 전 후
요한 일 이 삼 유다 요한 계시록

물론 빌립보를 빌이라든가, 골로새를 골이라고 약(略)하기도 하지만, 「신약성서」를 펼치는데 이렇게 기억해 두면 편리하다.

　그리고 성서에는 여러 번역이 있지만, 나는 일본성서협회 번역인 구어문(口語文)을 주로 사용해서 이하를 진행하기로 하겠다.

　「신약성서」는 하여간 27권으로 되어 있어서 일일이 상세하게 언급하려면 지면이 아무리 많아도 부족하다. 그래서 우선 내가 마음 끌리는 곳에만 중점적으로 언급하려고 생각한다. 그렇다고 해도 평신도인 나이기 때문에 나 자신의 독창적인 생각도 매우 적고, 특별히 연구한 면도 아니므로 지금까지 들은 설교와 참고서 몇 권에서 인용한 것이 많은 것을 사전에 양해를 구한다.

산상수훈(山上垂訓)이란

　'산상수훈'이라는 말을 나는 성서를 읽기 전부터 듣고 있었다. 그러나 어쩐지 수훈이라는 말에 저항을 느꼈다. 인간이란 가르침을 받는 일이 성미에 맞지 않게 생긴 모양이다.

　"이리 오너라. 여기 앉아라."

하는 어버이의 말을 듣고, 즐겁다는 얼굴을 지을 수 있다면 대단한 것이다. 대개는 마음속으로,

　"이상하다. 무엇에 대한 꾸지람일까? 요전에 말 대답을 한 일인가? 테스트의 결과가 나쁘다는 책망일까? 친구와 싸운 일이 발각되었을까?"

하고 생각하면서 거기 앉는다. 아니, 최근에는,

　"거기 앉아라."

하고 꾸짖는 어버이가 드물어졌다고도 한다.

　그것은 고사하고, 수훈이라는 말을 좋아하건 말건 이 산상수훈이 마태복음의 중요한 포인트여서 이곳을 건너뛰어서 마태복음을 말할 수는 없다.

　"예수께서 무리를 보시고 산에 올라가 앉으시니 제자들이 나아온지라. 입을 열어 가르쳐 가라사대"(5장)

겨우 2, 3행인 이 부분을 읽고서 우리는 이 대목에 아무 의문도 품지 않을 것이다. 특별히 주석책을 펼쳐야 할 어려운 표현은 하나도 없다.

그러나 주석책에 따르면 '앉으신다'는 말에는 중요한 의미가 있다고 한다. 그 당시 앉아서 가르친다는 것은 그 가르침이 결코 경한 것이 아님을 나타냈다고 한다. 나의 여학교시절의 교사 중에 교단 위를 왔다갔다 하고, 교탁에 걸터앉기도 하고, 때로는 창문턱에 걸터앉아서 가르치는 교사가 있었다. 그는 결코 장난을 한 것이 아니고, 소위 교사다움에 도전하고 있었던 모양이다. 그러나 그 교사도 중요한 때에는 교탁 앞에 똑바로 서서 가르쳤다.

예수님 당시도 선 채로든가, 걸으면서 하나님의 말씀을 전하는 일이 있었던 모양인데, 중요한 일을 가르칠 때는 반드시 앉았다고 한다.

다음에 "입을 열어 …… 말씀하셨다"고 쓰여 있는데, 이것은 그리스어로 매우 엄숙한 탁선(託宣)을 말할 때에 사용하는 표현이고, 또 영혼과 영혼의 뜨거운 접촉으로 교수함을 의미하는 말이라고 한다.

그렇게 이해하면, "예수께서 앉으시니 제자들이 나아온지라"는 문장의 행간에 제자들의 긴장한 표정이 엿보일 것이다.

아마도 많은 군중을 정리하고 있던 제자들은 적지 않게 마음을 쓰고 있었을 것이다. 그런데 예수님이 앉으신 것을 보자,

'오늘의 교훈은 심상치 않구나.'

하고 느끼며, 예수님에게 가까이 나아온 것이리라. 만일 예수님이 오늘은 중요한 얘기를 하자 생각하시고 앉으셔도 듣는 사람이 그 중요함을 깨닫지 못하면 그 곳에 긴장된 분위기는 생기지 못했을 것이다.

가르침을 받기 위해서는 앉으신 이 스승에 대해서 자기도 교훈을 받는 자리에 앉는 마음의 자세가 중요하다. 틀림없이 제자들에

게는 그렇게 진지함이 가득 차 있었을 것이다. 그리고 군중도 틀림없이 제자들을 본받아 예수님의 말씀에 귀를 기울였을 것이다.

마음이 가난한 사람이란

아래에 산상수훈에서의 예수님의 말씀을 추려 보겠다. 사실은 성서는 한 자도 빼지 말고 읽는 것이 긴요하다. 자기의 기호(嗜好)에만 따르면 반드시 독선적이 되어 자칫 잘못 받아들이기 쉽기 때문이다.

> 심령이 가난한 자는 복이 있나니, 천국이 저희 것임이요,
> 애통하는 자는 복이 있나니, 저희가 위로를 받을 것임이요,
> 온유한 자는 복이 있나니, 저희가 땅을 기업으로 받을 것임이요,
> 의에 주리고 목마른 자는 복이 있나니, 저희가 배부를 것임이요,
> 긍휼히 여기는 자는 복이 있나니, 저희가 긍휼히 여김을 받을 것임이요,
> 마음이 청결한 자는 복이 있나니, 저희가 하나님을 볼 것임이요,
> 화평케 하는 자는 복이 있나니, 저희가 하나님의 아들이라 일컬음을 받을 것임이요,
> 의를 위하여 핍박을 받은 자는 복이 있나니, 천국이 저희 것임이라.

이것을 지복(至福)의 교훈이라고 한다. 보통 우리가 행복이라는 것을 생각할 때 맨 먼저 무엇을 생각하는가?

돈, 지위, 건강, 용모 등이 맨 먼저 마음에 떠오르지 않을까? 생각해 보면 얼마나 변하기 쉬운 것에 행복을 느끼는 존재인가.

돈, 그것은 극히 잃어지기 쉬운 것이다. 더구나 돈은 우리를 현실로 행복하게 한다고는 할 수 없다. 돈이 생기고부터 남편의 소행이 흔들려, 그의 아내가 울며 세월을 보내는 현실이 얼마나 많은가.

"남편과 함께 고생하던 옛날이 그립다"고 한탄하는 여성을 나는 여럿이나 알고 있다. 돈 때문에 부부 사이가 악화되어, 아들이나 딸들의 생활도 문란해진 예도 있다. 그중에는 반항적이 된 아들이 7.5의 오토바이를 폭주시켜서 사람을 치고는 자기도 죽은 예도 있다.

지위도 인간에게 참 평안을 주는 것이 아니다. 언제 그 자리를 잃을까, 언제 그 자리를 뺏길까 전전긍긍하는 것이 높은 지위에 있는 사람의 모습이 아닌가? 그 자리를 지키려고 추악한 투쟁이 간단없이 전개되는 것은 매일의 신문에 보도되는 정치가들의 모습만 봐도 분명하다.

건강도 변하기 쉬운 것이다. 인간의 몸은 질병의 그릇이라고 한다. 건강을 행복이라고 여겨서 이것을 의지하는 사람은 얼마 후 그것을 잃었을 때 심한 슬픔에 떨어진다. 지금까지 퍽 많은 병자를 문병했는데, 바로 요즈음까지 건강하던 사람이 병상에서 눈물을 흘리고 있는 것을 우리는 몇 번 봤을까. 아무리 재력이 있어도 지위가 있어도, 일단 병에 걸리면 거의 모든 사람이 처참하게 마음이 약해지는 법이다. 우리 부부도 큰 병을 경험했기 때문에 그 약함을 잘 안다.

우리는 남한테서 행복의 비결을 질문받았을 때 이 예수님의 하신 말씀으로 대답한 일이 있을까?

"마음이 가난한 사람들은 행복하오."

라든가,

"슬퍼하는 사람들은 행복하지요."

라고 말할 수 있을까? 우리는 도저히 생각지도 못한 행복관을 예수님은 당당하게 박력이 있는 진지한 말씀으로 선언하셨다. 여기에서 세계의 행복관은 역전되었다.

그런데 어떤 것이 행복인가를 설명하시는 첫째로 이 '마음이 가
난한 사람들'을 지목하신 것은 참으로 의미심장한 일이라고 나는
생각한다.

마음이 가난한 사람이란 남에게 자랑할 만한 아무 것도 없는 사
람일 것이다. 돈도 없고, 지위도 없고, 몸도 약하고, 지식도 없다.
자기를 의지할 아무 것도 없기 때문에 오로지 겸손하게 하나님 앞
에 고개를 숙이고 있는 사람들이다.

♥빼앗기는 일이 없는 행복

예수님의 시선은 언제나 이렇게 약한 사람들을 향했다. 예수님
의 사랑은 언제나 이렇게 겸손한 인간들에게 부어지고 있었다. 예
수님이 가장 싫어하시는 사람은 자기를 옳다고 생각하는 인간들이
었다. 마음속으로 언제나,

'나도 대단한 사람이다. 학식이 있고, 돈이 있다. 그리고 남에게
존경을 받고 있다.'

고 주워대면서 자랑하는 인간들이었다. 예수님은 자랑할 수 없는
사람들에게는 한없이 사랑을 부으시지만, 자랑하고 교만하게 구는
인간에게는 용서 없는 엄격함을 지니시고 육박하셨다.

생각해 보면, 우리는 하나님 앞에 설 때 진정 자랑할 만한 것을
얼마나 가지고 있을까? 천국(하나님이 지배하시는 세계)으로 들어
가려면 대체 우리는 어떤 물건을 휴대해야 할까? 돈주머니는 천
국에서 한 푼의 가치도 없다. 지위가 있다고 먼저 천국의 문을 통
과할 수는 없다. 하나님 앞에 통용되는 것은 그저 '마음이 가난
하다'는 것뿐이다. '저에게는 자랑할 아무 것도 없습니다' 하는 겸
손뿐이다.

설혹 약간의 친절이나 선행을 한 일이 있다고 해도 그것은 하나
님 앞에 아무 공훈이 되지 못한다. 그 약간의 선행이나, 약간의 친

절을 자랑하는 것이 바로 교만이니까. 더욱이 우리는 그 약간의 친절이나 선행의 수천 수만 배의 죄를 날마다 거듭하고 있을 터이다.

인간은 결국 하나님의 눈으로 보면 '죄를 범하지 않고는 살 수 없는' 존재에 지나지 않는다. 그런 우리가 하나님 앞에 가장 먼저 해야 할 일은,

'하나님이여, 저는 죄 많은 사람입니다.'

라는 겸손한 생각을 품는 일일 것이다. 그것은 간단하다고 보이는데, 결코 용이하지 않다. 아무래도 자기가 그다지 악한 인간으로는 생각되지 않는다. 그러나 만일 우리가 태어난 후부터 지금까지 서로 알게 된 모든 사람들에게서 기탄없는 자기에 대한 비판을 듣는다면 의외로 많은 욕과 잡음이 있지 않을까? 모든 사람의 비판을 견디어 낼 사람은 하나도 없다.

참으로 마음이 가난한 사람에게 예수님은 말씀하셨다. "천국이 저희 것이다"라고. 이 예수님이 말씀하신 행복이야말로 결코 변함 없고, 뺏기는 일이 없는 행복이다.

세무원 마태의 인간상

마태복음을 쓴 마태라는 사도는 대체 어떤 인물이었을까? 여기까지 썼을 때 나는 웬지 그 일이 자꾸만 생각났다. 그것은 마치 좋은 소설을 읽은 후에 그 작가를 알고 싶어지는 마음과 비슷하다.

"마음이 가난한 사람들은 행복하다. 천국이 저들의 것이다."

이 예수님의 말씀을 듣는 마태의 얼굴을 나는 상상해 봤다. 마태는 이 말씀을 들으면서 무엇을 생각했을까?

'나는 과연 마음이 가난한 사람일까? 나는 얼마나 오만한 인간이었는가?'

아마 마태는 일찍이 세무원이었을 때의 자기의 모습을 회상했을 것이다. 그렇다, 마태는 세금을 받는 사람이었다.

세무원! 그것은 얼마나 괴로운 일이었을까. 현대에 살고 있는

우리도 세무서에 대해서 그리 좋은 감정을 품지 않는다. 물론 이것
은 세무원 개인생활에 문제가 있기 때문이 아니고, 부당할 만큼 과
세가 중하기 때문이다.

그러나 예수님 시대의 세무원(세금 징수 청부인)에 대한 비난은
현대의 세무서에 대한 것처럼 만만한 것이 아니었다. 그 당시의 이
스라엘은 로마의 점령하에 있었다. 그 결과 유대인은 본국의 영국
과 로마제국에게 이중으로 세금을 납부해야 했다. 그것은 굴욕적
이고 또 가혹한 생활이었다. 세무원들은 그런 사정 속에서 인정도
용서도 없이 세금을 징수해서 그 이자로 사복을 채우고 있었다. 사
람들의 격렬한 증오와 멸시를 받은 것이 당연하다.

아마 마태도 그렇게 각박하고 탐욕스러운 세무원의 한 사람이었
을 것이다. 그 당시 도로를 걸어가고, 다리를 건너도 통행세를 징
수할 정도였으니까 그들 세무원의 재산은 용이하게 풍부해졌을 것
이다. 그러나 이에 반비례해서 친구는 떠나고, 세상으로부터는 더
욱더 경멸을 받았을 것이다.

마태는 그런 생활에 점차 권태를 느끼고 피로해서 허무를 느낀
것이 아닐까? 더욱이 마태는 세금을 뺏기는 동포들보다 권력자
로마제국의 무서운 힘을 잘 알고 있었다. 따라서 로마정부에게 아
첨해야 하는 슬픔도 가련함도 알고 있었을 것이다.

이리하여 모든 동포들로부터 혐오를 받는 세무원이라는 존재를
마태 자신이 점차 혐오하게 되었으리라고 쉽게 상상할 수 있다.

마태복음 5 장 46 절에 마태는 다음과 같이 예수님의 말씀을 기록
했다.

"너희가 너희를 사랑하는 자를 사랑하면 무슨 상이 있으리오. 세
리도 이같이 아니하느냐?"

일찍이 세무원이었던 마태는 이 예수님의 말씀인 '세리'(稅吏;세
무원＝역자 주)라는 말을 죄인이라고 바꾸어 놓아도 좋았을 것이
다. 그러나 구태여 세리라고 써야 했던 마태의 마음을 나는 알

것 같다.

그리고 10장 2,3절에는 예수님의 12사도(使徒)의 이름이 쓰여 있다. 그런데 그중에 마태의 이름 위에만 세리라고 직명이 붙어 있다. 다른 사도들의 이름에는 직명을 붙이지 않았다.

'세리 마태!'

이것이야말로 마태에게 절대로 잊어서는 안되는 굴욕적인 호칭이었다. 과거의 자기 죄를 상기하기 위해서는 아무래도 '세리 마태'라고 명기해야만 했다. 여기에 마태의 태도가 엿보인다.

이와 같이 혐오당하고 경멸당하던 세무원 마태에게 어느 날 예수님이 시선을 멈추셨다. 예수님은 마태를 보시고,

"나를 좇으라."

고 하셨다. 아마 예수님은 마태의 허무함과 외로움의 표정을 그 얼굴에서 분명하게 보셨을 것이다. 마태는 당장 예수님을 따랐다.

예수님을 따른다는 말은 세무원의 일을 내버리는 것이다. 지금까지 얻고 있던 많은 수입을 내버리는 일이기도 하다. 그러나 마태는 결연히 예수님을 따랐다. 그것은 대체 무엇 때문인가? 예수님의 시선 속에서 사랑을 봤기 때문이다. 자비를 봤기 때문이다. 다른 사람들이 보여 주는 그 멸시와 냉랭함을 예수님께는 전혀 찾아볼 수 없었기 때문이다. 이리하여 마태는 낡은 생활로부터 새로운 생활로 들어갔다. 지금까지의 레위라는 이름을 버리고, 마태라는 이름을 내세웠다. 마태란 '하나님의 선물'이라는 뜻이다.

그 마태에게,

"마음이 가난한 사람들은 행복하다."

는 예수님의 말씀은 모래에 스미는 물처럼 가슴에 스몄을 것이다. 이미 마태에게는 자랑할 것이 하나도 없었기 때문이다.

인간이 가져야 할 슬픔

이어서 예수님은 말씀하셨다.

"애통하는 자는 복이 있나니, 저회가 위로를 받을 것임이요,"

자, 우리는 여기서 무엇을 생각하는가? 나는 처음으로 성서를 읽었을 때 이 말을 전혀 알 수가 없었다.

'슬퍼하는 것이 행복이라니 얼마나 차가운 말인가. 슬퍼하는 사람의 처지가 되어 보라지.'

나는 이렇게 생각했다.

독자로부터 온 편지에도 이와 비슷한 말이 몇인가 있었다.

"나는 천생 몸이 약해서, 결혼했지만 아이가 생기지 않습니다. 거리에 나가도 배가 부른 사람을 보면 부러운 생각에 미칠 것 같습니다. 나의 이 슬픔을 예수님은 어째서 행복이라고 하실까요?"

또 다음과 같은 내용도 있었다.

"저는 단 하나뿐인 아이를 잃었습니다. 고교에 입학하려는 때에 갑자기 죽어 버렸습니다. 겨우 3일 병을 앓았을 뿐인데. 저는 슬퍼하는 사람들이 행복하다는 성서의 말씀이 원망스럽기조차 합니다."

무리가 아닌 말이라고 나는 생각한다.

"당신의 슬픔은 무엇인가?"

라는 질문을 받으면, 우리는 대체 어떻게 대답할까?

이 세상에는 슬퍼할 일이 너무나 많다. 어버이의 죽음, 반려(伴侶)의 죽음, 아이의 죽음, 형제의 죽음, 친구의 죽음, 남편의 부정(不貞), 아내의 부정, 이혼, 아이의 비행(非行), 육친의 비행. 그 밖에 질병, 불화, 사업의 부진, 실연 등등 너무나 많다. 그 슬픔을 당해 우리는 '슬퍼할 일'이 무엇인지를 보지 못하면서 사는 것이 아닐까? 인간으로서 슬퍼할 일이 그 밖에도 있을 터이다. 그것은 자기의 부진실, 자기의 죄, 자기의 추악함, 악함, 부정(不貞), 협

량(狹量), 질투 등등 그것들은 적어도 인간인 한은 슬퍼할 일일 것이다.

자칫하면 슬픔은 밖에서 야기된다고 우리는 생각한다. 그러나 인간으로서 가져야 할 슬픔은 자기의 마음속에 있다. 그리고 가장 중요한 슬픔이란 이 자기의 추악함 때문에 하나님의 나라로 들어가기에 합당치 않은 사람임을 슬퍼하는 슬픔이 아닐까? 이 슬픔이야말로 우리 인간이 가져야 할 가장 중요한 슬픔이고, 우리가 만나는 슬픔을 승화(昇華)하고 또 심화(深化)해 주는 슬픔이다.

돈이 없는 슬픔은 돈이 생기면 나을 것이다. 아이의 비행이 원인인 슬픔은 그것이 원상복구되면 나아질 것이다. 질병의 슬픔은 건강하게 되면 나을 것이다. 육친과의 사별의 슬픔조차 시간과 함께 낫는 법이다. 우리의 슬픔이란 그렇게 밑바닥이 얕은 곳에 끝나는 경향이 있고, 자기 자신의 자세에 대한 통렬한 슬픔은 너무나 적지 않을까?

이 하나님 앞의 자기 자신에 대한 통한을 품는 사람, 그 사람이 예수님이 말씀하신 '슬퍼하는 사람'이다.

그런데 성서의 구어체(口語體)로는,

"슬퍼하는 사람은 행복하다. 그들은 위로를 받은 것이다."

로 되어 있지만, 문어체(文語體)로는,

"애통하는 자는 복이 있나니, 저희가 위로를 받을 것임이요,"

로 되어 있다. 이 '복이 있나니'라는 말이 원문으로는,

"아아 얼마나 복을 받았는가!"

라는 예수님의 감탄을 나타냈다고 한다. 그리고 그것은 언젠가는 행복하게 된다는 먼 장래가 아니고, 지금 이미 행복하다는 말이라고 한다. 지금 하나님이 복을 주고 계시는 사실을 나타내는 말이라고 한다. 따라서 문어체처럼 '복이 있나니'의 감동으로 시작되는 표현쪽이 원문에 가깝다고 한다. 즉, 슬퍼하는 것 자체가 이미 복받은 것이다. 그것은 자기의 죄를 슬퍼할 수 없는 사람은 복을 받

을 수 **없다**는 말이기도 하다.

그렇다. 앞에서 서술한 지복의 말씀을 하나하나 자기의 심정, 생활방식에 **따라서** 읽으면 참으로 흥미가 깊다. 성서란 것은 물론 어느 시대에 이것이 쓰여졌는가, 어떤 장소에서 쓰여졌는가 하는 것을 아는 것도 필요하지만, 무엇보다도 소중한 것은 자기의 생태를 내걸고 읽는 것이 가장 중요하다고 들었다.

그러므로 읽는 때에 따라서 성서의 깊이는 변한다. 성서에 대한 이해가 달라진다. 예민한 양심을 가진 사람과 둔한 양심을 가진 사람은 성서의 말씀의 접근방식이 다르다. 그런 의미에서 성서는 자기 양심의 바로미터라고도 할 수 있다.

때와 경우에 따라서 변하는 사람의 양심

곁길로 빗나가는 것 같지만, 양심에 대해서 내가 들은 일을 약간 언급하겠다.

흔히 자기는 양심에 부끄럽지 않다든가, 양심에 거슬리는 일은 하지 않는다고 한다. 그런 말을 들으면 생각 없이 우리는 그렇게 말하는 사람들을 신용해 버리는 수가 있다. 그러나 이 양심이라는 말이 말썽이다.

나는 결혼해서 남편 미우라와 생활을 함께 하게 된 때부터 특히 그것을 깨닫게 되었다. 결혼한 지 2년째에 나는 잡화점을 경영했다. 그는 장부를 적었는데, 섣달 그믐날 12시 현재의 재고품 조사를 참으로 엄격하게 지켰다.

'나의 양심'을 따르면, 12월 31일 밤중에 외투를 입고 추위에 떨면서 연필 몇 자루, 사탕 몇 알 하고 세지 않아도 된다는 생각이다. 즉, 섣달 그믐에 가까우면 2, 3일 전이라도 상관이 없지 않을까 하고 생각했다. 또 사탕을 한 알 한 알 세지 않아도 어림짐작으로 설령 10개의 차이가 난다고 해도 대세(大勢)에는 변동이 없지 않을까 하고 생각했다.

그러나 남편 미우라의 양심을 따르면, 재고조사의 시각은 아무래도 12 월 31 일이어야 한다. 정한 날짜가 12 월 31 일이기 때문이다. 더욱이 연말에는 상품판매가 많아지므로 2,3 일 전에 조사하면 큰차가 생긴다는 것이다.

사탕도 대강 세어서는 안된다. 수효가 10 개 틀리면 그만큼 장부가 정직하지 않다는 말이 되기 때문이다. 정직한 그는 1 개 속이는 것일지라도 1 천 개 속이는 것과 속인다는 자세에서는 같다고 말한다.

여기서 나의 양심과 남편 미우라의 양심의 차가 뚜렷하게 나온다. 이것은 한 예로서, 재고조사에 한정할 것은 없다. 일상생활에서 그의 생활방식과 나의 생활방식은 모두 차이가 난다.

단 두 사람, 부부 사이라고 해도 두 양심이 있다. 여기에 누가 가해지면 그 누군가의 양심이 또 다를 것이다.

이 세상에는 이중장부를 하는 사람이 드물지 않다. 유령대장으로 세금을 속이는 사람도 있다. 그러나 그 사람은 그 사람 나름대로의 양심을 가지고 하고 있을 것이다.

이중장부를 하고 있는 어떤 사람이 말한 일이 있다.

"세무서가 의심하니까 도리가 없어요. 정직하게 신고해도 의심을 받아 여러 번 손해를 봤으니까요."

바람을 피워도 양심에 부끄러워하지 않는 사람도 있고,

"그렇게 된다면 민사(悶死)할는지도 모른다."

고 두려워 떠는 사람도 있다.

또 한 인간이라도 때와 경우에 따라서 양심이 변하는 수가 있다. 남이 저지른 과실은 예민한 양심으로 지적하지만, 자기가 범한 과실은 둔한 양심으로 변호한다. 이 세상에 양심의 기준이란 것은 없다. 그리고 완전히 같은 양심이라는 것도 아마 없을 것이다. 금전면의 양심의 높이는 같아도 이성에 대한 양심은 뚝 떨어지는 일도 있다. '양심에 부끄럽지 않다'고 해도 낮은 양심 때문에 부끄러워하지 않는 사람도 있고, '양심에 부끄러운 짓을 했다'고 해도 다른 사람이면 아무 고통도 받지 않을 일이 마음에 걸리는 사람도 있다.

성서를 읽을 때에 이 양심이 여러 모양으로 작용한다. 그러니까 1만 명이 읽으면 1만 권의 성서가 따로따로 거기에 있는 결과가 될는지도 모른다. 어떤 사람에게는 지루하고, 어떤 사람에게는 문학적이고 재미있는 책일 것이며, 또 어떤 사람에게는 목숨보다 더 귀한 보물이 될는지도 모른다.

성서가 말하는 양심이란

자, 성서의 양심의 높이는 어떤 것일까? 우리는 다음에 쓰여진 성서의 말씀으로 그 높이를 알 수 있다.

"옛 사람들에게서 '살인하지 말라. 살인한 자는 재판을 받아야 한다'는 말을 너희가 들었다. 그러나 나는 너희에게 말한다. 형제를 대해서 노하는 자는 누구든지 재판을 받아야 한다. 형제를 미련한 놈이라고 하는 자는 공회에 넘기울 것이다. 또 바보라고 하는 자는 지옥 불에 들어가게 되리라. 그러므로 제단에 제물을 드리려는 경우, 형제가 자기에게 뭔가 원한을 품은 것이 생각나거든 그 제물을 제단 앞에 두고 먼저 가서 그 형제와 화해하고, 그 후에 돌아와서 제물을 드리도록 하라."(5장 21~24절=역자 주)

"'간음하지 말라'는 말을 너희가 들었다. 그러나 나는 너희에게 말한다. 누구든지 정욕을 품고 여자를 보는 자는 마음에 이미 간음을 했다."(5장 27~28절=역자 주)

만담에서, 경을 읽으면서 자꾸만 잔소리를 하는 남자의 얘기가 있었다. 경은 누구를 향해 읽는 것인지 나는 모르지만, 적어도 경을 읽는 자기 자신은 그 경을 듣고 있을 것이다. 경을 읽는 시간은 그 인간의 생활중에 가장 마음이 맑은 때일 것이다.

그런 때에조차 이래저래 계속 불평을 하는 모습 중에 우리는 그만 우스워지는 익살이 있는 셈인데, 다시금 생각해 보면 웃을 일이 아니다.

우리 집에서는 아침에 일어나면 성서를 읽는다. 기도를 드린다. 아무리 마감이 임박했어도 이것을 생략하는 일은 거의 없다. 기도는 남편 미우라가 한다. 그리스도교의 기도는 묵도도 있지만, 목소리를 내서 드리는 수가 많다. 아침기도 중에서 남편 미우라는 200명 가량을 위해 기도한다.

나는 그 기도를 가만히 들으면서 함께 기도하는 셈인데, 이따금 잡념이 생긴다.

'아아, 지금 남편이 기도한 남자는 지금쯤 어디에 있을까? 수백만 엔의 돈을 빌린 채 행방불명이 되어 버렸다. 어디서 어떤 생활을 하고 있는지 모르겠다.'

는 등, 마음속으로 불평하기 시작한다. 그리고,

'지금 기도한 여성은 도벽(盜癖)이 있는데, 과연 그것이 고쳐질까? 대체 어째서 도벽이 있는 인간이 생길까? 환경일까? 소질일까?'

하고 탓하는 생각을 하는 수도 있다. 사실은 그 사람들이 하나님을 알고 날마다 즐거운 시간을 보낼 수 있기를 기도하는 중인데, 어느새엔지 마음이 빗나간다.

바로 이것이다. 만담에 나오는 남자와 똑같다.

하루 중에서 가장 마음이 맑아야 할 기도시간에조차 그런 생각을 하는 수가 있으니까, 날마다 우리의 마음속에는 무엇이 솟을는지 알 수 없다.

욕, 분노는 살인과 같은 죄

이 세상에서 하루 동안에 단 한 번도 나쁘게 생각하지 않고 살 수 있는 사람은 대체 얼마나 있을까? 또 남을 욕하지 않는 사람은 얼마나 있을까?

전술한 성서 중에는, "형제를 미련한 놈이라고 하는 자는 공회에
넘기울 것이다"라든가, "바보라고 하는 자는 지옥 불에 들어가게
되리라"고 쓰여 있었다. 이것이 예수님의 윤리관이다.

우리는 이 말씀을 대체 어떻게 이해하는가? 형제를 바보라고
욕한 것만으로 지옥에 떨어진다면, 이 세상 사람들은 한 사람도 남
김없이 지옥에 떨어질 것이 아닌가?

그러나 곰곰이 생각해 보면 지옥에 떨어져도 할 수 없다는 생각
이 든다. 사람을 죽이는 죄와 바보라고 욕하는 죄는 하나님 앞에서
는 같은 죄다. 살인의 싹은 참으로 욕이라는 씨앗에서 나기 때문
이다.

"그놈!"

"이놈이!"

"그런 놈은 보기도 싫어!"

이런 욕은 분노에서 나온다. 노할 때 사람은 그 상대의 얼굴을
다시는 보고 싶지 않다고 생각할 것이다. 다시 보고 싶지 않다는
말을 따져서 말하면 "죽였으면 좋겠다"는 말이기도 하다.

우리는 남을 나쁘게 생각하거나 남에게 노할 때 그것이 사실은
살인의 싹임을 생각해 보지도 않는다. 그러나 사실은 그것이 살인
이다. 노하지도 않고 죽이는 일은 광인이 아닌 한 있을 수 없으며,
사람이 사람을 죽이는 것은 노하기 때문이고 미워하기 때문이다.

우리 자신 남에게서 저주를 받았을 때, 욕먹었을 때 과연 마음이
상하지 않을까? 남에게서 욕을 먹은 것만으로, 저주받은 것만으
로 자살하는 인간조차 이 세상에는 많다. 그래서 옛부터 "허끝 세
치로 사람을 죽인다"는 말조차 있다.

이렇게 보면 얼마나 예수님이 인간이라는 존재의 실태를 속속들
이 보셨는가 하고 경탄할 밖에 없을 것이다.

간음문제도 마찬가지이다. 간음이라고 하면 육체관계를 연상
한다. 그러나 예수님은 육체관계를 하지 않았어도, 정욕을 품고 여

자를 보면 간음과 같은 죄라고 하신다. 얼마나 엄한 윤리관인가.

현대 일본에는 간통죄가 없다. 그뿐 아니라 간통이라는 말도 사라지는 중이 아닌가? 간통이라든가 간음이라는 말은 사어(死語)와 같은 세정(世情)이다. 유부녀이건 유부남이건 좋아하면 그만이 아니냐고 본인도 생각하고, 주변에서도 생각한다.

소설이나 드라마는 유부녀의 연애나 남편의 연애를 사주하는 것이 몹시 많다. 그러나 사실 나는 그런 유부녀의 연애나 남편의 연애로 야기되는 비극 때문에 적지 않게 손해를 보고 있다.

남편이 다른 여자를 사랑해서 집에는 오지 않는다, 이대로는 사는 보람도 없으니까 모자간 집단 자살을 하고 싶다고 호소하는 독자가 있다. 겨우 그 의논이 낙착되었다고 생각하자, 아내가 집을 나가고 아이도 어머니를 따라서 집을 나가 행방불명이 되었으니 대체 어찌하면 좋으냐고 묻는다.

그런 문제는 편지를 포함하면 한 달에 여러 건이나 있다. 남편 또는 아내의 바람 때문에 아이가 비행소년이 되었다, 가족 중 한 사람이 자살했다, 방화했다, 노이로제에 걸렸다는 얘기를 들으면 설혹 법률상의 간통죄가 없어졌다고 해도 그 당사자들이 얼마나 큰 상처를 입을까 하고 생각한다. 법률로 재판을 받지 않아도 역시 재판을 받는다는 생각이 든다.

그런데 이런 현대에서 "정욕을 품고 여자를 보는 자 운운" 하는 말은 대체 어떻게 이해될까? 대부분의 사람은 웃음을 터뜨리지 않을까?

얼마 전 처음으로 봤는데, 소학생이 읽는 극화책에조차 포르노그래피 극화가 넘치고 있었다. 너무 심한 사실에 우리 부부는 아연해서 그 두꺼운 극화책을 넘기며 봤는데, 어떤 종류의 극화책은 소학생시절부터 정욕을 품고 여자를 보도록 교육하는 것 같다.

어떤 청년이 이 성서의 부분을 보고,

"그러면 정욕은 죄인가?"

라고 질문한 일이 있었다. 정욕 그 자체가 물론 죄일 리는 없다. 식욕이 죄가 아닌 것과 같다. 그러나 식욕이 죄가 아니라고, 공복 이라고 닥치는대로 남의 음식을 먹어도 될 리는 없다.

번역에 따라서는 이 부분을 '정욕을 품고 유부녀를 본 사람은'이 라고 되어 있다고 한다.

유부녀라고 한정한다면 기혼 남성이 미혼 여성을 정욕을 품고 보는 것은 허용된다는 말이 된다. 그래서는 이 교훈이 의도하는 바 에서 벗어나 버리지 않을까? 또 독신 남성인 경우는 어떤가? 여 러 문제가 생기는 셈인데, 이 말씀을 바르게 이해하려 할 때 읽는 사람에게 성에 대한 순결의식이 없다면 넌센스한 말로 그칠는지도 모르겠다.

간음은 법률의 문제가 아니고, 인간을 대하는 진실한 문제이다. 진실하게 사람과 어울리려는 사람에게 이 부분은 매우 큰 말씀이 되어서 육박할 것이다.

나의 남자 친구 중 한 사람은,

"이 부분은 가장 나의 가슴을 찌른다."

고 말했는데, 잊을 수 없다.

'왼뺨을 돌려 대라'의 진의(眞意)

다음에 마태복음 5 장 38 절 이하로 시선을 돌려 보자.

"눈은 눈으로, 이는 이로 갚으라" 하였다는 것을 너희가 들었으 나, 나는 너희에게 이르노니 악한 자를 대적치 말라. 누구든지 네 오른편 뺨을 치거든 왼편도 돌려 대며, 또 너를 송사하여 속 옷을 가지고자 하는 자에게 겉옷까지도 가지게 하며, 또 누구든 지 너를 억지로 오리를 가게 하거든 그 사람과 십리를 동행하라.

이곳의 말씀은 유명하다. 내가 성서를 읽기 전부터 들었던 말씀이었다.

"오른뺨을 맞았으면 왼뺨을 돌려 대라니, 약자의 윤리예요."

하고, 건방지게 친구와 서로 얘기한 일도 있다.

이 부분의 뺨을 맞는 얘기도, 속옷을 뺏기는 얘기도, 오리를 억지로 가는 얘기도 사실은 같은 교훈이다.

'눈은 눈으로'라는 말은 유대교의 교전이었던 「구약성서」에 쓰여 있는 규정이다. 나는 '눈은 눈으로'라는 말씀은 사실은 복수를 사주하는 말이라고 생각했었다. 그러나 그렇지 않다고 한다.

근간 신문에서 이런 사건을 읽었다. 한 남자가 자기의 자동차를 발로 찬 상대를 차로 치어 죽였다는 사건이다. 자동차가 발에 채였다면 자기도 상대의 자동차를 발로 차든가, 그 인간을 발로 차면 계산이 맞는다.

그러나 인간이란 존재는 이 사건이 나타내는 것처럼 자동차가 발에 챈 것만으로 상대를 죽이고 싶어할 정도로 원한이 에스컬레이터하는 법이다.

그런 인간성을 간파한 위에 '눈은 눈으로'의 규정이 제정되었을 것이다. 눈을 잃은 사람은 격렬한 증오에 사로잡혀서 상대의 목숨까지 뺏으려고 한다. 그래서 최소한 이런 규정을 제정해서, 눈을 잃었으면 자기도 상대의 눈을 뺏는 것만으로 용서하라는 복수규제의 규정이다.

현대 법률에서도 손해를 입은 부분만큼은 손해배상을 받게 되어 있다. 그 이상을 청구하지 않고 용서하는 일은 그 당시에도 엄연히 지켜졌던 모양이다.

그것이 예수님의 교훈으로, 전혀 다른 높은 관점에서 인간의 자세가 제시되었다. 상대의 오른편 뺨을 치는데 왼손잡이라면 왼손으로 치겠지만, 대개는 오른손잡이이기 때문에 오른손등으로 치는 셈이 된다. 버클레이의 해설에 따르면, 그 당시의 습관으로는 손등으로 치는 일이 모욕을 의미했다고 한다. 손바닥으로 치는 것의 2

배의 모욕이었다고 한다. 틀림없이 그것은 참기 어려운 모욕이었을 것이다. 그러나 그 상대에게 예수님은 "다른 편 뺨도 돌려 대라"고 하신다.

이 말씀은 상대가 주는 아픔보다 더 큰 아픔을 받으라는 말씀이다. 손등으로 맞는 것보다 손바닥으로 맞는 편이 아픔으로서는 더욱 크기 때문이다.

예수님의 교훈은 약자의 윤리가 아니다

여기서 나는 소학교 교사를 하던 때의 한 선배를 회상한다. 나의 학년주임은 그즈음 아직 31 세였는데, 참 잘생긴 사람이었다. 머리도 좋고, 일에도 열심이었다. 학생들로부터도 부형으로부터도 흠모를 받았다. 그러나 어찌된 영문인지 한 동료가 자주 이 주임에게 모멸의 언사를 퍼부었다.

그러나 나는 한 번도 그가 안색을 바꾸거나 말대꾸를 하는 것을 본 일이 없다. 언제나 웃는 낯으로 그 모멸을 '들어 모시고' 있었다. 더욱이 그 상대의 험담을 하려는 일도 없었다. 누가 봐도 두 사람의 인격은 너무나 차이가 있었다. 말하자면 미야모또 무사시(宮本武藏)에게 5,6 세의 어린이가 검으로 도전하는 것 같은 그림이기도 했다.

우리는 그때마다 그 학년주임에 대한 존경의 마음을 새롭게 했다. 그것은 아무리 가시가 있는 모멸에도 그의 정신이 조금도 침범당하지 않았기 때문이다. 거기에서 악의가 도달하지 못하는 자유로운 정신과 풍부한 감정을 봤기 때문이다.

오른편 뺨을 맞고 왼편 뺨을 돌려 대는 것은 이와 비슷하다. 상대의 악의에 끌려다니지 않는 자유로운 정신의 소유주만이 이것을 할 수 있기 때문이다. 적극적으로 사는 힘이 있는 사람만이 할 수 있는 일이기 때문이다.

속옷의 건도 마찬가지이다. 그 당시의 일반 유대인들은 속옷은

몇 벌씩 가지고 있었지만, 겉옷은 한 벌 밖에 가지지 못한 것
같다. 그래서 겉옷을 저당으로 잡았다고 해도 그날 해지기 전에 돌
려줘야 한다는 규정이었다. 아무리 차용금이 많아도 겉옷을 입을
권리는 누구에게나 있었다.

그러나 예수님은 속옷을 뺏으려는 사람이 있으면 그 속옷과 함
께 겉옷도 주라고 교훈하셨다. 그 당시 사람들에게 그것은 경천동
지(驚天動地)의 교훈이었을 것이다. 겉옷을 여러 벌이나 가지고 있
는 현대인에게는 헤아릴 수 없는 놀라운 교훈이었을 것이다.

속옷을 뺏긴 것만으로 끝났다면 '뺏겼다'는 비참한 생각만이 남
을 것이다. 그러나 결코 아무나 뺏을 수 없는 겉옷까지 주는 것은,
즉 왼편 뺨을 돌려 대는 것과 같이 그것은 적극적이고 자유로우며
남에게 침범당하는 일이 없는 생활방식이다.

다음에, 5리를 억지로 가자고 하는 사람과 함께 10리를 가라는
말씀은 우리로서는 실감나게 그 상황을 잘 알 수 없다. 그러나 이
것은 로마의 점령하에 유대인들이 자주 경험한 일이었던 모양
이다. 피점령국민인 유대인들은 언제나 로마제국한테서 노동을 강
요당하고 있었다. 짐 운반을 강요당하는 일도 자주 있었다. 그래서
예수님의 이 말씀은 그들에게는 단순한 비유가 아니었다. 현실적
인 생활문제였다. 로마군인한테서,

"오리를 가자."

는 말을 들으면, 5리는 커녕 2.5리 가는 것도 유대인에게는 틀림
없이 화가 나는 일이었을 것이다. 이쪽에 어떤 상황이 있어도 용서
가 없었다. 그렇게 싫은 꼴을 언제나 맛보던 유대인에게,

"십리를 동행하라."

는 교훈은 놀라운 교훈이었다. 그러나 5리를 가자고 강요당했을
때 10리를 갈 심정이 된다면 5리를 가는 것은 이미 조금도 고민스
러운 일이 아니다.

나의 친구 가운데 5리를 가자는 말을 들으면 20리라도 가는 남

성이 있었다. 그는 학생시절에 제도 등의 숙제가 있으면 반드시 5장을 그려서, 그중 가장 좋은 것을 제출했다고 한다.

또 어떤 여자 친구 중 한 사람은 가정시간에 남이 한 벌 만드는 사이에 반드시 두 벌 만들어 제출했다. 나처럼 한 벌조차 내지 못해서, 싫고 마지못해 박는 것과는 큰 차이였다. 이 두 사람은 지금도 각자의 생활 속에서 10리를 가는 생활방식을 쓰고, 사회적으로 뛰어나게 활약하고 있다.

이상 말한 바와 같이, 예수님의 교훈은 결코 내가 생각했던 약자의 교훈이 아니었다. 때린 사람을 되때리는 일이라면 아이도 할 수 있다. 명령받은 것만을 하는 일이라면 소학생도 할 수 있다.

그러나 예수님의 교훈을 따르는 일은 여간 적극적인 자세와 주체성을 지닌 강한 생활방식을 취하지 않고서는 결코 할 수 없다. 그런데 이런 교훈을 내리신 예수라는 인물은 대체 어떤 분이었을까?

칭찬받고자 하는 강한 욕망

벌써 7, 8년이나 전의 일이지만, 다음과 같은 사건이 있었다.

아직 3, 4세의 어린 아이가 연못에 빠진 친구를 발견하고 급히 어버이에게 알렸다. 달려온 어버이가 물에 빠진 아이를 건져 내 목숨을 구했다. 신문은 이것을 취재했고, 도와준 아이는 큰 장난감 등을 받고 기뻐했다. 그 아이는 누구를 만나도 "잘했다, 잘했다"고 칭찬을 받았다.

그러나 얼마 지나서 어린 아이의 생활은 본래의 평범한 생활로 되돌아갔다. 그 아이는 다시 칭찬을 받고 싶어졌다. 그래서 어느 날 이웃의 작은 아이를 연못에 밀어 떨어뜨리고, 다시 위급을 어른에게 알렸다. 그런데 이 때 물에 빠진 아이가 가련하게도 죽고 말았다.

이 사건을 알았을 때 나는 심한 공포를 느꼈다. 자기가 칭찬받기 위해서는 남을 연못에 빠뜨려도 괜찮다는 생각이 아직 방향도 모르는 어릴 때부터 인간의 가슴속에 깃들고 있다. 그렇다면 우리 어른의 가슴속에는 '남에게 칭찬받고 싶다' '남에게 인정받고 싶다' '남의 호감을 사고 싶다'는 생각이 뿌리를 박고, 줄기가 자라고, 이미 아무리 애를 써도 뽑기 어려울 정도로 자라지 않았을까? 그렇게 생각한 나는 이 사건에 대해서 가족들과 대화를 나누었다.

이 '칭찬받고 싶다' '인정받고 싶다' '호감을 사고 싶다'는 생각은 참으로 여러 형태로 이 세상에 나타난다. 예를 들면, 그룹을 만드는 것도 그 표현의 하나일 것이다.

최근에 어떤 사람이 버스를 탔다. 거기서 자꾸만 투덜투덜 옆 좌석에 앉은 사람에게 불평을 하고 있었다. 정월이라 술도 거나했던 모양이다. 무엇이 동기가 되어 그런 말을 하기 시작했는지 알 수 없지만,

"나는 말이다, ××클럽 회원이야. 이봐, 이렇게 배지를 달고 있어."

하고, 일부러 외투깃을 헤치고 양복의 배지를 보여 줬다. 그것을 자꾸만 되풀이했다고 한다.

이렇게 글을 쓰면 사람들은 이 남자가 폭력단의 하나가 아닌가 하고 생각하는지도 모르겠다. 확실히 폭력단도 흔히 배지를 단다. 그러나 이 남자는 시의 명사이고, 세계적인 조직을 가진 …… 이렇게 말하면 대략 짐작이 가는 모임의 회원이다. 그 모임의 회원이라는 말은 물론 명사라는 셈인데, 남자는 그 점을 자랑하느라고 자꾸만 배지를 보여 준 것이다.

배지라는 것을 왜 달아야 하는지 나는 언제나 이상히 여겼다. 국회의원도 달았고, 시의회 의원도 달고 있다.

한눈에 그것이라고 알 수 있는 배지를 왜 달아야 할까? 신분증명서를 가지고 있으면 무슨 일이 있을 때에 충분할 것이다. 이것은 약간 훈장과 비슷한 발상(發想)에서 생긴 것이 아닐까? 남자란 존

재는 훈장을 좋아한다. 아니, 그것은 남자만이 아니다. 인간은 모두가 '칭찬받고 싶다' '인정받고 싶다'는 강한 욕망을 가졌다.

오른손이 하는 것을 왼손이 모르게 하라

그런 인간에게 귀가 따가운 부분이 성서에 있다. 다음의 마태복음 6장의 일부를 여기서 함께 읽어 보고자 한다.

사람에게 보이려고 그들 앞에서 너희 의를 해치지 않도록 주의하라. 그렇지 아니하면 하늘에 계신 너희 아버지께 상을 얻지 못하느니라. 그러므로 구제할 때에 외식하는 자가 사람에게 영광을 얻으려고 회당과 거리에서 하는 것같이 너희 앞에 나팔을 불지 말라. 진실로 너희에게 이르노니, 저희는 자기 상을 이미 받았느니라.

너는 구제할 때에 오른손이 하는 것을 왼손이 모르게 하여, 네구제함을 은밀하게 하라. 은밀한 중에 보시는 너의 아버지가 갚으시리라.

또 너희가 기도할 때에 외식하는 자와 같이 되지 말라. 저희는 사람에게 보이려고 회당과 큰 거리 어귀에 서서 기도하기를 좋아하느니라. 내가 진실로 너희에게 이르노니, 저희는 자기 상을 이미 받았느니라.

(중략) 또 금식할 때에 너희는 의식하는 자들과 같이 슬픈 기색을 내지 말라. 저희는 금식하는 것을 사람에게 보이려고 얼굴을 흉하게 하느니라. 내가 진실로 너희에게 이르노니, 저희는 자기 상을 이미 받았느니라.

너는 금식할 때에 머리에 기름을 바르고, 얼굴을 씻으라. 이는 금식하는 자로 사람에게 보이지 않고, 오직 은밀한 중에 계신 네아버지께 보이게 하려 함이라. 은밀한 중에 계신 네 아버지께서 갚으시리라.

이곳에서는 '구제' '기도' '금식'의 세 행위의 마음의 자세를 설명했다. 왜 이 세 가지를 예수님이 설명하셨는가? 그것은 이 세 가지가 그 당시 유대인의 종교생활의 3대 기둥이었기 때문이라고 한다.

그 당시의 유대는 빈민이 많아, 사람들이 집마다 동냥을 모으러 다녀서 그것을 회당에 모았다고 한다. 현대 우리의 사회에서도 공동모금을 집마다 모으러 온다. 이것은 1년에 한 번이지만, 그 당시의 유대에서는 '매일' 모으러 왔던 모양이다. 그러나 바리새파 (派)라는 종파에 속한 사람들 중에는 사람들의 눈을 모으기 위해서 일부러 광장으로 가서 구제한 사람도 있었던 모양이다.

집마다 모으는 동냥을 주는 것뿐이면 남들과 같은 일을 하는데 지나지 않는다. 그래서는 남의 칭찬을 받을 기회가 없으니까 남의 칭찬을 받고 싶어서 광장으로 나갔던 것이리라. 집마다 모으러 오니까 그때 구제하려는 것을 모두 내면 될 터인데, 그렇게 하지 않는 데에 그 추악함이 있다. 목적은 구제에 있는 것이 아니고, 자기가 칭찬을 얻는 데에 있다. 예수님은,

"오른손이 하는 것을 왼손이 모르게 하라."

고 하셨다. 왼손은 오른손과 언제나 함께 있다. 그 왼손조차 깨닫지 못하도록 선을 행하라고 예수님은 말씀하신다. 얼마나 엄한 말씀인가.

우리는 나쁜 짓을 했을 때 이것을 사람들에게 알리는가?

"나는 도둑질을 했다."

"나는 당신을 욕했다."

"나는 횡령했다."

"나는 뇌물을 받았다."

"나는 세금을 속였다."

"나는 네게 숨기고 바람을 피우고 있다."

는 등, 하나하나 말하는 인간이 있을까? 양심이 둔한 사람이라면

세금을 속이는 일이나 바람기를 자랑으로 여겨 남에게 퍼뜨릴는지
도 모르지만, 자기가 저지른 악한 일을 감추려고 애를 쓰는 것이
인간이다. 오른손이 한 것을 왼손이 모르게 한다는 것은 감추려 애
를 쓰는 것이다. 예수님은 좋은 일을 할 때에 감추려고 애를 쓰라
고 하신다. 자기가 칭찬받고 싶다, 남에게 인정을 받고 싶다는 생
각에서 하는 것이라면 이미 선행이라고 할 수 없기 때문이다. 그것
은 자기를 위해서 하는 것이니까, 말하자면 선행이 아니고 선행의
가죽을 쓴 이기적 행위이다.

기도에 대해서도 같은 말을 할 수 있다. 기도는 하나님에게 드리
는 것이다. 하나님과의 대화이다. 유대에서는 오전 9시, 정오, 오
후 3시에는 어디에 있든지 반드시 기도해야 하는 규정이 있었다.
그러나 바리새파 사람들은 그 기도시간을 계산에 넣고 일부러 큰
거리나 회당 등 사람이 모이는 곳으로 가서, 사람에게 보이기 위한
기도를 드렸다. 혼자 자기 방에서 조용하게 기도하기보다는 모두
가 보고 있는 장소에서 길게 경건한 것처럼 기도해서 사람들의 존
경을 기대했다.

금식도 마찬가지로, 남에게 보이려고 해서는 안된다고 예수님은
말씀하셨다. 그 당시 금식을 하는 사람은 경건하다고 남에게 칭찬
을 받는 시대였고, 1주에 두 번 금식일이 제정되어 있었다. 제정
되었어도 1주에 2회 어김없이 금식을 지키는 일은 여간한 신앙심
과 인내력의 소유자가 아니면 할 수 없었을 것이다. 그런 만큼 금
식을 자랑하고 싶은 유혹도 강했을 것이다. 예수님은 그것을 예리
하게 지적하셨다.

구명구(救命具)를 내준 외국인 선교사

신앙생활이란 하나님을 믿고 쳐다보는 일이다. 인간에게 기대하
는 것이 아니다. 사람의 인정을 받고, 칭찬을 받기 위한 것이 아
니다. 인간의 평가를 중하게 여기는 것은 하나님의 평가를 무시하

는 일이기도 하다. 하나님을 쳐다보며 사느냐 사람을 보고 사느냐, 대체 당신들은 어떠냐고 여기서 우리는 예수님의 추궁을 받는 것이 아닐까?

"낮은 곳에서 오는 칭찬은 무가치하다."

는 베이컨의 말도 있지만, 불완전한 인간에게는 옳은 평가가 가능할 리 없다.

그럼에도 불구하고 우리 인간은 하나님만 모든 것을 보고 계시다는 것만으로는 만족할 수 없는 것이다. 하나님만 알고 계시면 되지 않느냐 하는 심경이 될 수 없는 것이다. 아무래도 인간에게 기대하지 않고는 못 배기며, 사람의 칭찬을 받고 싶고 사람의 인정을 받고 싶어하는 것이다.

따져서 생각해 보면, 나 자신 이래도 하나님을 믿는 것인가 하고 절망하고 싶어지는 때가 있다.

그러나 그 절망하고 싶어지는 나에게 큰 희망과 위로를 주는 한 사실이 있다. 그것은 나의 소설 〈빙점〉에도 썼지만, 1954 년 가을 아오하꼬(靑凾;靑森·凾館의 약칭＝역자 주) 연락선 토야마루(洞爺丸)가 태풍의 엄습을 받아 좌초 전복해서 승객 수천 명 중 1 천 11 명이 이날 밤 조난으로 죽었다. 이 토야마루에는 외국인 선교사 두 사람이 동승했었는데, 구명구를 못 가진 젊은 남녀에게 자기들의 구명구를 내주고 죽었다.

최근 어떤 독자로부터 그것이 사실인가 창작인가 하는 질문이 왔다. 물론 사실이고, 두 사람 중 스톤 선교사의 사진이 지금도 내 방에 장식되어 있다.

그들이 구명구를 내준 것은 남에게 보이기 위한 일이 아니다. 전복이라는 비상사태 속에서는 누구나 결사적이고 남의 사정을 볼 여유가 없다. 말하자면 누구 하나 보는 사람이 없는 중에 그들은 자기의 목숨이라고 할 구명구를 남에게 준 것이다.

나는 이 선교사들이 태어나면서 하나님만을 쳐다보는 인물이었다고는 생각지 않는다. 우리와 같은 약함을 지니고, 또 어떤 때는 남의 칭찬에도 마음이 끌리며 남의 인정을 받고 싶다는 유혹도 받았을 것이다. 그러나 하나님의 말씀을 따라서 사는 중에 마침내 자기의 구명구를 남에게 주고 기꺼이 죽을 수 있는 경지에 도달한 것이 아닌가고 생각한다.

여하간 이 두 사람의 행위는 남의 칭찬을 받기 위한 행위가 아니고, 누가 보고 있지 않아도 보아 주시는 하나님에 대한 신의로 할 수 있었던 행위라고 생각한다. 그리고 하나님을 쳐다보는 생활 자체가 큰 보수였을 것이다.

하지만 산상수훈에는,

"오른편 뺨을 치는 자에게 다른 뺨도 돌려 대어라."

"억지로 오리를 가게 하거든 그 사람과 십리를 동행하라."

"오른손이 하는 것을 왼손이 모르게 하라."

는 등, 얼마나 어려운 말씀을 하셨는가. 인간이 약함을 잘 아시는 예수님이 왜 이렇게 어려운 일을 요구하셨을까? 나는 이따금 의문을 품었다. 아직도 잘 알 수 없지만, 이것으로 만족하다고 여기며 사는 오만한 우리에게 자기 자신의 약함을 깨닫게 하시려고 그리스도가 이렇게 말씀하셨을까 생각해 본다. 여하간 인간의 한계를 산상수훈에서 크게 느끼는 것만은 확실하다.

마음에 와 닿는 산상수훈의 말씀

그런데 지금 산상수훈이라는 말에서 생각났지만, 어떤 노인이 교회를 찾아와서 목사에게 물었다고 한다.

"산상수훈이 없습니까? 나는 그걸 좋아하는데, 목사님에게 없습니까? 그건 참 좋은 겁니다."

"산상수훈은 성서 중에 있습니다만……."

목사가 그렇게 대답하자, 노인이 또 말했다.

"아니오, 나는 성서는 필요 없소. 산상수훈을 원하오."

"하지만 산상수훈은 성서에 쓰여 있는데요."

이런 문답이 있었다는 말을 들은 일이 있다. 그만큼 성서 중에서 산상수훈은 세상에 알려져 있는 부분이다. 산상수훈 전체를 말할 여유가 없기 때문에 지금 여기에 그중에서 몇 말씀을 추려 보겠다. 그 말씀들을 각기 맛보면서 읽는 것도 좋지 않겠는가?

"너희는 세상의 소금이다."

"너희는 세상의 빛이다."

"원수를 사랑하고, 너희를 핍박하는 자를 위하여 기도하라."

"하나님은 그 해를 악인과 선인에게 비춰게 하시며, 비를 의로운 자와 불의한 자에게 내리우신다."

"너희 형제에게만 문안하면 남보다 더하는 것이 무엇이냐?"

"하늘에 계신 너희 아버지의 온전하심과 같이, 너희도 온전하라."

"보물을 하늘에 쌓아 두라."

"하나님과 재물을 겸하여 섬기지 못하느니라."

"무엇을 먹을까, 무엇을 마실까, 몸을 위하여 무엇을 입을까 염려하지 말라. 목숨이 음식보다 중하지 아니하며, 몸이 의복보다 중하지 아니하냐?"

"먼저 그의 나라와 그의 의를 구하라. 그리하면 이 모든 것(생활필수품)을 너희에게 더하시리라."

"내일 일을 위하여 염려하지 말라. 내일 일은 내일 염려할 것이요, 한 날 괴로움은 그날에 족하니라."

"비판을 받지 아니하려거든 비판하지 말라."

"구하라, 그러면 너희에게 주실 것이다."

"찾으라, 그러면 찾을 것이다."

"문을 두드리라, 그러면 너희에게 열릴 것이다."

"무엇이든지 남에게 대접을 받고자 하는 대로 너희도 남을 대접하라."(이 말씀은 유명한 '황금률'이라고 하는 것이다. 이에 대해서 은의 교훈이라는 것에 "자기가 싫어하는 일을 남에게 하지 말라"가 있다)

"좁은 문으로 들어가라. 멸망으로 인도하는 문은 크고, 그 길이 넓다."

"**좋은** 나무가 아름다운 열매를 맺고, 못된 나무가 나쁜 열매를 맺는다."

이상 일부를 추렸는데, 산상수훈에만도 우리의 마음에 와 닿는 말씀으로 가득 차 있다.

그런데 이 산상수훈 중의 고봉(高峰)이라고도 할 교훈을 나는 아직 언급하지 못했다. 그것은 예수님이 가르치신 '주기도'라는 부분이다.

내가 처음으로 교회를 다니던 즈음, 아무래도 익숙해질 수 없는 것이 둘이었다. 그 하나는 찬송가였다. 나는 천생이 음치여서 여학교시절에 음악은 언제나 을(乙)이었다. 악보도 변변히 읽지 못해서, 음악시간은 가장 지루한 시간이었다. 그래서 신도들이 목소리를 합쳐서 찬송가를 부르노라면 나는 소외감을 품었었다. 현대는 음악적 교양이 풍부한 시대이니까 틀림없이 찬송가에 이처럼 소외감을 느끼는 사람이 적을 것이다. 아니, 찬송가의 아름다움에 끌려서 교회를 찾는 사람도 있을 것이다.

또 하나 소외감을 느낀 것은 사실은 '주기도'였다. 목사님의 기도가 끝나면 갑자기 신도들이 낮은 목소리로,

"하늘에 계신 우리 아버지 ……."

하고 **빠른** 속도로 외우기 시작한다. 그것이 묘하게 음산해서 반감조차 느꼈다. 낮은 목소리인데다가, 명석하게 발음하지 않고 소근소근하여 무슨 주문(呪文)처럼 들렸고, 무슨 말을 하는지 모르겠다는 느낌이 신자와 미신자(未信者)인 나를 격리시키는 듯이 느끼게

했다.

교회에 따라서는 이런 때의 미신자의 심정을 이해하고, 퍽 배려해서 주기도를 다루는 곳도 있다.

"주기도를 드리겠습니다. 찬송가 앞 표지 안쪽을 펼쳐 주십시오."

사회자가 그렇게 말하고, 모든 회중이 그 페이지를 펼친 것을 확인하고 나서 주기도를 시작한다. 그러나 그중에는 그 페이지를 미처 펼치지 못해서 더듬거리는 미신자를 버려 두고 곧 시작하는 곳도 있다.

그런데 이 짧은 주기도를 암송하고 나서 교회를 가면 그다지 소외감을 느끼는 일이 없을는지도 모른다. 아니, 어떤 장소도 처음인 곳에는 여러 가지로 낯선 점이 있다고 시초부터 마음에 다짐하고 가는 편이 마음이 편할는지도 모른다.

하나님은 이 우주에 단 한 분

예수님은 이 기도를 가르치시기에 앞서서 다음과 같이 말씀하셨다.

"기도할 때에 이방인과 같이 중언부언하지 말라. 저희는 말을 많이 하여야 들으실 줄 생각하느니라. 그러므로 저희를 본받지 말라. 구하기 전에 너희에게 있어야 할 것을 하나님 너희 아버지께서 아시느니라. 그러므로 너희는 이렇게 기도하라."

여기에 이방인과 같이 중언부언(重言復言)하지 말라고 쓰여 있다. 이 마태복음은 유대인을 위해서 쓴 성서이기 때문에 때때로 이방인이라는 말이 대조적으로 나온다. 다른 나라의 기도 중에는 반나절이나 같은 말을 계속 외쳤다든가, 어떤 교도는 짧은 말을 그저 수시간 되풀이해서 외웠다고 한다. 한마디의 말을 되풀이해서 외우는 일은 일본의 종교 중에도 있다. 그리고 그렇게 하는 사람이 그 당시의 유대인 중에도 있었던 모양이다.

또 말수를 많게 해서 기도하는 것도 예수님은 경계하셨다. 이것은 기도의 말을 아름답게 하려고 수식어를 많이 사용하기 때문에, 자연히 말수가 많아지는 폐단이 있던 사실을 가리키고 있다. 왜 말을 아름답게 수식했는가? 그것은 하나님에게 드리는 기도가 아니고, 사람에게 들려주려는 기도였기 때문이다.

우리의 기도는 하나님에게만 드려야 한다. 설혹 아무리 많은 사람 앞에서 기도를 드려도, 자신은 하나님 앞에 단 혼자 있는 상태여야 한다. 자기의 방에 있는 것과 같은 상태여야 한다. 그래서 공공장소에서 드리는 기도는 짧은 것이 좋다고 한다. 그러나 자칫하면 자기의 방에서 드리는 기도는 짧고, 다른 사람 앞에서 드리는 기도는 길게 되기 쉽다고 신자들은 지금도 자주 경고를 받고 있다.

이 주기도는 누가복음 11 장에 나온다. 누가복음에는 한 제자가,
"우리에게도 기도를 가르쳐 주옵소서."
라고 예수님에게 청원했다고 쓰여 있다. 마태복음에는 제자들이 가르쳐 달라고 청원했다는 말은 한마디도 쓰여 있지 않다. 그러나 어느 쪽이 옳은가, 어느 쪽이 진정이었는가고 추궁하는 일은 그리 의미가 없다. 마태복음, 마가복음, 누가복음은 공관복음이라고 해서 중복된 기사가 자주 나온다. 그것들이 조금도 서로 다르지 않다는 일은 거의 없지만, 오히려 그 점에 성서의 진실성이 느껴진다고 생각한다. 그리고 그것은 현대 신문의 보도기사 하나를 들어서 살펴봐도 알 수 있는 것과 같이 내용이 여러 가지이다. 하물며 기원 50 년 경에 쓰여졌다는 마가복음과, 60 년 경에 쓰여진 마태복음에서 기록에 차이가 있는 것은 당연한 것이다. 그것이 전달된 루트도 자연히 다를 것이니까 누락된 것, 잘못 들은 것쯤은 있어도 이상할 것이 없다.

그래서 누가복음과 마태복음의 '주기도'는 약간 차이가 있다. 누가복음의 것은 간결하지만, 마태복음의 것은 약간 길다. 그래서 나는 이곳에 그 양쪽을 제시하고자 한다. 먼저 마태가 전한 것은 다

음과 같다.

> 하늘에 계신 우리 아버지여,
> 이름이 거룩히 여김을 받으시오며,
> 나라이 임하옵시며,
> 뜻이 하늘에서 이룬 것같이
> 땅에서도 이루어지이다.
> 오늘날 우리에게
> 일용할 양식을 주옵시고,
> 우리가 우리에게 죄지은 자를 사하여 준 것같이 우리 죄를 사
> 하여 주옵시고,
> 우리를 시험에 들게 하지 마옵시고,
> 다만 악에서 구하옵소서.

다음에 누가복음에는 이렇게 쓰여 있다.

> 아버지여, 이름이 거룩히 여김을 받으시오며,
> 나라이 임하옵시며,
> 우리에게 날마다
> 일용할 양식을 주옵시고,
> 우리가 우리에게 죄지은 모든 사람을 용서하오니 우리 죄도
> 사하여 주옵시고,
> 우리를 시험에 들게 하지 마옵소서.

그리고 대부분의 교회는 앞에 말한 것처럼 찬송가 앞 표지 안쪽
에 있는 대로 문어체로 외우고, "나라와 권세와 영광이 아버지께
영원히 있사옵나이다"라는 송영(頌榮)의 말을 첨가한다.

한데 첫머리는 부르는 말이다. 이곳에서는 하나님을 '우리 아버

지여'라고 부른다. 아버지란 하나님과 인간의 관계를 가장 명확하고 단순하게 나타낸 말이다. 하나님은 우리 인간이 마음대로 만들어 낸 것도 아니고, 관념적인 존재도 아니다. 하나님을 '우리 아버지'라고 부르는 한 하나님은 단 한 분이라는 뜻이기도 하다. 자기의 아버지는 한 사람 밖에 없기 때문이다.

혼히 이렇게 말하는 사람이 있다.

"당신은 일본인이니까, 일본인의 신을 믿으시오."

라고. 그러나 하나님은 이 우주에 단 한 분이시다. 일본만의 하나님이라든가, 미국 밖에 지키시지 않는 하나님이라든가, 독일의 기도만을 들으시는 하나님이라는 인색한 존재가 아니다. '우리 아버지'이시다. 이 말은 온 인류가 형제자매라는 것도 의미한다. 그리고 이 우주 전체가 하나님의 아버지와도 같은 사랑으로 창조되었고, 복을 받고 있다는 뜻이기도 하다.

'천벌을 받는다'는 식의 무서운 저주를 내리시는 하나님이 아니라는 뜻이다. 더욱이 이 하나님은 '하늘에 계시는 아버지'이시다. 하늘에 계시다는 말은 거룩하신 하나님의 본질을 의미한다.

참으로 거룩히 여김을 받으실 분

다음에, 이 주기도에는 '저희들'이라든가 '우리' 등 복수 제1인칭을 사용했고, '저'라든가 '나'라는 단수는 사용하지 않았다. 그래서 자기만을 위한 기도가 아니다. '우리'——모든 사람을 위한 기도이다.

이 점을 생각할 때 나는 절실히 고마운 일이라고 생각한다. 내가 갓난아기여서 아무 것도 모를 때도, "하나님 같은 거 이 세상에는 없다"라든가, "크리스찬 따위는 아주 싫다"는 등 큰소리를 치고 있던 때에도 아침 저녁으로 세계의 어딘가에서 누군가가 반드시 우리를 위해서 기도해 주었다고 생각하니 참으로 고맙다.

그런데 기도의 첫번째 말씀을 보자. 예수님은 맨 먼저,

"이름이 거룩히 여김을 받으시오며"
라고 기도하라고 가르치셨다. 이름이란 말할 것도 없이 하나님을
가리킨다. 거룩히 여긴다는,

"거룩하신 자로서 다른 존재부터 구별해서 다루는 것"
이라고 〈신 성서 주해〉에 쓰여 있다. 버클레이도 '거룩히 여긴다'
는 말은 그리스어의 '하기아스데사이'라는 동사의 일부인데, '하기
오스'라는 형용사와 관련이 있다고 한다. '하기오스'란 '구별된'
의미도 있고, '하기오스한 것'은 '다른 것과는 다른, 구별된 자'라
는 의미라고 한다. 그래서 제단은 하기오스이고, 일요일도 주일이
라고 하며, 크리스찬은 다른 날과 구별한다. 요컨대 하나님은 다른
모든 존재와는 다른 거룩하신 존재이시며, 구별되어야 할 분이라
는 것이다.

그래서 참으로 거룩히 여김을 받으실 분은 하나님 한 분이라는
말이다. 그러나 인간은 자칫하면 죽은 사람의 영혼이나 다른 영과,
참 하나님을 바로 구별하지 않고 섬긴다. 이래서는 참으로 하나님
을 숭배한다고는 할 수 없다. 비속(卑俗)한 말이지만, "된장과 똥
을 혼동하지 말라"(일본음으로 된장은 미소, 똥은 쿠소로서, 소리가
비슷한 데서 나온 말=역자 주)는 말을 연상케 한다.

생각해 보면, 세계 역사에서 참으로 존중되어야 할 것이 진정 존
중되었을까? 하나님보다는 돈을 고마워하고, 명예를 귀하게 여기
고, 또는 왕이나 천황을 존중하지 않았는가?

만일 진정 숭배해야 할 하나님을 인간이 경외(敬畏)했다면 세계
역사는 완전히 다른 것으로 되지 않았을까?

다음에 예수님은,
"나라이 임하옵시며"
라고 기도하라고 가르치셨다. '나라'란 '하나님의 나라'라는 말
이다. '하나님의 나라'이니까 물론 통치자는 하나님이시다. 인간들
이 아니다. '하나님의 나라'에서는 거룩한 것, 바른 것, 사랑스러

운 것이 통용된다. 그것은 통치자가 그런 성질을 지니신 분이시기 때문이다. 우리가 거주하는 이 세상에서는,

'정직한 사람이 손해를 본다'

는 한심한 상태이지만, 하나님의 나라에서는 정직한 사람으로 훌륭하게 통한다. 뇌물도 없고, 속임수도 없다. 거룩하고 평화로운 나라다. 이 하나님의 나라의 도래를 2천년 동안 계속 기도했다. 이것이야말로 인간이 결코 끊어서는 안될 기도이며, 귀한 기도가 아닐까?

"뜻이 하늘에서 이룬 것같이 땅에서도 이루어지이다."

이것은 결국 '나라이 임하옵시며'에 귀속하는 기도라고 나는 생각한다. 하나님의 의지가 천국에서는 그대로 완전히 시행되고 있다. 그러나 이 땅에는 하나님의 의지를 저지하는 것이 너무나 많다. 어떤 사람은 말한다.

"하나님은 없다."

또 어떤 사람은 말한다.

"우스워서, 하나님이라니."

하나님이란 말만 들어도 조소하는 사람이 많다. 하나님을 거부하는 마음은 누구의 가슴에도 있다. 하나님을 생각하기보다는 제 마음대로 하고 싶으며, 너무 욕망이 많다. 그러나 이 기도를 되풀이하는 중에 우리의 욕망은 다음과 같이 높여지지 않을까?

"하나님이여, 주의 뜻대로, 주의 생각대로 하옵소서. 그것을 기뻐하는 우리이기를 바랍니다. 우리의 마음이 주님을 따르게 하옵소서."

라고. 참으로 욕심이 많은 우리 인간의 마음대로 되기보다는 하나님의 뜻대로 되는 편이 틀림없이 좋을 것이다. 그런데도 하나님의 마음대로 되기보다는 자기의 마음대로 되는 편이 좋다고 생각해 버리는 우리이다.

우리를 위한 기도

이상의 세 기도는 직접 우리 자신의 일상생활을 위한 기도가 아니고, 하나님에 관한 기도이다. 주기도의 깊이는 먼저 하나님의 일을 비는 자세 속에 있다고 나는 생각한다.

다음에 오는 것이,

"오늘날 우리에게 일용할 양식을 주옵시고……."

라는 기도이다. 사람은 누구나 괴로운 때면 하나님을 찾는다.

"하나님, 이 병을 고쳐 주십시오."

라든가,

"하나님, 이 사업이 잘되도록 빕니다."

라고 기도를 드리는 수가 있다. 그러나,

"오늘날 우리에게 일용할 양식을 주옵소서."

라는 기도를 드리는 사람은 없지 않을까? 처음으로 이 기도를 봤을 때 나는 불손하게도 거지가 집집마다 다니며,

"사흘 전부터 아무 것도 먹지 못해서……."

라고 구걸하는 모습이 자꾸만 눈앞에 떠올랐다. 매일의 음식쯤 일일이 하나님에게 빌지 않아도 얻을 수 있다고 오만하게 생각했기 때문이다. 즉, 이 기도만은 쓸데없는 것으로 생각한 셈이다.

이 '일용할 양식'이라는 말은 몸의 양식과 함께 마음의 양식도 의미한다고 한다. 마음의 양식을 원하는 기도라면 나도 이해가 간다. 그러나 몸의 양식이면 기도하지 않아도 된다고 생각한 나는 큰 과오를 범하고 있었다. 이 기도는 어디까지나 '우리'의 기도인 것이다.

그 당시의 유대에서 구제를 위해 집마다 모은다는 얘기는 앞에서 말한 대로인데, 구제를 요하는 빈민이 넘치고 있었던 사실을 절대로 잊어서는 안된다. 2천 년 후인 오늘도 참으로 많은 인간이

굶어 죽고 있다고 들었다. 남편 미우라는 식전의 기도를 드릴 때 때때로 그 사람들을 생각하며 기도하는데, 자기만 배를 채우면 그만이라고 생각하는 동안은 이 기도의 깊이와 넓이를 알 수 없을는지도 모른다.

그리고 또 하나 내가 깨닫지 못했던 일인데, 인간의 음식 중 무엇 하나 하나님이 주시지 않는 것이 없다는 사실이다. 하나님은 모든 것을 창조하셨다. 인간이 무엇인가를 계속 만들어 낸 것처럼 생각하지만, 인간이 창조한 것은 하나도 없다. 그것을 알 때 이 기도는 또 새로운 의미를 띠고 우리에게 육박하지 않을까?

세례 요한

세상에는 악녀라든가 독부(毒婦)라는 여성이 있다. 일본에도 시라꼬야(白子屋) 오꾸마(熊)라든가, 타까하시 오뎅(高橋傳)이라든가 여러 사람이 전해지는데, 성서에도 악녀가 몇 사람 등장한다. 그중에서도 마태복음 14장 1절 이하에 나오는 왕비 헤로디아는 제1급 악녀라고 할 수 있다. 이 헤로디아는 저 유명한 살로메의 어머니다.

예수님이 역사상의 인물이었던 것처럼 헤로디아도 역사상의 인물이어서, 유대의 고대사에도 그 이름이 기록되어 있다고 한다. 그러면 어떤 악녀였는지 다음에 그 부분을 인용해 보겠다.

그때에 분봉왕(分封王) 헤롯이 예수의 소문을 듣고 그 신하들에게 이르되,

"이는 세례 요한이라. 저가 죽은 자 가운데서 살아났으니, 그러므로 이런 권능이 그 속에서 운동하는도다."
하더라.

전에 헤롯이 그 동생 빌립의 아내 헤로디아의 일로 요한을 잡아 결박하여 옥에 가두었으니, 이는 요한이 헤롯에게 말하되,

"당신이 그 여자를 취한 것이 옳지 않소."

라고 하였음이라. 헤롯이 요한을 죽이려 하되, 민중이 저를 선지자로 여기므로 민중을 두려워하더라.

마침 헤롯의 생일을 당하여 헤로디아의 딸이 연석 가운데서 춤을 추어 헤롯을 기쁘게 하니, 헤롯이 맹세로 그에게 무엇이든지 달라는 대로 주겠다 허락하더라.

그가 제 어미의 시킴을 듣고 가로되,

"세례 요한의 머리를 소반에 담아 여기로 가져다 주소서."

하니라.

왕이 근심하나, 자기의 맹세한 것과 그 함께 앉은 사람들을 인하여 주라 명하고, 사람을 보내어 요한을 옥에서 목베어 그 머리를 소반에 담아다가 그 여아에게 주니, 그가 제 어미에게 가져 가니라.

이 얘기는 소설이 되거나 영화가 되었으니까 모르는 사람쪽이 적을는지도 모른다. 나도 일찍이 이 장면을 영화로 봤다. 요한이 목을 늘인다. 그것을 향해 군인이 큰 도끼를 쳐들었다가 내리친다. 그 찰나에 폭풍이 엄습하는 장면이었다.

성서는 이 장면을 간결하고 담담하게 묘사했지만, 참으로 강렬한 드라마이다. 일독해서 거의 모를 점도 없는 부분인데, 그 당시의 역사적 배경 등도 섞어서 약간 생각해 보고 싶다.

먼저 '세례 요한'이라는 명칭이다. 이것은 세례자 요한이라는 번역으로 쓰는 수가 많다. 이 요한은 누가복음 1장 36절에 나오는 대로 예수님보다 반 년 먼저 태어난 사람인데, 예수님의 친척이었다.

예언자로서, 또 예수님을 민중에게 소개하는 처지에 서는 사람으로서 활약했다. 그의 생활은 극히 간소해서, 메뚜기와 벌꿀을 주식으로 삼았다. 낙타의 가죽을 옷으로 삼고, 허리에는 가죽 팬티를 입고 있었다고 하니까 이상한 차림을 하고 있던 모양이다.

4백년 만에 나타난 예언자로서 민중에게 회개(悔改)를 촉구하고, 또 사회의 잘못을 격렬하게 찔렀다. 그의 설교는 설교라기보다 바로 질책(叱責)이었다고도 한다.

하나님의 말씀을 맡는 사람

그런데 예언자란 무엇을 하는 사람인가? 성서에는 이사야라든가 예레미야라든가 위대한 예언자가 많이 등장한다. 모두 하나님의 명령으로 세워지고, 하나님의 의지를 중계하는 사람이 유대의 예언자였다. 그러니까 예언자는 하나님의 말씀을 맡는 사람이고, 단순히 미래에 일어날 사건을 알아맞히는 사람과는 근본적으로 달랐다. 예언의 예(豫)나 예언의 예(預)든 약자로 쓰면 모두 '예(予)' 이지만, 이것은 분명하게 구분해야 한다.

하나님의 말씀을 중계하는 이상 사정(私情)을 두는 것은 허용되지 않았다. 물론 권력자에게 아첨하는 사람은 논외(論外)이다. "충고는 귀에 거슬린다"는 속담대로, 사람은 누구나 충고를 싫어한다. 하물며 권력자는 비판을 미워하고, 이것을 배척하는 것이 상례이다.

일본에서도 바로 30년쯤 전까지는 불경죄(不敬罪)라는 것이 있어서, 궁성을 요배(遙拜)하지 않는 것만으로도 투옥되고, 경우에 따라서는 목숨조차 뺏긴 일이 기억에 새롭다. 현대에도 정치 비판을 봉쇄하기 위한 투옥을 감행하는 국가가 적지 않다. 대체 투옥당하는 측이 나쁜지, 하는 측이 나쁜지 이것은 지금도 오히려 우리의 과제이어야 한다고 생각한다.

유대의 왕 중에는, 예언자의 직언에 숙연히 옷깃을 여미고 회개한 사람도 있었지만, 그 대부분의 사람은 예언자를 추방하고 또는 체포하며 투옥하고 목숨도 뺏았다.

세례 요한도 그 직언이 원인이 되어서 목숨을 뺏기기에 이르른 셈인데, 그 경위는 앞에 인용한 성서의 말씀이 설명하는 그대로이다.

즉, 영주 헤롯왕의 결혼을 요한은,

"그것은 옳지 않다."

고 비판했기 때문이다. 왜 비판했는가? 헤롯이 자기의 아내를 이유도 없이 이혼하고, 동생의 아내를 뺏아서 결혼했기 때문이다.

나는 이 대목을 읽고, 형의 아내를 취하든 동생의 아내를 취하든 결국 그것은 개인 생활에 속하는 일이 아닌가, 죽음을 걸고까지 간(諫)해야 할 정도의 일일까, 요한 같은 예언자가 이런 삼각관계에 관련되어서 귀한 생명을 잃는 것은 너무나 애석하지 않은가 하는 등으로 생각했던 때가 있었다.

그러나 나중에 요한이 목숨을 걸고 직언한 의미를 알았다. 그 당시 유대의 율법으로는 '이유 없는 이혼'은 허용되지 않았다. 또 '의리(義理) 자매와의 혼인'도 금지되어 있었다.

헤롯은 백성을 다스리는 처지에 있으면서 이 두 율법을 당당하게 위반한 셈이다. 유대에서는 법을 하나님이 주신 것이라고 이해하고 있었으므로 헤롯의 소행은 바로 하나님의 율법을 짓밟은 것이었다. 이것을 예언자 요한이 못 본 척할 수가 없었다.

그 결과 헤롯의 분노 이상으로 헤로디아의 원한을 사게 되었다. 그렇다고 해도 이곳에 쓰여진 헤로디아의 잔인함은 예를 찾아볼 수 없다는 생각이 든다.

어머니를 맹종한 살로메의 말로(末路)

역사상으로도, 현대에서 여성이 살인을 했다든가 살인을 남에게 의뢰했다는 예가 없는 셈은 아니다. 그러나 그것들은 극히 내밀히 진행되었다.

이 헤로디아의 잔인성의 하나는 살인을 주연(酒宴)의 여흥으로 제공했다는 점에 있다. 더구나 그 주연이 남편의 생일축연이었다.

마가복음에 따르면, 그때의 손님은 "고관, 장교 및 갈릴리의 주요 인물들이다"라고 쓰여 있다. 아마 그 축연을 헤로디아는 미리 노리고 있었을 것이다.

헤롯에게는 일면 마음이 약한 곳이 있는데, 마가복음에는 이렇게도 쓰여 있다.

"헤로디아가 요한을 원수로 여겨 죽이고자 하였으되 하지 못한 것은 헤롯이 요한을 의롭고 거룩한 사람으로 알고 두려워하며 보호하고, 또 그의 말을 들을 때에 크게 빈민을 느끼면서도 달게 들음이어라."

고 기록되어 있는 대로, 옥에 가두기는 했지만 그의 교훈에는 기꺼이 귀를 기울이고 있었다.

그 정도라면 옥에서 요한을 내보내면 좋을 듯한데, 그것을 할 수 없었다. 그것은 아마 이 투옥도 헤로디아의 사주에 의한 것이 많지 않았을까? 헤로디아는 아마 남편 헤롯에게 자주 강요해서 요한의 목숨을 뺏으려고 생각하고 있었을 것이다. 그래서 미리 딸더러 축연에서 춤을 추게 할 계획을 세웠을 것이다.

딸 살로메(이 이름이 성서에는 기록되어 있지 않으나 「성서사전」에 성서상의 인물로 기록되어 있다)의 이름의 의미는 '평안'이라고 한다. 그러나 이 살로메에 대한 어머니 헤로디아의 심정에는 눈꼽만한 모성도 없었다고 나는 생각한다.

우선 딸더러 추라고 한 춤은 우아한 춤이 아니고, 공주다웁지 못한 음탕한 춤이었다고 한다. 일설에 따르면 헤로디아는 자기 육체의 쇠잔을 알고, 데리고 온 딸 살로메로 하여금 왕의 마음을 붙들어 매려 했다고도 전한다.

춤을 춘 대가로 헤롯왕은,

"원하는 것은 무엇이든지 주겠다."

고 맹세해서 약속했다. 마가복음에는,

"네가 내게 구하면 내 나라의 절반까지라도 주리라."

고 했다고 하니까, 얼마나 이 춤을 기뻐했는지 쉽게 추측할 수 있다.

아마 살로메는 얼굴도 몸도 아름다운 처녀였을 것이다. 그러나 아마도 백치미(白痴美)였을 것 같다. 전혀 주체성이 없는 처녀라는 것은 어머니에게 무슨 상을 달라고 할까를 물었고, 시키는 대로, "세례 요한의 머리를 소반에 담아 여기로 가져다 주십시오." 라고 한 말에서도 나타나 있다.

이런 춤을 추게 하고, 이런 상을 바라게 하는 어머니가 세계 어디에 있을까? 그리고 이렇게도 어머니가 시키는 대로 수치스러운 춤을 추고, 가공할 상을 청원한 살로메는 얼마나 가련한 처녀였던가.

헤롯은 당연히 이 청원을 물리쳐야 했다. 그러나 아마 그 당시의 관습으로서 일단 맹세한 일은 하나님 앞에 이행해야 했을 것이고, 또 무엇이든지 소원대로 상을 주겠다고 말한 체면상 '안된다'고는 할 수 없었을 것이다. 즉, 이것은 사람들 앞에서 자기의 체면이 서면 그만이라는 소행이었다.

이리하여 요한의 머리는 축연으로 운반되어 왔다. 다른 집 뜰에 핀 꽃이라도 이렇게 주저없이 꺾는 일은 허용되지 않는다. 여기에 나는 헤로디아의 잔인성을 절실하게 본다.

어느 목사의 설교에서,

"우리가 여기서, 이 축연의 손님이었다면 대체 어떻게 했을까?" 라는 질문이 던져진 일이 있다. 이 손님들은 앞에 말한 대로 군인, 고관, 그리고 그 지방의 주요 인물뿐이었다. 아마 이 세상에서는 남의 위에 서고, 강한 발언력을 가진 사람들뿐이었을 것이다. 그럼에도 불구하고 누구 한 사람 헤롯왕을, 헤로디아를, 그리고 살로메를 간하지 않았다. 우리도 이 장소에 있었다면 그저 숨을 죽이고 일의 진전을 바라만 보고 있었을 뿐이라고 생각한다. 왜냐 하면 왕을 간하는 일은 죽음을 의미하기 때문이다. 아무리 많은 사람이 모였다고 해도 간하는 친구 한 사람도 없는 헤롯은 가련한 인간이었다.

이 사건에는 후일담이 있다.

헤롯은 정숙한 아내를 이혼했기 때문에 그 아내의 아버지 나바테야왕의 공격을 받고 패배했다. 이어서 헤로디아의 사주로 로마의 굴레를 벗으려고 하다가 반역의 혐의를 받고 헤롯의 영지도 재산도 몰수당했다. 그리고 먼 곳으로 유형을 당해 헤로디아와 함께 비참한 한평생을 마쳤다.

그리고 살로메는 나중에 얼음 위를 걷다가 그 얼음이 깨져서 물에 빠졌는데, 그 예리한 얼음장에 목이 베어져서 죽었다고 한다. 참으로 요한의 머리를 청원한 사람에게 어울리는 죽음이었다고 한다[이 살로메의 죽음에 대해서는 야마무로 굼뻬이(山室軍平) 저 「민중의 성서」 18 권(교문관 발행) 참조].

육친 에고에 통하는 모성애도 있다

마태복음에 언급하고 싶은 대목이 많지만, 모두 쓴다면 '「신약성서」 입문'이 아닌 '마태복음 입문'으로 끝날 것이다.

그래서 이후는 나 자신이 좀체로 알 수 없었던 두세 대목을 함께 읽기로 하겠다.

사람은 자칫하면 크리스찬에 대해서 온유하고 겸손하다는 이미지를 품기 쉽다. 또 크리스찬은 노하지 않는 사람이라고 생각하는 사람도 있다. 나도 그렇게 생각했었다. 그래서 다음 대목을 읽었을 때는, 크리스찬이 읽는 성서란 얼마나 무서운 일을 쓴 책일까 하고 놀라고 어이가 없었다. 나뿐 아니라 누구든지 이 대목을 읽을 때 같은 생각을 품지 않을까?

이하는 마태복음 10 장 34~39 절이다.

내가 세상에 화평을 주러 온 줄로 생각지 말라. 화평이 아니

요, 검을 주러 왔노라. 내가 온 것은 사람이 그 아비와, 딸이 그
어미와, 며느리가 시어미와 불화하게 함이니, 사람의 원수가 자
기 집안 식구리라. 아비나 어미를 나보다 더 사랑하는 자는 내게
합당치 아니하고, 아들이나 딸을 나보다 더 사랑하는 자도 내게
합당치 아니하고, 또 자기 십자가를 지고 나를 좇지 않는 자도
내게 합당치 아니하니라. 자기 목숨을 얻는 자는 잃을 것이요,
나를 위하여 자기 목숨을 잃는 자는 얻으리라.

우리 아버지는 자식을 끔찍이 사랑하는 분이었다. 아들 일곱, 딸
셋을 두었으나 자녀들이 타향에 거주하는 일을 극단적으로 싫어
했다. 그래서 철도원인 오빠와 남동생들은 자주 전근을 거절해야
했다.
자기 곁에 자녀를 두고 싶다는 애정은 알겠지만, 육친의 애정은
대단한 발 착고(着錮)로도 되는 법이다.
무의촌의 의사로서 한평생을 바치고 싶어하던 청년이 몇 해도
되지 않아 도시로 되돌아왔다.
"어머, 한평생 있겠다고 했잖아? 당신의 한평생이 벌써 끝났
어?"
거침없이 내가 말하자 청년이 대답했다.
"어머니가 아무래도 돌아오라고 하고, 마누라도 아이의 교육을
위해서는 도시가 좋다고 하기 때문에……."
그는 말로 형용할 수 없이 유감스러운 얼굴을 하고 있었다.
목사가 되려고 할 때 양친의 쌍수를 든 찬성을 받은 사람이 대체
몇 사람이나 될까? 신앙가정에 자랐으면서 목사되기를 반대당한
사람을 나는 여럿 알고 있다.
"신앙만 계속 지니면 된다. 너는 목사가 되지 않아도 돼!"
그런 말로 반대를 당했다고 한다.
미개한 지방의 선교사를 지망한 사람도, 한센씨병(氏病) 요양원

의 의사를 지망한 사람도 거의 모두가 아버지, 어머니, 아내, 자녀들의 반대를 받았다.

아니, 화가가 되는 일에도, 소설가가 되는 일에도, 음악가가 되는 일에도 반대당한 사람이 많을 것이다.

이런 반대는 무엇 때문인가? 그것은 결국 이기심 때문이 아닌가? 모성애나 부성애는 확실히 귀하다. 그러나 귀하지 못한 일면을 아울러 가지고 있다.

'내 자녀만 잘된다면'

하는 강렬한 생각, 그것은 육친 에고(에고이즘의 생략=역자 주)이다. 내 자녀를 사랑하는 것이 아니고 자기를 사랑하는 일이다. 그래서 어버이는 자기 자녀를 자유로 할 수 있는 소유물처럼 생각하기 쉽다.

사랑이란 무엇인가? 사랑이란 낳아 기르는 것이어야 한다. 자라나려는 새싹을 바르게 자라게 하는 것이어야 한다. 육친은 대체 무엇으로 연결되어 있는가? 이 성서의 말씀은 새삼 우리 한 사람 한 사람에게 그 자세를 질문하고 있다.

현대에도 그리스도는 믿으면서 교회에는 올 수 없는 사람이 많다. 어버이가 반대한다, 남편이 반대한다는 것이다. 가족에게 숨기고 교회에 오는 사람도 있다. 개인의 신앙은 자유일 터인데 아직도 그 자유를 인정하지 않는 세계가 있다.

성서에는,

"네 부모를 공경하라."(출애굽기 20장 12절, 에베소서 6장 2절= 역자 주)

는 엄연한 교훈이 있고,

"남편에게 복종하기를 그리스도에게 하듯 하라."(에베소서 5장 22절=역자 주)

는 말씀도 있다. 그리스도를 따르는 생활을 시키는 편이 결과로서는 보다 남편에게도 어버이에게도 친밀하게 될 것이다.

여하간 육친의 반대를 당하면서도 위험을 무릅쓰고 금전을 구하지 않고 명예나 지위를 바라지 않고 산 사람들이 있어서 비로소 이 세상은 진보한 것이 아닐까? 이렇게 생각할 때 이 대목도 지금은 척척 읽을 수 있다. 버클레이는,

"이 대목만큼 예수님의 투명한 진실을 선명하게 비추는 곳은 없다."

고 말했는데, 역시 동감이다.

여하간 여기서 예수님은 육친관계를 단순한 애정이나 에고가 아닌 진리에 두어야 할 것도 말씀하셨다.

'먼저 된 자로서 나중 되리라'란

다음 대목은 비유이다. 이곳을 읽었을 때 나는 잘 알 수 없었다. 이처럼 성서에는 인간적인 생각만으로는 알 수 없는 대목이 많다. 아마도 하나님의 마음을 그리 간단하게 인간이 알 리가 없기 때문일 것이다. 다음 대목도 아무 해설이 필요 없는 듯한 알기 쉬운 문장인데, 여러 의문이 솟는 부분이다.

이하는 마태복음 20장 1~16절이다.

천국은 마치 품꾼을 얻어 포도원에 들여보내려고 이른 아침에 나간 집 주인과 같으니라.

저가 하루 1데나리온씩 품꾼들과 약속하여 포도원에 들여보내고, 또 9시에 나가 보니 장터에 놀고 섰는 사람들이 또 있는지라. 저희에게 이르되,

"너희도 포도원에 들어가라. 내가 너희에게 상당하게 주리라."

하니 저희가 가고, 12시와 오후 3시에 또 나가 그와 같이 하다.

오후 5시에도 나가 보니 섰는 사람들이 또 있는지라. 가로되,

"너희는 어찌하여 종일토록 놀고 여기 섰느뇨?"

그들이 가로되,

"우리를 품꾼으로 쓰는 이가 없음이니이다."

가로되,

"너희도 포도원에 들어가라."

하니라. 저물매 포도원 주인이 청지기에게 이르되,

"품꾼들을 불러 나중 온 자부터 시작하여 먼저 온 자까지 삯을 주라."

하니, 오후 5시에 온 자들이 와서 1데나리온씩을 받거늘, 먼저 온 자들이 와서 더 받을 줄 알았더니 저희도 1데나리온씩 받은지라. 받은 후 집 주인을 원망하여 가로되,

"나중 온 이 사람들은 한 시간만 일하였거늘, 저희를 종일 수고와 더위를 견딘 우리와 같게 하였나이다."

주인이 그중의 한 사람에게 대답하여 가로되,

"친구여, 내가 네게 잘못한 것이 없노라. 네가 나와 1데나리온의 약속을 하지 아니하였느냐? 네 것이나 가지고 가라. 나중 온 이 사람에게 너와 같이 주는 것은 내 뜻이니라. 내 것을 가지고 내 뜻대로 할 것이 아니냐? 내가 선하므로, 네가 악하게 보느냐?"

이와 같이 나중 된 자로서 먼저 되고, 먼저 된 자로서 나중 되리라.

이스라엘의 하루는 아침 6시부터 저녁 6시까지였다고 한다. 이곳에는 저녁 5시에 고용된 얘기가 나온다. 5시에 고용되었으면 6시까지 단 1시간 밖에 없다. 1시간 밖에 없는데, 포도원 주인은 노동자를 진정으로 고용할까? 역시 이것은 '지어낸 얘기다'라는 식으로 누구나 느끼지 않을까?

그러나 이 상황은 매우 흔한 상황이었다고 한다. 그것은 포도가 익은 직후에 우기(雨期)가 있었기 때문에, 우기가 오기 전에 매우 서둘러서 포도를 수확해야 했다. 왜냐 하면 포도가 썩기 때문이다.

그래서 고양이 손이라도 빌고 싶을 정도로 바빠서, 설혹 1시간이라도 30분이라도 도와주는 사람이 있으면 누구를 막론하고 부탁한 모양이다.

예수님은 언제나 신변의 사건을 비유로 인용하여 말씀하셨다. 우리는 2천년 후인 일본에서 이 예수님의 말씀을 들으니까 어쩐지 먼 사건과 같이 생각하고 읽는다. 그러나 직접 예수님의 말씀에 귀를 기울이고 있던 사람에게는 위에 게시한 비유에 국한하지 않고도 예수님의 비유는 매우 가까운 것이었다. 그래서 민중은 친근감을 가지고 경청했을 것이다. 청중 중에는 12시에 고용된 경험을 가진 사람도 있었을 것이고, 저녁 5시에 고용된 경험을 한 사람도 있었을 것이며, 또 아침 9시에 맨 먼저 고용된 경험을 얻은 사람도 있었을 것이다.

그렇다면 이 얘기를 듣는 중에 나와 같은 의문을 품은 사람도 틀림없이 많았으리라고 생각한다. 의문의 하나는,

'왜, 아침부터 일한 사람에게 먼저 임금을 지불하지 않고, 나중에 온 사람부터 지불했을까?'

하는 것이다. 아침부터 일한 사람은 하루 종일 땀을 흘리며 일했을 것이다. 나중에 온 사람부터 돈을 받는다면 먼저 온 사람들은 무척 오랫동안 뒤에 서서 기다려야 한다. 이렇게 불공평한 대우가 있을까? 얘기를 들으면서 약간 분개한 사람도 있었는지도 모른다.

그러나 이 얘기는, 사실은 이 세상 포도원의 얘기 그 자체가 아니고 천국, 즉 하나님이 지배하시는 곳에서 어떻게 할까의 얘기이다. 이 세상 포도원이라면 물론 그날의 가장 고참인 9시부터 일한 사람들부터 임금을 받을 것이다.

그러면 왜 포도원 주인은 나중에 온 사람부터 임금을 지불해 주었을까?

이 성서 대목에 "나가 보니 장터에 놀고 섰는 사람들이 또 있는지라"라는 말씀이 있다. 일본에도 오사까나 도꾜의 어떤 지역에는

자기들을 고용하러 오는 사람을 기다리며 모이는 장소가 있다고
한다. 그 사람들을 소위 '서 있는 사람'이라고 부르는 모양이다.
아무 것도 하지 않고 서 있는 것은 놀고 있는 것이 아니고,

　'누가 고용해 주지 않으려나?'

하고 고용주를 구하느라고 서 있는 것이다.

　그 첫째로 선택된 사람들은 얼마나 기뻤을까. 하루 1데나리온의
약속이었다고 했는데, 1데나리온의 임금은 그 당시 농원 노동자의
노동임금, 로마군인의 임금과 같았다고 한다.

　1971년 간행인 「신성서대사전」으로 조사했더니 61엔에 해당한다
고 했다. 지금은 1977년이니까 약 1백엔 가량일까? 몹시 낮은 임
금이다.

　그러나 지금과 달라서 물가가 쌌을 터이니까 편하지는 못하다고
해도 하루 먹을 정도는 되었던 모양이다. 그 당시의 숙박료는 12
분의 1데나리온이었다는 기록도 있다.

　여하간 하루 1데나리온의 약속으로 아침에 일감을 만난 사람들
은 얼마나 안심이 되었을까. 우선 굶지 않게 되었다. 아내도 자녀
도 굶기지 않게 되었다. 그 당시의 노동자는 노예보다 그날의 생계
가 더 곤란했다고 한다. 노예에게는 어쨌건 주인이 있다. 주인은
자기의 소유물인 노예를 굶기지는 않으니까, 그런 의미에서 생활
은 안정되어 있었다. 그러나 노동자는 다르다.

　포도원 주인이 저녁 5시에 나가니까, 아직도 서 있는 사람들이
있었다. 5시라고 하면 벌써 하루가 끝나려는 시각이다. 그들은 아
직도 고용해 줄 사람을 결사적으로 기다리고 있었다.

　만일 아무도 고용해 주지 않는다고 자포자기해서 절망하고 그
곳을 떠났다면 틀림없이 그들은 고용주의 눈에 띄지 못했을 것
이다. 어떻게든 그날의 음식을 얻으려고 여러 시간 기다리던 노동
자들의 심정을 생각하면 가슴이 뭉클해진다.

절망하지 않은 사람에게 주시는 하나님의 복

우리 인생에서 자기가 서 있어야 할 장소를 절망하고 떠나는 사람들을 우리는 서로 얼마나 많이 보아 왔는가. 그러나 반대로 절망적인 상황에 있으면서 자기의 인생을 내던지지 않고, 진실하게 살아가는 사람들도 있다. 이 오후 5시까지 서 있던 사람들을 진실한 사람이라고 할 수 없을까? 이제 한 시간으로 그날이 저문다는 때에,

"너희도 포도원에 들어가라."

는 말을 들었을 때의 그들의 표정을 나는 상상한다. 그것은 아침 9시에 고용된 사람의 기쁨과는 달라서, 아마 울고 싶을 정도로 깊이 감동되었을 것이다.

그리고 그 포도원 주인은 그런 그들의 자기에 대한 절대(絶大)의 감사를 마음에 깊이 새겼을 것이다.

한편, 아침부터 고용된 사람들은 저녁이 되어서 온 노동자들에게 어떤 시선을 던졌을까?

'뭐야, 이제야 오다니!'

하는 고참 특유의 차가운 시선을 던졌는지도 모른다. 거기에는 남을 내려다보는 오만한 시선이 있지 않았을까?

오후 5시에 온 사람들은 그런 눈총을 맞으면서 기를 못 펴고, 근소한 시간을 정신없이 일했을 것이다. 이리하여 포도원 주인은 나중에 온 사람들에게 깊은 동정을 품은 것이 아닐까?

또 하나의 의문은 하루 종일 일한 사람의 임금과, 1시간만 일한 사람의 임금이 같은 1데나리온이라는 점이다. 만일 이것이 현실로 눈 앞에서 실시되었다면 확실히 우리도 불평을 할 것이다. 나도 이 대목에 단단히 걸렸었다.

불평한 고참에게 주인이 말했다.

"친구여!"

주인은 노동자들을 이렇게 불렀다. 일본에 기업체가 얼마나 있는지 모르지만, 그 기업주가 노동자들을 "친구여!"라고 부르는 자세를 과연 몇 사람이나 취하고 있을까? 아마 한 사람도 없다고 단언해도 되지 않을까?

친구란 대등한 관계를 나타내는 말이다. 노사(勞使)관계는 대등하여야 한다. 그러나 인간이란 이상한 존재여서, 돈을 지불하는 쪽이 인간적으로도 위인 듯한 착각을 느끼는 모양이다. 한쪽은 노동력을 제공하고, 한쪽은 그 대가를 제공하는 데 지나지 않는다. 즉, '기브 앤드 테이크'인 것이다. 대등한 관계이다. '친구'이다. 그러나 그렇게 되지 못하는 것이 우리의 실태이다. 예수님은 2천 년이나 전에 그것을 갈파(喝破)하셨다.

그런데 이 포도원 주인은 불평하는 말을 들었지만, 아무 계약 위반도 하지 않았다. 하루 1데나리온의 약속대로 임금을 지불했다. 그러나 1시간 밖에 일하지 않은 사람에게도 1데나리온을 주었다고 하루종일 일한 사람은 격노했다. 냉철하게 생각하면 자기는 약속한 만큼 받았다. 아무 불평도 없을 터이다.

앞에서 말한 것처럼 1데나리온은 겨우 1백엔 가량의 임금이다. 간신히 빵을 먹을 수 있는 금액이다.

주인이 나중 온 사람에게 돈을 지불한 것은 단지 노동시간뿐 아니라 고용주를 기다리며 저녁 5시까지도 절망하지 않고 서 있던 노고를 생각해 주었기 때문일 것이다. 그러나 인간은 자기가 남한테서 받는 것은 기뻐하면서도 남이 받는 것을 보면 솔직하게 기뻐할 수 없다. 기뻐할 수 없을 뿐이면 몰라도, 주인에게 불평을 한다.

그건 그렇다 하고, 하여간 천국이란 이와 같은 주인이 계신 곳이다. 주인이 사람을 보는데, 무엇을 볼까? 단지 그 인간의 능력도 아니고, 학력도 아니다. 하물며 체력도 아니고, 용모도 아니다. 지위나 재물이 중요하지 않은 것은 더 말할 것도 없다.

아침부터 저녁까지 그저 고용되기만을 바라고, 절망적인 곳에 있으면서도 절망하지 않고 서 있던 노동자들처럼 그저 오직 하나님을 기다리는 사람이 복을 받는 장소이다.

더욱이 그저 포도원 주인을 위해서 얼마로 고용되는지도 마음에 두지 않고 오직 겸손하게 일념으로 주인에게 따라붙는 사람이 복 받는 곳이다. 먼저 고용된 사람처럼 고참인 자세(藉勢)를 하거나, 너희들과 우리는 다르다는 얼굴을 하는 사람은 천국에서는 앞설 수 없다.

예수님은 다른 부분에서,

"하나님의 나라를 어린 아이와 같이 받드는 자는 들어가리라." (마가복음 10 장 15 절＝역자 주)

고 하셨는데, 이 어린 아이와 같이 자기를 낮추는 모습을 오후 5 시에 고용된 노동자한테서 예수님은 보셨을 것이다.

이상은 천국 비유에 대해서 서술했는데, 이 비유는 우리의 생활 방식, 현대사회의 자세, 특히 노동문제에도 여러 가지 시사(示唆)를 주는 얘기이고, 또 신앙상 참으로 깊은 진리를 가져다 주는 비유이다.

성서는 사람이 각기 읽을 때에 참으로 여러 가지 발견을 하게 되는 것이므로 되풀이해서 읽는다면 이 부분도 더욱 깊이 그 뜻을 이해하게 될 것이다.

2

마가복음(Mark 福音)

예수님께서 "손을 내밀라"고 말씀하신 것만으로 병을 치료하셨다는 기적에 대해 의문을 느끼는 분이 있을는지도 모른다. 따라서 이 기적에 먼저 의문을 느끼고 성서를 멀리하는 사람도 적지 않다. 그러나 지금의 나는 예수님의 그 기적을 모두 믿는다. 그것은 인간의 지혜나 힘을 그다지 큰 것으로 생각지 않기 때문이다. 인간은 결국 피조물이니까.

부자의 버릇없는 아들 마가

서점으로 들어가서 죽 줄지은 책을 볼 때 우리는 표제를 볼까, 아니면 저자의 이름을 볼까?

설혹 마음을 끄는 표제가 있었다고 해도 귀에 설익은 저자이면 흥미가 반감되고, 반면에 자기가 좋아하는 저자이면 흥미가 배가 (倍加)된다.

그림도 도기(陶器)도 누구의 작품이냐 하는 것은 퍽 흥미 있는 일이 아닐까?

그러나 성서를 읽어 봐도 그 저자에 우리는 거의 친분이 없다. 요한복음의 요한이 어떤 사람인지, 누가복음의 누가가 어떤 사람인지 시초부터 알 도리가 없다.

지금부터 쓰려는 마가복음의 마가에 대해서도 같은 말을 할 수 있다. 우리에게는 예비지식이 거의 없다. 그러나 마가는 몰라도 레오나르도 다 빈치의 명화 〈최후의 만찬〉은 많은 사람이 알고 있다. 수수께끼의 미소로 유명한 〈모나리자〉를 그린 다 빈치는 〈최후의 만찬〉에서도 그리스도를 중심으로 좌우에 줄지은 12제자의 경악과 불안의 순간을 훌륭하게 포착했다.

이 그림은 "이 12인 중에 나를 배반할 자가 있다"고 예수님이 말씀하신 때의 제자들의 동요를 그린 명화이다.

이 최후의 만찬을 잡수신 장소가 사실은 마가의 집 2층인 넓은 방이었다고 전한다. 그 당시 2층이 있고, 이와 같이 만찬을 개최할 만큼 넓은 방이 있는 집이라고 하면 퍽 부유한 집이었을 것이다.

성서에 따르면, 마가의 어머니 마리아의 이름은 기록되어 있지만 아버지의 이름은 기록되지 않았다. 이 점에서 관찰하면 그는 미망인인 어머니의 양육을 받은 부자의 아들이라는 말이 된다. 그런 부유한 환경에서 자란 탓인지 그는 버릇없고 제멋대로의 면이 많은 인간이었던 모양이다. 사도행전(使徒行傳)에는 그의 그 버릇없음이 원인이 되어, 바울과 바나바라는 큰 사도가 크게 논쟁을 하고, 그 결과 이 두 사람이 전도여행을 함께 할 수 없게 된 경위가 쓰여 있다. 그 때문인지 마가에게는 '재능은 있지만 버릇없는 젊은이'라는 이미지가 있다.

마태복음의 마태는 그 당시의 사람들이 싫어한 세무원이었다. 아마 마가도 남의 빈축을 사는 성격을 다분히 지녔던 것으로 생각된다. 그러나 마태도 마가도 나중에 크게 쓰인 것을 보면 역시 그리스도께서 끼치신 영향의 위대함을 깊이 느낀다.

나는 마가복음 중에서도, 아니, 전 성서 중에서도 특히 마음이 끌리는 부분의 하나를 다음에 들어 보겠다.

예수께서 다시 바닷가에 나가시매 무리가 나아왔거늘, 예수께서 저희를 가르치시니라. 또 지나가시다가 알패오의 아들 레위(마태)가 세관에 앉아 있는 것을 보시고 저에게 이르시되,

"나를 좇으라."

하시니, 일어나 좇으니라. 그의 집에 앉아 잡수실 때에 많은 세리와 죄인들이 예수와 그 제자들과 함께 앉았으니, 이는 저희가 많이 있어서 예수를 좇음이러라. 바리새인의 서기관들이 예수께서 죄인과 세리들과 함께 잡수시는 것을 보고 그 제자들에게 이르되,

"어찌하여 세리와 죄인들과 함께 먹는가?"

예수께서 들으시고 저희에게 이르시되,

"건강한 자에게는 의원이 쓸데없고, 병든 자에게라야 쓸데 있느니라. 내가 의인을 부르러 온 것이 아니요, 죄인을 부르러 왔노라."

하시니라(2 장 13~17 절. 이것과 같은 기사는 마태복음 9 장에도,
누가복음 8 장에도 있으니 참조하기 바란다).

죄인을 부르러 왔노라

내가 이곳을 읽고 특별하게 느낀 것은 아직 20 대 경이고, 요
양중이었을 때였다. 요양소에는 젊은 남녀가 앓고 있어서, 나에
게는 이성 친구가 많았다. 그런데 나의 병실에는 언제나 이성 친
구만이 모이는 경향이 있었다. 그 탓도 있고 패전 후이기 때문에
나 자신 허무적이 된 탓도 있어 나는 뱀프(요부;妖婦)라는 고맙지
않은 평을 듣고 있었다. 또 요양하는 몸이면서 누가 권하면 술을
입에 대는 일도 있어서, 나를 대하는 동성의 눈은 따뜻하지 못
했다.

그런 상태인 때에 나는 이 마가복음의 부분에 마음이 끌렸다.

"많은 세리와 죄인들이 예수와 그 제자들과 함께 앉았으니, 이
는 저희가 많이 있어서 예수를 좇음이러라."

이 말씀이 내 마음을 강하게 끌었다. 세무원(세리;稅吏)은 그
당시 재판 때 증인의 자격도 주지 않을 정도로 멸시당한 존재였
고, 아마 이 죄인이라고 쓰여 있는 사람들도 세무원과 같은 대우
를 받는 사람들이겠지 하고 생각했다. 그리고 나 자신이 그들의
동료로 생각되었다.

죄인이란 어떤 사람들인지 그 당시의 나는 잘 알 수 없었다.
그러나 사회에서 차가운 대우를 받는 존재였던 사실은 다음 말
로 명백하다.

"어찌하여 세리와 죄인들과 함께 먹는가?"

즉, 그 시대에 세무원이나 죄인과 함께 음식을 먹는 사람은 없
었다는 말일 것이다. 함께 음식을 먹을 수 없다는 것은 대체 어
떤 일일까?

흑인과 백인이 같은 전차를 탈 수 없다는 말을 듣고 놀란 일이

있지만, 음식을 함께 먹지 않는다는 것도 큰 차별이 아닐까? 다른 대목에는 세무원이나 죄인 외에 창기(娼妓)라는 말이 첨가되었다. 그러나 그런 사람들과 예수님은 음식을 함께 잡수셨다. 더욱이 그 사람들이 '많이 있었다'고 한다. 평소에 차별당하고 학대받는 사람들은 사람의 마음에 민감하다. 조금이라도 그 시선에 차가움이나 업신여김이 있으면 절대로 접근하지 않는다. 마음을 열지 않는다.

세무원, 죄인이라고 불리우는 사람들이 이다지도 예수님을 사모한 진정을 나는 여기서 상상할 수 있었다. 더구나,

"어찌하여 저들과 같은 사람과 함께 먹는가?"

라고 질문한 바리새인의 말에 대답하신 예수님의 말씀은 극히 선명하고도 통렬하다.

"건강한 자에게는 의원이 쓸데없고, 병든 자에게라야 쓸데 있느니라. 내가 의인을 부르러 온 것이 아니요, 죄인을 부르러 왔노라."

문어체 성서를 읽고 있던 나는 이 예수님의 말씀을 외웠다.

그런데 이 예수님의 말씀을 바리새파(派)의 사람들은 어떻게 들었을까?

"나는 옳은 사람에게는 볼 일이 없다. 죄인에게 볼 일이 있다"는 예수님의 비꼬는 말을 바리새인들이 어떻게 이해했을까? 여기서 우선 바리새라는 말을 「신성서대사전」에서 알아보자. 바리새란 '분리된 사람들'이라는 의미인데, 그 당시 유대교의 유력한 일파였다고 한다. 바리새파 사람들은 유대의 율법에 극히 엄격했고, 특히 결례(潔禮)에 마음을 썼다.

바리새파에 속하는 사람들은 그 당시 유대인의 신앙과 생활의 지도적 학자들이었다. 분리하는 사람, 즉 바리새의 기원(起源)은 깨끗하지 못한 사람으로부터 자기를 분리하는 일에 있었다. 즉, 그것은 자기는 깨끗하다는 의식에서 생긴 생활태도였을 것이다.

그러면 그들이 말하는 깨끗하지 못한 사람이란 어떤 사람들이 었을까? 그것은 세무원이고, 창기이며, 또 '땅의 백성'이었다. 땅의 백성이란 율법을 세부에 이르기까지 엄격하게 지킬 수 없는 사람들이다. 이 땅의 백성을 바리새인은 죄인이라고 불렀다.

바리새인들은 자기들은 옳고 깨끗하다고 생각하고, 다른 사람을 옳지 못한, 즉 죄인이며 깨끗하지 못한 사람으로 여겼다. 깨끗하지 못한 사람에게 접촉한다면 더럽힌다고, 세무원이나 땅의 백성과는 절대로 사귀지 않기를 서약하고 있었다.

그래서 세무원, 땅의 백성들과는 여행을 함께 하는 일도, 상품 흥정을 하는 것도, 물품을 주고받는 일도 일체 금하고 있었다. 하물며 손님으로 초대를 받거나 초대한다는 일은 생각할 수도 없었고, 물론 음식을 함께 먹는 일도 없었다.

그런 그들에게 예수님이 세무원 마태의 집에서 땅의 백성들과 음식을 함께 잡수신 일은 놀라운 큰 사건이었다. 아무래도 용서하기 어려운 행위였다. 속되게 말하면 '더럽다'는 것이었다.

바리새인과 대립하신 예수님

그러나 예수님은 이런 바리새파 사람들을 얼마나 싫어하셨는지, 그것을 복음서에서 수시로 엿볼 수 있다.

이와 반대로, 바리새파가 죄인이라고 부르는 사람들을 예수님은 언제나 사랑하셨다. 하나님 앞에 자기 자신을 부끄러운 사람, 얼굴을 들 수 없는 사람이라고 자인하고 겸손한 사람들을 사랑하셨다.

이런 유대에서 예수님이 12제자 중 한 사람으로 세무원 마태를 선택하였다는 사실은 얼마나 경탄할 만한 혁명적인 사건이었는가. 마태의 집에 땅의 백성이라고 불리우는 사람들이 잇달아 모여든 이유도 알 수 있다.

그러나 이 예수님의 사랑을 바리새인들은 절대로 이해할 수 없었다. 그것은 무엇 때문인가? 하나님 앞에 자기들이 가장 옳다고 믿었기 때문이다. 이것이야말로 하나님 앞에 가장 큰 죄임을 그들은 몰랐다.

다음 대목도 자기를 옳다고 여기는 바리새인과 예수님의 대조적인 모습을 묘사했다.

예수께서 다시 회당에 들어가시니, 한편 손 마른 사람이 거기 있는지라. 사람들이 예수를 송사하려 하여, 안식일에 그 사람을 고치시는가 엿보더라.

예수께서 손 마른 사람에게 이르시되,

"한 가운데 일어서라."

하시고, 저희에게 이르시되,

"안식일에 선을 행하는 것과 악을 행하는 것, 생명을 구하는 것과 죽이는 것, 어느 것이 옳으냐?"

하시니, 저희가 잠잠하거늘 저희 마음의 완악함을 근심하사 노하심으로 저희를 둘러보시고, 그 사람에게 이르시되,

"네 손을 내밀라."

하시니, 그가 내밀매 그 손이 회복되었더라. 바리새인들이 나가서 곧 헤롯당과 함께 어떻게 하여 예수를 죽일꼬 의논하니라 (3장 1~6절).

사실 나는 이곳을 아무리 읽어도 왜 바리새인들이 예수님을 죽이려고 할 만큼 노했는지 좀처럼 이해할 수 없었다. 예수님은 마른 손을 고쳐 주셨다. 그것은 좋은 일이 아닌가? 좋은 일을 하고, 왜 살해되어야 하는가? 나에게는 불가해였다.

나는 부주의하게 지나쳤는데, 여기서 중요한 문제는,

'사람들이 예수를 송사하려 하여, 안식일에 그 사람을 고치시는가 엿보더라.'

는 점에 있었다. 즉, 안식일에 사람을 치료해서는 안된다고 바리새인들은 생각하고 있었다. 왜냐 하면 그렇게 하는 것은 율법위반이기 때문이었다.

일곱째 날의 안식은 하나님의 율법

안식일에 대해서는 앞에 출판한 「구약성경 이야기」——빛과 사랑을 찾아서(原題;구약성서 입문)에도 언급했지만, 설명이 필요한 것이기 때문에 이곳에도 안식일에 대해서 약간 기록해 두겠다.

안식일의 기원에 대해서 「구약성서」에는 다음과 같이 쓰여 있다.

안식일을 기억하여 거룩히 지키라. 엿새 동안은 힘써 네 모든 일을 행할 것이나, 제칠일은 너의 하나님, 여호와의 안식일인즉 너나 네 아들이나 네 딸이나, 네 남종이나 네 여종이나, 네 육축이나 네 문안에 유하는 객이라도 아무 일도 하지 말라. 이는 엿새 동안에 나 여호와가 하늘과 땅과 바다와 그 가운데 모든 것을 만들고, 제칠일에 쉬었음이라. 그러므로 나 여호와가 안식일을 복되게 하여 그날을 거룩하게 하였느니라. (출애굽기 20장 8~11절)

이것이 유명한 십계명에 지시하신 안식일의 계율이다.

이와 같이 유대의 율법은 단지 일국의 법규가 아니고, 하나님의 명령으로서 지켰다. 신앙이 두터운 유대교도는 이 십계명을 존중했는데, 안식일을 거룩한 날로 지키는 일은 특히 존중한 모양이다.

이 안식일은 토요일부터 일전하여, 현재 세계 중에 일요일이라는 모양으로 퍼졌다. 일본에서는 아직 주휴제(週休制)조차 확립할 수 없는 중소기업도 있지만, 유대에 있어서는 참으로 수천 년 옛날부터 하나님의 율법으로서 실시해 왔다. 나도 크리스찬과 나부랑이로서 일요일을 거룩한 날로 지키고 있다. 즉, 몸이 아프지 않는

한 일요일마다 반드시 교회의 예배에 남편 미우라와 함께 출석
한다. 설혹 아무리 원고가 바쁘다고 해도, 전날 밤에 약간 수면부
족이라고 해도 그 때문에 예배에 빠지는 일은 하지 않는다. 예배를
지키기 위해서 일요일 오전중은 어떤 모임에도 출석하지 않는다.
만일 여행기간중에 일요일이 있으면 여행지에 있는 교회에 출석
한다.

이것은 나뿐이 아니고, 크리스찬의 대부분이 이와 같이 일요일
의 예배를 지킨다. 직업에 따라서는 일요일에 쉴 수 없는 직장도
있다. 예배 출석을 지키고 싶어서 직장을 바꾸었다는 예도 자주 듣
는다.

나의 경우 일요일이 예배일이기 때문에 아직 저항이 없다. 그러
나 유대교의 안식일인 토요일을 현대에도 답습하는 그리스도교회
가 일본에도 있다. 이 교회에 속하는 사람들은 토요일에는 학교도
직장도 쉬고 예배에 출석한다고 들었다.

현대에도 이런 형편이니까, 그리스도 시대의 율법을 지키는 일
에 열심인 바리새인들이 안식일에 대해서 얼마나 철저했는가를 상
상하기 어렵지 않다.

그리스도의 시대는 안식일이 제정되고부터 이미 1천 수백 년이
나 지났다. 그러나 앞에 인용한 십계명을 기초로 세칙이 생기고,
그 세칙에 또 세칙이 붙는 상황이었다. 그런 나머지 하나님의 뜻을
행하기보다 세칙을 엄수하는 일쪽을 중요시하는, 소위 신앙의 형
해화(形骸化)가 노골적이었다.

그 당시 안식일에 금지되어 있던 일의 일부를 여기에 소개하
겠다. 어떤 일이 있어도 다음 사항은 절대 금지되어 있었다. 그것
은,

'씨뿌리기, 추수, 매매, 점화(點火), 부부생활, 음식준비, 9백
미터 이상의 보행, 급환이 아닌 질병치료'
등등이다. 더욱이 이것이 파에 따라서는 더욱 세미한 규정을 설정

했던 모양이다.

안식일은 문자 그대로 사수한 극단적인 예로서 이것도 「구약성경 이야기」―― 빛과 사랑을 찾아서(구약성서 입문)에 쓴 일이지만, "한 유대인의 무리가 안식일에 공격해 온 시리아인에 대해서 안식일을 범하기보다 기꺼이 죽음을 선택한 일은 너무나 유명하다"고 「신성서대사전」에도 있다.

오만한 사람에 대한 예수님의 분노

이만큼 안식일을 중요시하는 사회에서 예수님은 왜 안식일에 마른 손을 고치셨을까? 예수님은 안식일을 존중하지 않으셨을까? 그렇지 않다. 예수님은 안식일을 거룩한 날로서 굳게 존중하셨다. 그래서 부질없이 세칙에 세칙을 첨가해서 형해화한 실태를 한탄하셨다. 형식만을 지키고 그 안식일의 정신을 잊은 태도에 큰 문제를 느끼셨다.

거룩한 안식일은 하나님 앞에 마음을 낮추고 조용히 할 날로 제정되었다. 그러나 그로부터 1천 수백 년이 지난 예수님 시대에 안식일은 너무나 금지 사항이 많은 날이 되어 버렸다. 그것을 지키려고 하는 나머지 다른 사람들의 행동을 서로 감시하는 날이 되었다.

이 성서의 구절에도,

"사람들이 예수를 송사하려 하여 안식일에 그 사람을 고치시는가 엿보더라."

고 쓰여 있다. 즉, 그들은 소송하는 것이 목적이었다. 이런 생각만큼 하나님의 마음에서 먼 것은 없다. 그것은 마치 전쟁중의 일본과 비슷하다. 하이힐을 신었으니까 비국민이라든가, 퍼머넌트를 했으니까 국적(國賊)이라든가, 신사 참배를 거부하는 놈은 투옥하라든가, 전시중의 일본인은 서로를 감시하고 있었다. 지금 생각하면 어리석고도 무서운 암흑의 나날이었다. 그러나 그 당시의 우리는 그것이 암흑이라는 것조차 몰랐다. 바리새인도 자기들의 태도가 얼마나 이 세상을 어둡게 하는가, 세상에 해독을 끼치는가를 알 수 없었던 모양이다. 예수님은 그 암흑에서 모든 사람을 해방시키려고 생각하셨다. 그래서 그들이 자기를 소송하려는 것을 아시고서 예수님은,

"안식일에 선을 행하는 것과 악을 행하는 것, 생명을 구하는 것과 죽이는 것, 어느 것이 옳으냐?"

고 사람들에게 물으셨다. 그러나 누구 하나 대답할 수 있는 사람이 없었다. 이렇게 명확한 일을 대답할 수 없으면서 뭐가 신앙일까. 그것은 형식상으로는 하나님을 섬기면서 마음속으로 하나님의 마음을 짓밟는 것이 된다.

그래서 예수님은 노하셔서 그들을 둘러보셨다고 성서에 쓰여 있다. 예수님은 노하셨다. 예수님의 진노! 그것은 우리의 자기 중심적인 분노와는 다르다. 예수님은 어떤 일에도 노하지 않으시고 받아 주시는 분이시라고, 자칫하면 우리는 소홀히 보는 점이 있다.

그러나 예수님은 자기들을 절대로 옳다고 생각하는 오만한 태도에 대해서 엄연히 진노하셨다. 그리고 손이 마른 사람을 한가운데에 세우시고, 군중이 보는 앞에서 그 손을 고치셨다.

바리새인들은 당장 헤롯당에 속하는 사람들과 예수님을 죽일 의논을 하기 시작했다. 헤롯당의 사람들은 예수님에 대한 대중의 열광적인 인기를 두려워했다. 왕의 지위를 침범당하지나 않을까 하고 걱정했기 때문이다. 그래서 여기 정당과 종교의 일파가 굳게 손을 잡았다. 이것은 평소에 사이가 그리 좋지 못하던 사람이라도 상사의 험담을 하거나, 이 사람 저 사람의 험담을 할 때에는 마음이 맞는 것과 흡사하다. 인간은 처지가 달라도 특정한 사람에 대한 증오에서 일치하는 수가 많은 법이다.

그런데 우리가 만일 이 한쪽 손이 마른 인간이었다면 어떨까? 손이 말랐다는 것은 매우 부자유한 상태이다. 새끼손가락에 상처를 입어도 끊임없이 그 손가락이 마음에 걸리고, 무엇을 해도 불쾌

한 법이다. 여하간 안식일에 병을 고쳐서는 안된다는 것은 도저히 하나님의 뜻이 아니다. 그것은 안식일에 일을 쉬라는 말을 확대해석해서, 아니, 곡해해서 음식준비까지 금한 것과 같이 나중 사람이 제멋대로 첨가한 것이리라.

그러나 병든 사람, 몸이 부자유한 사람은 1분 1초라도 속히 자유하기를 원한다. 고통에서 해제되고 싶어한다. 하물며 언제나 많은 군중에게 에워싸여 있는 예수님을 만나는 기회는 그리 기대할 수 있는 것이 아니다. 만났을 때에 치료받지 못하면 다시 그 기회를 만날지 여부의 보장은 없다.

"오늘은 안식일이니까 치료할 수 없다."

고 예수님이 말씀하셨다면, 이 손이 마른 사람은 얼마나 실망했을까. 이튿날도 같은 고장에 예수님이 머물러 계신다고는 할 수 없다. 마을에서 마을로, 도시에서 도시로 예수님은 도(道)를 전하고 계셨으니까. 여하간 목숨의 위험을 무릅쓰시고까지 "안식일에 선을 행하는 것과 율법을 형식적으로 지키는 것, 어느 것이 옳으냐?"고 말씀하실밖에 없었던 예수님의 사랑은 얼마나 위대한가.

이 대목 직전에 예수님은 다음과 같이 훌륭한 말씀을 하셨다.

"안식일은 사람을 위하여 있는 것이요, 사람이 안식일을 위하여 있는 것이 아니니, 이러므로 인자(人子)는 안식일에도 주인이니라."

현대인인 우리에게는 이 말씀이 당연한 것처럼 들릴는지도 모른다. 그러나 이 말씀을 하신 시대는 지금까지 설명한 것처럼 대단한 상황이었다. 우리는 예수님처럼 목숨을 걸고라도 이렇게 명백하게 딱 잘라 말할 수 있을까?

이 안식일이라는 귀에 설익은 말 때문에 우리는 이 대목이 자신과는 관계가 없는 것처럼 지나칠는지도 모른다. 그리고 안식일에 매인 생활방식을 비웃을는지도 모른다.

그러나 현대의 양상을 볼 때에 우리는 진정으로 웃을 수 있을까? 예를 들면, 돈은 사람을 위해서 있을 것이다. 그러나 돈의 노예가 되어, 돈 때문에 인간의 바른 자세를 잃는 예가 너무나 많다. 독직(瀆職), 정치의 부패를 본 것만으로도 인간을 위해서 있어야 할 돈이 얼마나 인간을 못쓰게 만드는가를 알 수 있다.

과학도 마찬가지이다. 인간의 행복을 위해서 있어야 할 과학이 원폭 등의 발명으로 얼마나 무참하게 많은 인명을 뺏았는가?

재판도 사람을 위해서 있을 것이다. 그러나 재판소의 권위를 위한 재판이 아닌가 하고 생각되는 여러 문제가 있다. 예를 들면, 재심제도가 좀처럼 열리지 않는 것도 그 하나이다.

법률이나 국가, 정치도 인간을 위해서 있을 것인데, 이것이 인간 위에 있는 듯한 착각에서 여러 가지 흉한 실태가 생긴다.

"안식일이 사람을 위하여 있는 것이요, 사람이 안식일을 위하여 있는 것이 아니니라."

는 예수님의 말씀에는 참으로 깊은 인간사회에 대한 통찰과, 인간성의 회복의 절실한 소원이 들어 있다고 생각한다.

내가 견문한 두 기적

지금 나는 안식일의 문제에 대해서 죽 썼는데, 안식일의 문제보다,

"손을 내밀라."

고 말씀하신 것만으로, 병을 치료하셨다는 기적에 대해서 의문을 느낀 분이 있을는지도 모른다. 성서에는 예수님이 나타내신 기적의 얘기가 많이 나온다. 이 기적에 먼저 의문을 느끼고 성서를 떠나는 사람도 적지 않다. 그리고 그것이 현대인의 정직한 감각이기도 할 것이다.

그러나 지금의 나는 예수님이 행하신 기적을 믿는다. 그것은 내가 인간의 지혜나 힘을 그다지 큰 것으로 생각지 않기 때문이다. 인간은 결국 피조물이다. 몇 십 년의 목숨을 살고 죽는 존재이다.

그 유일한 인간이 대체 이 광대한 우주의 것을 어느 정도 알고 있을까?

"알아야 할 것이 바다만큼이라면, 온 인류의 지식은 그 한 방울만도 못하다."

고 한 사람은 저 대수학자 파스칼이다. 설혹 인류가 달까지 갔다고 해도 인류는 아직 바닷물의 한 방울만큼도 알지 못한다.

그런데 내가,

'인간은 병에 대해서도 아직 얼마 모르는 것이 아닌가?'

고 깊이 느낀 두 사건이 있었다.

이것은 이전에 수필로 쓴 일도 있어서 중복을 피하고 싶지만, 질병을 생각하는 데에 매우 중요한 일이라고 여기기 때문에 감히 이곳에도 기록하겠다.

그 하나는 재작년이었을까, 십 수년 만에 내가 병든 친구를 문병했을 때의 일이다. 그녀는 십년 이래 움직이지도 못하고, 말도 할 수 없는 괴질에 걸려서 누워만 있는 몸이었다. 그녀가 갑자기 방문한 나를 본 순간,

"아! 호리따(堀田＝나의 옛 姓) 선생!"

하고 매우 명석하게 외쳤다. 말을 할 수 없다고 듣고 있던 나는 기뻐서,

"어머! 말을 할 수 있군."

하고 그녀의 손을 잡았다. 그러나 그녀는 그 후 다시는 한마디도 말을 할 수 없었다.

또 하나는, 약 십년 전 삿뽀로(札幌)의 신체 중증장애아의 특수학교에 일어난 사건이다. 그 학교에는 목욕실이 있었다. 아마 몸의 훈련을 위해서 필요했을 것이다. 그 욕조 안에 아이들이 들어가 있었을 때의 일이다. 마침 그 아이들을 보고 있던 사또(佐藤) 교사는 흠칫 놀라 눈을 크게 떴다. 뇌성소아마비인 A군이 두 손을 저으며 욕조 안을 유유히 걷고 있었다. A군은 손도 발도 언제나 부들부들

떠는 몸이었다. 사또 교사는 A군이 목욕중에 몸도 마음도 풀려서, 이렇게 유유히 손을 저으며 걸을 수 있게 되었는가 하고 관찰하고 있었다.

A군이 그의 시선을 알아차리지 못하고 얼마 후 욕조를 나와서 코르셋을 부착하고 복도로 나왔다. 복도로 나와서도 A군은 유유히 손을 저으며 걸어갔다. 교사는 기쁜 나머지,

"A군!"

하고 뒤에서 불렀다. 돌아본 A군은 그 순간 몸이 부자유한 본래의 A군으로 돌아가 버렸다.

"대체 병이란 무엇일까요?"

내가 소학교 교사시절 학년 주임이던 사또 교사는 그때 조용히 말했다.

말을 못하던 나의 친구가 수십 년 만에 만난 나에게,

"호리따 선생!"

하고 발음도 명석하게 외친 일과, 목욕중의 A군이 어떤 계기로 자기를 잊고 손발의 진동이 나은 사실에는 하나의 공통점이 있지 않을까? 더욱이 두 사람이 모두 흠칫 놀라 자기로 돌아갔을 때 본래의 부자유한 모습으로 되돌아간 사실에도 똑같은 공통점이 있지 않을까?

예수님에게 치료받은 질병

인간이란 존재는 우리가 생각하는 이상으로 더욱 복잡 미묘하게 생긴 것이 아닐까? 무의식의 세계가 전인격의 80퍼센트를 차지한다고 들었다. 즉, 평소에 우리가 의식하는 세계는 20퍼센트에 지나지 않는다. 무의식의 세계에 어떤 의식이 비축되어 있는지 자기도 알 수 없다.

만일 자기의 심층심리를 알 수 있다면 고칠 수 있는 병도 의외로 많지 않을까? 자기 자신도 깨닫지 못하는 불안이나 공포, 혐오,

그것들이 인간을 무겁게 눌러서 호르몬의 작용을 교란하고 몸의 밸런스를 잃게 한다. 그런 인간의 몸을 나는 상상할 수 있다.

저것을 생각하고 이것을 생각하면 하나님의 아들 예수 그리스도의 위대한 사랑 앞에 병자가 설 때 마음의 구석에 숨긴 번민과 고통에서 해방되어, 몸의 자유가 회복되는 사실은 용이하게 생각할 수 있다. A군이나 나의 친구는 일시적으로 기적을 보여 주었지만, 예수님이 고치신 사람들은 영속적으로 치유된 것이리라.

성서에는 맹인, 벙어리, 앉은뱅이, 중풍병, 부인병 등 여러 질병이 치유된 기적이 쓰여 있는데, 그 밖에 5천 명에게 겨우 빵 5개와 생선 2마리를 나누어서 배부르게 한 얘기와, 예수님이 물 위를 걸으시고 그것을 본 제자들이 유령인가 해서 소리를 지른 사건 등 기적의 기사가 여럿이나 있다. 시초부터 그 기적을 믿는 일은 물론 곤란하겠지만, 나는 차라리 그대로 솔직하게 읽는 것이 성서를 읽는 방법이라고 생각한다.

왜냐 하면 복음서를 쓴 사람들이 있지도 않았던 일을 썼다고는 생각할 수 없다. 그들은 하나님을 믿었다. 하나님을 믿는 사람이 위증은 도저히 할 수 없다고 생각한다. 그러나 그들이 진실을 썼으리라고 생각하는 것은 그 이유에서만은 아니다.

그것은 앞에도 쓴 것처럼, 그 당시의 사건을 기억하고 있는 사람이 많은 중에 거짓말이나 엉터리를 쓴다면 도리어 선교의 방해가 된다. 그런 일은 누구나 생각할 것이다. 오히려 주지(周知)하는 일을 쓰는 것으로, 사람들이 공감을 얻을 수 있었다고 생각한다. 마태도 마가도, 성서의 기자들은 그 시대의 사람들에게 읽히기 위해서 썼다. 아마 수백 년, 수천 년이나 세계 중의 사람들에게 읽히리라고는 상상도 못했을 것이다. 그런 사실들도 머리에 넣고 읽어 간다면 성서를 솔직하게 읽을 수 있다는 생각이 든다.

현대의 우리가 신문기사를 하나하나 의심하지 않고 읽는 것처럼, 그 당시 사람들이 대부분은 이 성서를 읽었을 것이다.

그렇다고 해서 성서의 해설서 중에조차 이 기적을 애써 부정적으로, 또는 상징적으로 해석하려는 것도 있다. 예를 들면, 예수님이 물 위를 걸으신 사실을, 해변에 가까운 곳을 걸으시는 것을 제자들이 잘못 본 것이 아닐까라고 한다든가, 5천 명이 빵 5개로 배가 부르게 먹은 사실을 자기들이 각자 빵을 지참했던 것이 아닐까라고 하는 따위이다.

해석은 자유이지만, 나는 하나님의 무한한 능력을 인간의 유한하고 빈약한 지혜로 경솔하게 판단하지 않는 것이 진리를 구하는 데에 매우 중요하다고 생각한다.

3

누가복음(Luke 福音)

자유라는 말이 자칫 자기가 하고 싶은 대로 행동하는 것
처럼 사용되고 있는데 참된 의미는 하는 자유와 하지 않
는 자유를 자유롭게 가려 쓰도록 되어야 하는 성질의 것
이다. 의지가 약하기 때문에 질질 끌려가는 것이 자유
라고는 말할 수가 없다. 자기의 생각대로 행동하면서
자유롭게 살고 있다고 착각하는 인간처럼 부자유한 인
간은 없지 않을까!

사람들의 사랑을 받은 의사 누가

작가인 키타 모리오(北杜夫) 씨, 나다이나 씨, 와따나베 즙이찌(渡邊淳一) 씨는 의사이다. 그 의사의 창작의 달리기는 누가복음을 쓴 누가에 해당될까?

마태는 세무원이었고 마가는 약간 문제를 지닌 인간이었는데, 이 누가는 성서 중에 '사랑을 받는 의사 누가'라고 쓰여 있는 대로(골로새서 4 장 14 절＝역자 주) 사람들에게 사랑받는 존재였던 모양이다.

성서의 기자가 의사였다는 사실은 읽는 사람에게도 미묘한 영향을 주는 듯한 생각이 든다. 그것은 내가 오랜 요양생활을 계속하고 있었기 때문에 특히 그렇게 생각하는지도 모르지만, 병자였던 내가 친근감을 가지고 누가복음을 읽은 것만은 확실하다.

내가 소속한 교회의 신도는 2 백 명 가까운데, 그중 5 명이 의사이다. 상당한 퍼센테이지라고 생각한다. 나는 이 사람들이 누가복음의 기자 누가에게 내가 품은 것 같은 친근감을 품었는지도 모른다고 생각하는 때가 있다.

그것은 고사하고, 이 누가의 복음서는 헬라 고전문학과 비슷한 아름다운 헬라어로 쓰여 있다고 한다. 그리고 이 누가복음에는 속편이 있는데, 사도행전이 그것이다. 즉, 누가는 누가복음과 사도행전 두 권을 쓴 셈이 된다.

이 복음서는 다른 복음서와 서두가 다르다. 마태복음은,

"아브라함과 다윗의 자손 예수 그리스도의 세계(世系)"

로부터 시작되는 저 무미건조한 서두이고, 마가복음은,

"하나님의 아들 예수 그리스도 복음의 시작이라."

는 극히 간결한 서두이다. 그러나 누가는 데오빌로 각하라는 사람

에게 부친 헌사(獻辭)부터 시작했다.

"우리 중에 이루어진 사실에 대하여 처음부터 말씀의 목격자되고 일꾼된 자들이 전하여 준 그대로 내력을 저술하려고 붓을 든 사람이 많은지라. 그 모든 일을 근원부터 자세히 미루어 살핀 나도 데오빌로 각하에게 차례대로 써 보내는 것이 좋은 줄 알았노니, 이는 각하로 그 배운 바와 확실함을 알게 하려 함이로다."

이 서두는 앞에 나온 마태, 마가에 비교하면 매우 접근하기 쉽다고 나는 생각한다. 데오빌로 각하라는 사람이 어떤 인물인지 모르지만, 여하간 어떤 사람에게 들려주려는 식의 서두는 성서에 친숙치 못한 사람에게도 친근감을 주지 않을까?

「신약성서」의 첫 책이 마태복음이 아닌 누가복음이었다면 더 많은 사람이 성서의 독자가 되지 않았을까 하는데, 어떨까?

그런데 이 데오빌로 각하라는 사람에 대해서 상세하게는 알려지지 않았다. 다만 말할 수 있는 것은 이 인물은 유대인이 아니었던 모양이다. 즉, 이 복음서는 유대인 이외의 외국인들에게 읽히기 위한 복음서였던 것 같다.

데오빌로 각하에게 부쳐서 쓰여졌지만, 사실은 이 데오빌로 각하가 출판원(元)이어서, 이 복음서를 복제했다고 전한다.

누가복음 1장은 읽으면 알 수 있듯이 요한의 탄생기록이다. 요한은 마태복음의 항목에서 말한 세례 요한인데, 저 요비(妖妃) 헤로디아의 음모로 머리를 잘리운 예언자이다. 누가는 요한이 그리스도의 도래를 민중에게 알린 중요 인물이기 때문에, 복음을 말하려면 먼저 요한부터 시작해야 한다고 생각한 모양이다.

"차례대로 써 보내는 것이……."

라고, 데오빌로 각하에게 설명하는 말에서도 그것이 엿보인다.

누가가 쓴 이 복음서는 사회적 시야가 넓고, 부자에 대한 비판이 정확한 것이 특징의 하나라고 한다. 또 역사가 누가라고 하는 말과 같이 사실성(史實性)의 정확도(度)로 지적받고 있다. 비유도 풍부해서 읽기 쉽기 때문에 이 점에서도 「신약성서」를 누가복음부터 읽는 것이 좋다고 할 수 있다.

당신은 레위인인가, 사마리아인인가

누가복음에만 있는 비유 몇 가지에서 두셋 추려 보겠다. 그 하나는 '선한 사마리아인의 비유'라고 하는 유명한 대목이다.

삿뽀로의 노인홈 신애원(神愛園)의 현관을 들어서면 큰 그림이 걸려 있다. 상처를 입은 남자를 한 사람이 간호하고 있는 그림이다. 그것이 이 '선한 사마리아인'의 그림이다.

나는 이 비유를 좋아해서, 소설 〈시오 카리 토게〉에도 인용했다. 〈시오 카리 토게〉는 메이지(明治) 시대의 내용이기 때문에 인용한 성서도 문어체이다. 소설의 주인공이 잠들 수 없어서 시간을 보내기 위해 읽은 대목은,

"어떤 율법사가 일어나 예수를 시험하여 가로되, '선생님, 제가 무엇을 하여야 영생을 얻으리이까?'"

로 되어 있는데, 현재는 구어체가 있으니까 구어체를 인용하겠다.

어떤 율법교사가 일어서서 예수의 속을 떠보려고,

"선생님, 제가 무슨 일을 해야 영원한 생명을 얻을 수 있겠습니까?"

하고 물었다.

예수께서는,

"율법서에 무엇이라고 적혀 있으며, 너는 그것을 어떻게 읽었느냐?"

하고 반문하셨다.

"'네 마음을 다하고, 네 목숨을 다하고, 네 힘을 다하고, 네 생각을 다하여 주님이신 네 하나님을 사랑하라. 그리고 네 이웃을 네 몸같이 사랑하라'고 하였습니다."

이 대답에 예수께서는,

"옳은 대답이다. 그대로 실천하여라. 그러면 살 수 있다."
하고 말씀하셨다. 그러나 율법교사는 짐짓 제가 옳다는 것을 드러내려고,

"그러면 누가 저의 이웃입니까?"
하고 물었다. 예수께서는 이렇게 말씀하셨다.

"어떤 사람이 예루살렘에서 여리고로 내려가다가 강도를 만났다. 강도들은 그 사람이 가진 것을 모조리 빼앗고, 마구 두들겨서 반쯤 죽여 놓고 갔다. 마침 한 제사장이 바로 그 길로 내려가다가 그 사람을 보고는 피해서 지나가 버렸다. 또 레위인도 거기까지 왔다가 그 사람을 보고 피해서 지나가 버렸다. 그런데 길을 가던 어떤 사마리아인은 그의 옆을 지나다가 그를 보고는 가엾은 마음이 들어 가까이 가서 상처에 기름과 포도주를 붓고 싸매어 주고는, 자기 나귀에 태워 여관으로 데려가서 간호해 주었다. 다음날 자기 주머니에서 돈 2데나리온을 꺼내어 여관 주인에게 주면서, '저 사람을 잘 돌보아 주시오. 비용이 더 들면 돌아오는 길에 갚아 드리겠소' 하며 부탁하고 떠났다. 자, 그러면 이 세 사람 중에서 강도를 만난 사람의 이웃이 되어 준 사람은 누구였다고 생각하느냐?"

율법교사가,

"그 사람에게 사랑을 베푼 사람입니다."
하고 대답하자 예수께서는,

"너도 가서 그렇게 하여라."
하고 말씀하셨다(누가복음 10장 25절 이하).

읽어 보면 그다지 난해한 대목은 아니다. 그런데 사람들은 이 대목을 읽고 자기 자신을 글 가운데의 누구에 비길까?

나그네를 절반쯤 죽여 놓은 강도에 비길까? 그런 사람은 없을

것이다. 이 세상에는 가해자 타입의 인간과, 피해자 타입의 인간이 있다고 한다. 그러나 언제나 남의 마음에 상처를 내고 있는 인간이라고 해도 자기를 강도라고는 생각지 않을 것이다.

그러면 절반쯤 죽임을 당한 나그네가 자기라고 생각할까? 그렇게 생각하는 사람은 몇 퍼센트 있을는지도 모른다. 지금 말한 대로, 자기는 언제나 남에게 학대를 받고 있다고 생각하는 타입의 인간이 있기 때문이다. 아니, 생각할 뿐 아니라 확실히 그런 처지에 있는 사람도 있다.

다음에, 이 절반쯤 죽임을 당한 사람을 못 본 척 버리고 지나간 제사장이나 레위인이야말로 자기라고 생각하는 사람이 있을까? 있다고 해도 아마 이 수효는 더욱 적을 것이다. 적기는 해도 이것이 자기의 모습이라고 볼 수 있는 사람은 인간의 실태를 상당히 알았다고 해도 좋다.

나의 친구가 드라이브를 하다가 교통사고를 당한 젊은이들을 발견했다. 젊은이들은 수풀 속에 차를 탄 채 굴러 떨어져서 피투성이가 되어 있었다. 나의 친구는 혼자서는 구원하기가 곤란하다고 보았기 때문에 지나가는 차에게 도움을 청했다. 그러나 바라보는 사람은 있어도, 손을 빌려 주는 사람은 없었다. 자기의 의복이나 차가 피로 더럽혀지는 것이 싫었던 것이다.

생각해 보면, 이것이 우리 인간의 모습이 아닐까? 병자나 부상자의 치료를 사명으로 삼는 병원조차 급환자나 부상자를 받아들이지 않고, 밤새도록 쳇바퀴돌림을 시켜서 죽게 만들기까지 하는 예가 드물지 않다.

그러면 우리는 인정이 많은 사마리아인으로 자기를 간주할까? 이 사마리아인과 같이 주도(周到)한 친절을 베푸는 사람은 이 세상에 극히 드물다. 그럼에도 불구하고 이 대목을 읽을 때, 자기를 선한 사마리아인과 같은 인간이라고 착각하기 쉽지는 않을까?

잊혀지기 쉬운 이웃의 존재

누구나 쉽게 알 수 있다고 생각되는 이 비유에 대해서 좀더 함께 생각해 보고자 한다.

예수님은 이 비유를 누구에게 베푸셨는가?

그것은 성서에 쓰여 있는 대로 율법학자에게 하셨다. 아마 이 율법학자는 예수님한테서 이런 비유를 듣게 되리라고는 전혀 생각지 못했을 것이다. 성서에는,

"예수를 시험하여 가로되"

라고 쓰여 있다. 시초부터 예수의 설교를 경청(傾聽)하겠다든가, 지도를 받겠다는 겸허한 생각으로 온 것이 아니다. 소문이 자자한 예수가 과연 어느 정도의 인물인가, 율법에 대한 식견이 얼마나 있는가를 시험하러 왔다. 자기의 전문인 율법을 어느 정도 알고 있는가를 시험해 보고 싶었던 것이다.

그러한 불손한 생각을 품고 가지고 온 질문은 아마 율법학자 사이에서도 난문(難問) 중의 난문으로 간주되는 문제였을 것이다. 즉, 영원한 생명에 대한 문제였다.

예수님은 그 율법학자가 의도하는 점을 재빨리 알아차리셨다. 성서에는 여러 군데에 예수님을 '올무에 걸리게 하려고' '고소하기 위해서' 접근한 인간이 기록되어 있다. 그런데 그때마다 예수님은 두려울 정도까지 정확하게 상대의 마음을 간파하셨다.

예수님은 여기서도 이 율법학자의 마음을 당장 꿰뚫어 보시고 말씀하셨다.

"율법서에 무엇이라고 적혀 있으며, 너는 그것을 어떻게 읽었느냐?"

율법학자가 자기의 전문인 율법에 대해서 반문을 당한 것이다. 그는 속으로 준비해 두었던 대답을 했다.

"네 마음을 다해서 주님이신 네 하나님을 사랑하라. 그리고 네

이웃을 네 몸같이 사랑하라.”

　이것을 대답할 때의 율법학자의 얼굴에는 자신감이 차고 넘쳤을 것이다. 확실히 그것은 훌륭한 대답이었다. 율법학자는 지식에서는 만점이었다. 그러나 예수님은 말씀하셨다.

　“그대로 실천하여라.”

　그 예수님의 말씀은 율법학자의 허를 찔렀다. 왜냐 하면 하나님을 사랑하기 때문에 이웃을 사랑하는 행위를 틀림없이 그는 등한히 하고 있었을 것이기 때문이다. 등한히 하고 있었기 때문에,

　“누가 저의 이웃입니까?”

라고 물었다.

　‘이웃 사랑’이라는 말을 모르는 사람은 없다. 그러나 이웃이라는 말을 우리는 얼마나 정확하게 알고 있을까? 이웃을 바로 이웃집에 사는 사람이라고 생각하여 의심치 않는 사람도 있을 것이다. 지인(知人) 친구를 가리킨다고 인식하는 사람도 있을 것이다.

　파초(芭蕉)가 지은 노래에,

　“가을도 깊었는데

　이웃은 무엇하는 사람인가?”

라는 유명한 노래가 있다. 현실로 이웃에 사는 사람에게 조차 우리의 감각이 이 파초의 노래와 그리 다르지 않다. 작은 거리 마을이면 몰라도, 도시가 크면 클수록 이웃과 우리의 거리(距離)는 멀어진다. 이미 에도(江戸) 시대(德川이 정치하던 시대;1603~1861＝역자 주)에 이 파초의 노래가 있었던 사실은 나에게 큰 놀라움이었다.

　하여간,

　“이웃은 누군가?”

라고 질문을 받으면, 우리는 무엇이라고 대답할까?

　예수님은 여기서 강도를 만난 나그네에 대한 비유를 베푸셨다. 그것은 너무나 구체적이고, 또 통렬했다. 왜냐 하면 예수님에게 질문한 율법학자의 동료인 제사장이나 레위인(성전 봉사자)이 보고도

못 본 척하고 냉담하게 지나가 버렸고, 자기들이 차별하고 멸시하던 사마리아인이 친절을 베풀었다는 얘기이기 때문이다.

그런데 사마리아인은 왜 유대인한테서 차별을 당하고 멸시를 받았는가? 그것은 유대인과 외국인의 혼혈인이며, 그 종교가 유대교의 변형이라고 할 종교였기 때문이다. 유대인들은 사마리아인과는 말도 하지 않았고, 퍽 급한 용무가 아닌 한 사마리아 땅을 경유하지도 않았다.

그리고 '세겜에 사는 우매한 백성'이라는 의미의 말로 부르기도 했다. 따라서 '사마리아인과 같다'는 말은 상대를 조소하는 말이었다. 유대인이 적대시하고 멸시하는 이 사마리아인이 부상한 나그네에게 얼마나 친절을 베풀었는가를 예수님은 상세하게 말씀하셨다.

'그를 보고 가엾은 마음이 들어'

'가까이 가서 상처에 기름과 포도주를 붓고 싸매어 주고'

'자기 나귀에 태워'

'여관으로 데려가서 간호해 주었다'

등. 그리고 이튿날 데나리온 둘, 즉 2데나리온을 여관 주인에게 주었다. 1데나리온은 그 당시 노동자의 하루의 임금인데, 그 당시는 숙박비가 매우 쌌던 모양으로, 1데나리온으로 12박을 할 수 있었다고 한다. 그러니까 24일치를 지불한 셈이 된다.

얘기를 마치시고 예수님은 율법학자에게 물으셨다.

"이 세 사람 중에서 강도를 만난 사람에게 이웃이 되어 준 사람은 누구였다고 생각하느냐?"

예수님은 이웃이 누군가 하고 질문한 율법학자에게,

"이웃은 자기의 친절로 생긴다."

고 말씀하신 셈이다. 그리고,

"너도 사마리아인과 같이 하여라."

고 하셨다.

이 율법학자가 그 후에 다른 사람의 좋은 이웃이 되었는지 여부를 성서는 기록하지 않았다. 나의 상상으로는 말도 안되는 사마리아인을 좋은 사람으로 비유하고, 레위인이나 제사장을 냉정한 방관자로 말한 예수에게 한없는 분노와 적의를 계속 지니지 않았을까 하고 생각한다.

그런데 예수님은 어째서 레위인이나 제사장을 방관자로서 묘사하셨을까? 그것은 그 당시 그들의 신앙의 자세가 다만 형식에 흐르고 율법에 속박되어 너무나 이웃에 대해서 냉담했기 때문이 아닐까?

이 비유를 들은 우리는 참으로 굉장한 얘기를 들은 셈이 된다.

"이웃이란 누군가?"

그것은 극히 친한 사람을 가리키는 것이 아니었다. 설혹 지나는 길에 만난 사람이라고 해도 자기가 해야 할 일을 베풀어야 하는 대상이 이웃이다. 해야 할 일을 함으로써 이웃은 생긴다. 부모나 육친에 대해서조차,

"상관이 없다."

는 등, 한마디로 밀쳐 버리는 우리 현대인은 이 예수님의 비유를 대체 어떻게 듣는가?

집으로 돌아온 방탕한 아들

다음에, 아꾸다가와 류노스께(芥川龍之介)가 단편소설의 극치라고 격찬했다고 하는, 누가복음 15장 11절 이하를 함께 읽어 보기로 하겠다.

어떤 사람이 두 아들을 두었다. 작은아들이 아버지에게 말했다.

"아버지, 아버지의 재산 중에서 제 몫으로 돌아올 것을 주십시오."

그래서 아버지는 재산을 쪼개서 두 아들에게 나누어 주었다. 며칠 뒤에 작은아들은 자기 재산을 다 거두어 가지고 먼 고장으로 떠나갔다. 거기에서 재산을 마구 뿌리며 방탕한 생활을 하였다.

그러다가 돈이 떨어졌는데, 마침 그 고장에 심한 흉년까지 들어서 그는 알거지가 되고 말았다. 하는 수 없이 그는 그 고장에 사는 어떤 사람의 집에 가서 더부살이를 하게 되었는데, 주인은 그를 농장으로 보내어 돼지를 치게 하였다. 그는 하도 배가 고파서 돼지가 먹은 쥐엄나무 열매로라도 배를 채워 보려고 했으나, 그에게 먹을 것을 주는 이는 아무도 없었다. 그제야 제정신이 든 그는 이렇게 중얼거렸다.

"아버지 집에는 양식이 많아서 그 많은 일꾼들이 먹고도 남는데, 나는 여기서 굶어 죽게 되었구나! 어서 아버지께 돌아가 '아버지, 제가 하늘과 아버지께 죄를 지었습니다. 이제 저는 감히 아버지의 아들이라고 할 자격이 없으니 저를 품꾼으로라도 써 주십시오' 하고 사정해 보리라."

마침내 그는 거리를 떠나 자기 아버지 집으로 발길을 돌렸다. 집으로 돌아오는 아들을 멀리서 본 아버지는 측은한 생각이 들어 달려가 아들의 목을 끌어안고 입을 맞추었다. 그러자 아들은,

"아버지, 저는 하늘과 아버지께 죄를 지었습니다. 이제 저는 감히 아버지의 아들이라고 할 자격이 없습니다."
하고 말했다.

그렇지만 아버지는 하인들을 불러,

"어서 제일 좋은 옷을 꺼내서 입히고, 가락지를 끼우고, 신을 신겨 주어라. 그리고 살찐 송아지를 끌어내다 잡아라. 먹고 즐기자! 죽었던 내 아들이 다시 살아왔다. 잃었던 아들을 다시 찾았다."
하고 말했다.

그래서 성대한 잔치가 벌어졌다.

밭에 나가 있던 큰아들이 돌아오다가 집 가까이에서 음악소리와 춤추며 떠드는 소리를 듣고는 하인 하나를 불러,

"어떻게 된 일이냐?"

고 물었다. 하인이,

"아우님이 돌아왔습니다. 그 분이 무사히 돌아오셨다고 주인께서 살찐 송아지를 잡게 하셨습니다."

하고 대답하였다.

큰아들은 화가 나서 집에 들어가려 하지 않았다. 그래서 아버지가 나와서 달랬으나 그는 아버지에게,

"아버지, 저는 이렇게 여러 해 동안 아버지를 위해서 종이나 다름없이 일을 하며 아버지의 명령을 어긴 일이 한번도 없었습니다. 그런데도 저에게는 친구들과 즐기라고 염소새끼 한 마리 주지 않으시더니, 창녀들한테 빠져서 아버지의 재산을 다 날려 버린 동생이 돌아오니까 그 아이를 위해서는 살찐 송아지까지 잡아 주시다니요!"

하고 투덜거렸다.

"얘야, 너는 늘 나와 함께 있고 내 것이 모두 네 것이 아니냐? 그런데 네 동생은 죽었다가 다시 살아왔으니 잃었던 사람을 되찾은 셈이다. 그러니 이 기쁜 날을 어떻게 즐기지 않겠느냐?"

하고 말하였다.

이 비유는 아꾸다가와 류노스께가 칭찬하기 이전부터 세계에서 가장 위대한 단편이라는 말을 들어 왔다고 한다. 그렇게 문학성이 있는 것이기 때문에 누가 읽어도 깊이 마음에 스미는 얘기이다.

이 대목을 읽을 때마다 생각이 나는 얘기가 있다.

어떤 부부에게 외아들이 있었다. 퍽 재산이 많은 가정이었다. 외

아들이기 때문에 응석받이로 기른 모양인데, 아들은 그의 어버이의 사랑에 버릇없이 되어 원하는 것은 뭐든지 졸라댔다. 그러다가 마침내는,

"어차피 상속인은 나 혼자이니까, 지금 재산을 나누어 주십시오."

하고 말했다. 아직 늙지도 않은 아버지의 사후까지 기다릴 수 없다는 것이다. 이 말을 들은 아버지는 자기의 자식이지만 혐오감이 생겨서, 자기의 재산은 자기가 죽기 전에 모두 써 버리기로 결심했다고 한다. 듣고 있는 중에 가슴이 서늘해지는 무서운 얘기로 나에게는 생각되었다.

이 성서의 비유 중의 아들도,

"아버지, 아버지의 재산 중에서 제 몫으로 돌아올 것을 주십시오."

라고 말한 점에서는 지금 말한 외아들과 비슷하다. 다만 다른 것은 그 아버지의 태도이다. 비유 중의 아버지는 아들의 청구를 받고 그 재산을 두 아들에게 나누어 주었다. 유대의 율법에 따르면, 맏형은 3분의 2, 작은아들은 3분의 1을 받기로 되어 있었다.

이 얘기에서 먼저 주목할 것은 아우에게도 형에게도 재산을 나누어 주었는데, 아우쪽은 받자마자 팔 수 있는 것은 팔아서 돈으로 바꾸어 먼 곳에 갔고, 형은 재산을 받았어도 아버지의 곁을 떠나지 않았다는 것이다.

자유라는 문제

여기서 한 의문이 솟아오르는데, 무엇 때문에 아버지는 작은아들이 말하는 대로 재산을 나누어 주었을까 하는 것이다. 아버지인 이상 아들의 성격을 꿰뚫어 보고 있을 터였다. 그런데도 무엇 때문에 재산을 나누어 주었을까? 아버지가 죽을 때에 나누어 주어도 절대로 아버지의 의무를 다하지 못했다는 것이 되지 않을 터이다.

그런데 왜 말하는 대로 분배했을까?

그 하나는 자유의지에 관련된 문제이다. 인간은 어떤 사상을 지녀도, 행동을 해도 그것은 자유이다. "아버지의 재산을 갖고 싶다"고 말하는 것도 자유이지만, 갖고 싶다고 말하지 않는 것도 자유이다. 또 마찬가지로, 재산을 나누어 받았어도 그것을 방탕에 쓸 자유도 있고, 더 일을 해서 그것을 늘려 가는 자유도 있다. 그리고 아버지가 나누어 주겠다고 말해도, 사퇴하는 자유조차 있다.

자유라는 말은 자칫 잘못하면 자기가 하고 싶은 대로 행동하는 것처럼 사용되고 있는데, 참된 의미는 하는 자유와 하지 않는 자유를 자유롭게 가려 쓰도록 되어야 하는 성질의 것이다. 담배를 피울 자유도 있지만, 피우지 않을 자유도 있다. 술을 마실 자유도 있지만, 마시지 않을 자유도 있다. 바람을 피울 자유도 있지만, 피우지 않을 자유도 있다. 의지가 약하기 때문에 질질 끌려 들어가는 것이 자유라고는 절대로 말할 수 없다. 그런 관점에 서서 보면, 자기의 생각대로 행동하면서 자유롭게 살고 있다고 착각하고 있는 인간처럼 부자유한 인간은 없을 것이다. 왜냐 하면 그것은 단지 욕망에 사로잡혀서 욕망에 지고 있는 모습이기 때문이다.

이 아버지에게는 재산을 나누어 줄 자유도 있었지만, 분여(分與)를 거절할 자유도 있었다. 아마 이 아버지는 작은아들이 어떤 길을 걸어갈까를 모두 내다보고 있었을 것이다.

이렇게 생각하노라니까 연상되는 성서의 말씀이 있다.

"인간이 하나님을 알아보려고도 하지 않았기 때문에 하나님께서는 그들이 올바른 판단력을 잃고 해서는 안될 일들을 하게 내버려 두셨습니다."(로마서 1 장 28 절＝역자 주)

이 세상에는 나쁜 일을 하면서 번영한다고 누구나 생각할 존재가 있다. 그런 모습을 보고 하나님이 과연 실존하실까 하고 하나님을 의심하는 사람도 있다. 그러나,

"해서는 안될 일들을 하게 내버려 두신다."

는 것만큼 큰 벌이 없을는지도 모른다.

그것은 멸망의 길을 걷는 대로 내버려 두시는 일이기도 하기 때문이다.

이 방탕한 아들도 그 예에 빠지지 않고 멸망의 길을 쏜살같이 달려 내려가게 되었다. 우선 대부분의 사람이 제마음에 내키는 대로 하고 싶을 때는 집을 나간다. 세상의 남편들이 바람을 피울 때도 절대로 여자들을 집으로 데려오지 않고 아내에게 숨기면서 집 밖에서 나쁜 일을 하려고 한다.

집에 있으면 어버이와 아내의 눈이 있기 때문에 재산을 모두 다 쓰는 정도의 짓은 할 수 없다. 이 작은아들도 집을 떠나서 알거지가 되기까지 유흥방탕했다. 마침 기근이 들어 먹는 일에도 부족하게 되었다. 그리고 마침내 돼지치는 사람까지 되었다.

우리가 돼지를 사육하려고 할 때 거기에는 아무런 저항도 없다. 양돈업은 훌륭한 직업이라고 생각한다. 그러나 그 당시에 돼지를 사육하는 일이 이스라엘에서는 절대로 합당치 못한 일이었다. 돼지를 사육하지 않을 뿐 아니라, 그 고기를 먹는 일도 절대로 하지 않았다. 왜냐 하면 율법에,

"돼지는 부정(不淨)한 것이다. 먹지 못한다."

고 명기되어 있기 때문이다(신명기 14장 8절).

유대의 율법은 단순한 율법이 아니고 종교상의 계율이기도 하기 때문에, 돼지를 먹는다든가 기르면 유대인에게 있어서 그것은 자기의 하나님을 버리는 일이기도 했다. 그래서 어느 시대에는 유대인에게 돈육을 먹도록 강요해서, 유대교를 포기시키려고 한 지배자가 있었다고 한다. 돼지를 먹느냐 먹지 않느냐, 이것은 하나의 그림 밟기(踏繪;그리스도교 신자를 가려내기 위한 수단=역자 주)이기도 했다. 그만큼 돼지라는 동물이 더럽힌 것의 대표인 것처럼 혐오를 받았다는 사실을 생각하면 이 비유에 있는 '돼지를 치게 했다'는 한마디는 참으로 무겁다. 그것은 바로 자기가 하나님을 버

리고 이교(異敎)의 노예가 되었다는 것을 의미한다. 이것은 유대인에게 있어서는 창녀에게 가는 것보다도 더욱 심한 정신적 황폐를 의미하고, 완전한 타락을 의미한다. 이 이상 떨어질 수 없는 곳까지 떨어진 것을 의미한다.

그래서 "돼지가 먹는 쥐엄나무 열매로라도 배를 채워 보려고 생각할 정도였다"는 말은 돼지와 동등으로 떨어졌다는 말이기도 할까? 몹시 심원(深遠)한 한 구절이다. 그것을 알면 비로소 다음에 있는 말씀,

"그제야 제정신이 든 그는……."

이라는 말씀이 산다.

제정신이 들 때

제정신이 든다는 것은 무엇인가? 그것은 자기의 집을 생각해 내는 일이다. 자기의 아버지를 생각해 내는 일이다. 자기를 참으로 가장 사랑하는 사람을 생각해 내는 일이다. 그리고 생각해 내서 돌아가려는 일이다. 자기의 집, 바로 그것은 신앙적 문제로서, 말하자면 하나님의 나라이고, 아버지는 하나님이다.

인간이 타락할 때 먼저 집에서 멀어진다고 나는 앞에서 말했다. 타락의 늪에서 떠오를 때는 그 반대로 집에 접근한다. 즉, 하나님과의 관계가 회복된다는 말일 것이다.

이 방탕한 아들은 바로 굶어 죽게 된 때에 비로소 자기의 집에 먹고 남을 정도의 음식이 있고, 수많은 일꾼이 있는 정도로 풍요한 집인 것을 겨우 생각해 냈다. 이 때까지는 생각해 내는 일을 하지 않았다. 일찍이 자기가 살던 곳이 얼마나 차고 넘칠 만큼 풍요했는가, 그것을 깨닫기 위해서는 아사(餓死) 직전까지 쫓겨야 했다.

인간은 이와 같이 자기에게 주어진 풍요함을 언제나 잊는 존재이다. 자기를 사랑해 주는 풍요함을 잊는 존재이다.

비틀거리면서 그는 아버지한테로 돌아왔다. 아직도 자기의 집이

먼데, 아버지는 재빠르게 아들을 알아봤다. 그리고 불쌍히 여겨서 그 목을 끌어안고 입을 맞추었다고 쓰여 있다. 오늘은 돌아오려나, 내일은 돌아올까 하고 발돋움을 하면서 들판의 끝을 바라보고 있던 아버지의 사랑이 절실하게 느껴지는 장면이다.

"이제 저는 감히 아버지의 아들이라고 할 자격이 없습니다."

얼굴을 들지 못하는 아들에게 아버지는 최고의 옷을 입히고, 가락지를 끼워 주라고 했으며, 신을 신겨 주었다. 노예는 신을 신지 못했으니까, 신을 신는다는 사실은 바로 아버지의 아들로서 대우를 받았다는 말이다. 참된 자유인으로서 인정되었다는 말이다.

아버지는 살찐 송아지를 잡고, 풍악을 즐기는 연회를 베풀어 주었다. 연회를 베푼 것은 "이 아들이 죽었다가 다시 살아났다"는 때문이다.

이 때에 밭에서 돌아온 사람은 이 아우의 유일한 살붙이인 형이었다.

형은 그 연회가 아우를 맞이하기 위한 것이라는 사실을 알고는 화가 나서 집으로 들어가려고조차 하지 않았다. 형은 마음속으로 생각했다.

'저렇게 트릿한 녀석은 객사해 버렸더라면 좋았을 것을……'

집에서 나와서 달래는 아버지에게 큰아들은 불평을 했다.

"저는 아버지의 명령을 어긴 일이 한번도 없었습니다. 그런데도 저에게는 친구들과 즐기라고 염소새끼 한 마리 주지 않으시더니, 창녀들한테 빠져서 아버지의 재산을 다 날려 버린 아들을 위해서는 살찐 송아지를 잡아 주시다니요!"

아버지의 아들이라니 얼마나 차가운 말인가. 그는 아버지의 집에 있었고 명령을 어긴 일도 없었지만, 그것이 절대로 즐거웠다고는 할 수 없었던 사실을 이 말은 노출시키고 있다. 몸은 곁에 있어도 마음은 아버지에게서 떨어져 있었다. 아버지와 함께 있는 일은 아버지와 모든 것을 공유하는 일이라는, 그 공유의 기쁨이 없었다.

작은아들이 아버지를 그리워한 정도의 아버지에 대한 절실한 사모의 정이 이 큰아들에게는 없었다.

예수님은 이 비유를 율법에만 충실한 바리새인과 율법학자들에게 베푸셨다. 죄인과 세무원과 식사를 함께 하시는 예수님에게 와서는,

"죄인들과 함께 식사를 한다."

고 예수님을 비난한 바리새인과 율법학자에게 들려주셨다. 곁에 있던 세무원들과 죄인들은 여기서도 얼마나 큰 기쁨으로 가득 찼었을까.

부정한 청지기의 얘기에 나타난 성서의 난해(難解)함

대개의 호텔 객실에는 어떤 단체가 기증한 성서가 비치되어 있는데, 언제 보아도 새것이고, 손에 들고 자주 읽은 흔적도 거의 없다. 반드시 어려운 대목만도 아니지만, 확실히 어려운 대목도 성서에 있다.

다음의 비유는 얘기로서는 재미가 있을 것 같은데, 참으로 난해하다. 이 대목이 난해한 것은 우리 아마추어뿐이 아니라, 목사나 신학자에게도 난해한 대목인 모양이다.

"누가복음 16 장의 부정한 청지기(지배인) 이야기"

라고 하면, 성서에 약간 통하고 있는 사람이면 누구나,

"아아, 그 난해한 대목인가?"

하고 반문하는 것이 보통이다.

나도 목사의 설교와는 해설로 몇 번인가 배우기는 했다. 그러나 어쩐지 어딘가를 납득할 수 없다. 확실히 불가해한 대목이다.

다음에, 예수님이 무엇 때문에 이런 비유를 베푸셨는가를 간추려서 함께 생각해 보고자 한다.

예수께서 제자들에게 또 말씀하셨다.

어떤 부자가 청지기 한 사람을 두었는데, 자기 재산을 그 청지기가 낭비한다는 말을 들었다. 그래서 주인은 청지기를 불러다가 말했다.

"자네 소문을 들었는데 그게 무슨 짓인가? 이제는 자네를 내 청지기로 둘 수 없으니, 자네가 맡은 일을 다 청산하게."

청지기는 속으로 생각했다.

'주인이 내 청지기 직분을 빼앗으려 하니 어떻게 하면 좋을까? 땅을 파자니 힘이 없고, 빌어먹자니 창피한 노릇이구나. 옳지, 좋은 수가 있다. 내가 청지기 자리에서 물러날 때 나를 자기 집에 맞아 줄 사람들을 미리 만들어 놓아야겠다.'

그래서 그는 자기 주인에게 빚진 사람들을 하나씩 불러다가 첫째 사람에게,

"당신이 우리 주인에게 진 빚이 얼마요?"

하고 물었다.

"기름 백 말이오."

하고 대답하자 청지기는,

"당신의 문서가 여기 있으니 어서 앉아서 오십 말이라고 적으시오."

하고 일러주었다. 또 다른 사람에게,

"당신이 진 빚은 얼마요?"

하고 물었다. 그 사람이,

"밀 백 섬이오."

하고 대답하자 청지기는,

"당신의 문서가 여기 있으니 팔십 섬이라고 적으시오."

하고 일러주었다.

그 정직하지 못한 청지기가 일을 약삭빠르게 처리하였기 때문에 주인은 오히려 그를 칭찬하였다.

세속의 자녀들이 자기네들끼리 거래하는 데는 빛의 자녀들

보다 더 약다. 그러니 잘 들어라. '세속의 재물로라도 친구를 사귀어라.' 그러면 재물이 없어질 때에 너희는 영접을 받으며 영원한 집으로 들어갈 것이다.

지극히 작은 일에 충실한 사람은 큰일에도 충실하며, 지극히 작은 일에 부정직한 사람은 큰일에도 부정직할 것이다. 만약 너희가 세속의 재물을 다루는 데도 충실하지 못하다면 누가 참된 재물을 너희에게 맡기겠느냐? 또 너희가 남의 것에 충실하지 못하다면, 누가 너희의 몫을 내어 주겠느냐?

한 종이 두 주인을 섬길 수는 없다. 한 편을 미워하고 다른 편을 사랑하거나 또는 한 편을 존중하고 다른 편을 업신여기게 마련이다. 하나님과 재물을 함께 섬길 수는 없다(누가복음 16장 1~13절).

재물을 우선(優先)시키는 사람을 축복하시는가

나는 이곳을 아무리 읽어도 괄호(' '표시) 속의 대목에서 걸린다. 청지기가 채무자에게 증서를 바꾸어 쓰게 하는 대목은 청지기의 교활함이 잘 나타나 있고, 아무 이상한 점도 없다. 과연 세상에는 이렇게 교활한 남자도 있는 것인가, 잔뜩 주인의 재산을 먹어치운데다 마지막까지 그 방식을 고치지 않는구나 하고 약간 어이가 없다는 생각으로 읽어 간다. 어이없다는 생각으로 읽어 가는 셈이니까 그 다음의 말에 깜짝 놀란다.

"그 정직하지 못한 청지기가 일을 약삭빠르게 처리하였기 때문에 주인은 오히려 그를 칭찬하였다."

는 것이다. 대체 이 주인은 어떤 인물인가? 보통 주인이면 이렇게 교활한 청지기에게 화를 낼 것이지, 잘못되어도 칭찬은 하지 않을 것이다. 대단한 배짱이라는 생각인가? 아니면, 이 주인도 부정한 방법으로 재산을 얻은 인간일까? 이렇게 생각하는 것은 극히 자연스러운 사고방식일 것이다.

더군다나 다음의 예수님의 설교가 우리를 더욱 혼란에 빠뜨린다.

예수님은 말씀하셨다.

"세속의 자녀들이 자기네들끼리 거래하는 데는 빛의 자녀들보다 더 약다."

이 말씀은 그런대로 알 수 있다. 세속의 자녀들이란 말하자면 재물을 우선시키고 마음의 생활을 부차적(副次的)으로 삼는 인간, 이 청지기로 대표되는 사람들을 가리키는 것이리라. 빛의 자녀들이란 이와 반대로, 재물보다 하나님을 제일의(第一義)로 삼고 살려는 사람들을 가리키는 것이리라. 즉, 이 경우 제자들을 가리킨다고 할 수 있을는지도 모른다.

"이 청지기들쪽이 너희들보다 시대감각이 예민하지. 특히 금전감각이 예민해."

라고 예수님이 말씀하신 것이 아닐까?

그것은 그런대로 알 수 있지만, 그 다음 대목이 문제이다. 예수님은,

"세속의 재물로라도 친구를 사귀어라. 그러면 재물이 없어질 때에 너희는 영접을 받으며 영원한 집으로 들어갈 것이다."

라고 말씀하셨다. 이래서는 비유 속의 주인이 부정한 청지기를 '칭찬한' 일과 호응해서 예수님이 부정을 권장하시는 듯한 인상을 받는다.

이렇게 되면 나의 약한 머리는 혼란을 일으킨다. 성서의 어느 대목을 읽어도 예수님은 우리 인간의 가슴에 진정한 기쁨을 주는 언행을 하셨다. 더구나 인류의 죄를 짊어지시고 십자가에 못박히신 구주시다. 그 구주께서 이곳에서는 아무래도 이해할 수 없는 말씀을 하시는 것처럼 보인다.

첫째, 인간이라는 존재가 돈으로 친구를 사귈 수 있을까? 더구나 부정한 재물로 친구를 사귈 수 있을까? 그리고 또, 인간이 영

원한 집을 같은 인간에게 줄 수 있을까?

이 청지기의 이야기로 돌아가서 생각해 보자. 이 청지기가 채무자에게 아무리 유리하도록 문서를 바꾸어 쓰게 해주었다고 해도, 일단 그 지위인 청지기 직분을 떠나면 직분을 잃은 청지기를 사람들은 절대로 소중히 여기지 않는다. 인간이란 존재는 몰인정한 것이다. 그리고 이기적인 것이다. 직분에서 물러난 청지기의 마음을 사는 것보다는 재산가인 주인의 마음을 사는 편이 중요하다고 생각하지 않을까?

현대에도 상사나 관청의 요직에 있는 사람에게는 부하들도 출입하는 업자도 인사를 소홀히 하지 않는다. 그러나 일단 현직에서 물러나면 퍽 은총을 입은 인간조차 손바닥을 뒤집은 것처럼 그 사람에게서 멀어진다.

돈이 있는 동안은 상대를 해도 그 돈이 떨어진 때까지 교제해 주는 사람은 그리 흔하지 않다. 그런 현실을 예수님이 못 보실 리가 없다. 그렇다면 이곳에 기록된 것은 예수님 특유의 아이러니가 아닐까? 역설적인 표현방식이 아닐까?

"교활한 짓을 많이 해라. 그리고 자기를 위해서 자꾸만 돈을 남에게 주어라. 그러면 알거지가 되었을 때 모든 사람이 굉장히 환대해 줄 거야. 영원히 쉴 수 있는 장소조차 준비하고 말이지."

이렇게 되면 나는 이해가 간다.

이어서 "작은 일에 충실한 사람은 큰 일에도 충실하다"고 쓰여 있는데, 비유 속의 청지기는 자기의 직무에 아주 충실한 사람이었다고는 도저히 생각할 수 없다. 이런 남자에게 큰일을 맡기는 인간은 여간 괴짜가 아닌 한 없을 것이라고 나는 생각한다. 예수님은 분명히 말씀하셨다.

"너희가 남의 일에 충실하지 못하다면 누가 너희의 몫을 내어 주겠느냐?"

예수님도 이 청지기를 충실한 인간이라고 생각지 않으시는 증거라고 나는 생각한다. 그러니까 이 청지기가 받을 몫은 아무 것도 없다고 나는 생각한다.

마지막의 "하나님과 재물을 함께 섬길 수는 없다"는 말씀도 청지기를 부정적으로 볼 때 비로소 나는 이해할 수 있다. 이 청지기는 재물 밖에 추구하지 않았다. 재물 밖에 추구하지 않는 사람이 하나님을 섬길 수는 없다. 예수님의 이 비유가 "하나님과 재물을 함께 섬길 수 없다"는 교훈으로 낙착시키기 위한 것이라면 나의 이상과 같은 사고방식으로 미끈하게 연결된다는 생각이 든다. 즉, 예수님은 틀림없이 다분히 풍자를 넣어서 설교하셨을 것이라고 나는 생각하고 있었다.

그런데 그것은 어쩐지 나의 독단인 모양이다.

무리한 해석을 해선 안된다

지금까지 내가 들은 설교나 주석서에 따르면, 이 '주인'이란 그리스도를 가리킨다고 한다. 나는 일본어 밖에 모르기 때문에 성서도 일본어로 읽는다. 그러나 원전인 그리스어로는 이 부정한 청지기를 칭찬한 주인은 누가가 예수님에게만 사용하는 정관사가 붙은 호큐리오스(主)로 되어 있다고 한다. 이 말은, 이 주인은 그리스도를 가리키고 있는 것이 된다. 그리고 풍자가 아니라 진정으로 칭찬한 것이라고 한다.

그렇다면 이 부정한 청지기를 어째서 그리스도께서 진정으로 칭찬하셨는가 하는 의문이 솟아오른다. 이것을 거의 모든 주석에서는 청지기의 '부정'을 칭찬하신 것이 아니라, 부정한 청지기의 영리한 '수법'을 칭찬하신 것이라고 한다. 이 청지기는 자기에게 주어진 지위에 종말이 온 것을 알고, 그 종말에서 어떻게 해서든지 자기를 구원하려고 결사적이었다. 그 결사적인 태도를 주인은 칭찬한 것이다. 그러므로 우리도 자기 생명의 끝날을 위해서 이와 같이 결사적이 되라는 비유라고 한다.

예수님의 비유에 불평을 말하는 것 같아서 몹시 죄송하지만, 그렇다면 더욱 적절한 비유가 있지 않을까? 부정한 청지기의 이런 방식이 아니라도 좋지 않았을까? 오만한 나는 아무래도 그 점을 잘 알 수 없었다.

그리고 이 비유는 '칭찬했다'는 데서 끝나고, 다음 줄부터는 전혀 다른 설교라는 설도 있다. 그것을 종합해서 하나로 읽어 버리면 난해하게 된다고도 한다. 또 어떤 성서학자는,

"부정한 재물로라도 친구를 사귀어라. 그러면 너희를 영원한 집으로 영접할 것이다."

라는 부분은 후인의 가필(加筆)일 것이라고 한다.

나는 앞에 말한 호큐리오스(主)는 서기나 누군가의 오기(誤記)가 아닐까 하고 생각하기도 하고, 비꼬시는 어조로 말씀하신 것을 장엄하게, 진지하게 베긴 것이 아닐까 하고 원어도 모르는 주제에 상상하기도 한다.

그러나 이런 혼란을 초래한 것은 읽는 사람의 부족 때문만은 아닌 것 같은 생각이 자꾸만 든다.

이런 혼란을 초래한 원인의 하나로, 재물에 대한 잘못된 생각이 있던 것은 아닐까? 현대의 신도 중에도 재물이 풍요한 사람을 바로 하나님의 은혜가 풍성한 사람이라고 착각하는 수가 있다. 즉, 사업이 번창하거나 계속적으로 필요한 돈이 공급되거나 하면 신앙이 돈독하니까 은총을 받았다는 사고방식이 되는 것을 아주 불식할 수 없다. 예수님은 명료하게,

"하나님과 재물을 함께 섬길 수는 없다."

고 말씀하셨는데, 돈을 많이 받은 것과 신앙의 유무와는 상관이 없는 일이 아닐까? 그런 사고방식의 과오가 미묘하게 작용한 시대가 있던 것이 아닐까?

그리고 '부정한 재물'이라고 쓰여 있는 것은 원어로는 '이 세상의 재물'이라는 정도의 의미라고 한다. '부정 불의'란 '종말의 저

쪽에서는 실현될 수 없는 이 세상적인 것을 나타내는 종교용어'라고 〈신성서주해〉에는 쓰여 있다.

여하간 성서에는 불가해한 말씀, 난해한 대목이 많이 나온다. 내가 존경하는 어떤 목사님은,

"예수님 밖에 모르는 말씀이 성서에는 있어도 좋다. 알 수 없는 부분은 언젠가는 알게 해주실 거야. 알 수 없는 부분을 무리해서 해석하지 않아도 돼."

라고 하셨다. 성서 자체가 무리한 해석을 경계하고 있는 사실은 다음의 말씀에서도 엿볼 수 있다.

"그 편지 중에는 이해하기 어려운 대목이 더러 있어서 무식하고 마음이 들떠 있는 사람들이 성서의 다른 부분들을 곡해하듯이 그것을 곡해함으로써 스스로 파멸을 불러들이고 있습니다."(베드로 후서 3장 16절)

4

요한복음(Johannes 福音)

"실로암 연못으로 가서 씻어라"——소경이 눈을 떴다. 그는 이 때 육체의 눈만이 아니라 마음의 눈도 뜬 것이다. 오늘날 우리는 자신의 눈이 잘 보인다고 생각한다. 그러나 무엇이 보이는 걸까? 자신의 결함이 보일까, 보이는 건 남의 허물이 아닐까? 오늘이 보일까, 내일이 보일까? 우리는 겸허하게 자신의 눈이 바로 보이기를 원하지 않아도 될까?

표류민(漂流民)이 번역을 도운 복음서

나는 금년(1977년=역자 주) 4월에 마카오로 여행을 했다. 내년에 쓸 소설의 취재를 위해서였다.

이야기는 1832년, 나고야(名古屋) 부근에 있는 치따(知多)반도의 오노우라(小野浦)에 거주하는 뱃사공을 태운 천석(千石)선이 폭풍우를 만나 표류했다. 1년 2개월이라는 긴 표류 끝에 돛대도 키도 잃은 보순환(寶順丸)은 캐나다의 서해안에 있는 퀸 샬로트 섬에 표착했다. 뱃사공 14명 중 11명이 죽고, 남은 사람은 겨우 3명이었다.

이 세 사람은 인디언에게 잡혀서 혹사당했다. 소문을 들은 영국 상선이 불쌍히 여겨서 그들 세 사람을 구출했다. 그리고 아득하게 먼 남아메리카의 마젤란 해협을 거쳐서 런던으로 데려갔다. 일본인으로서 런던에 상륙한 사람은 이들 세 사람이 처음이라고 한다.

그 후 그들 세 사람은 아프리카의 희망봉을 거쳐서 마카오까지 송환되었다. 그리고는 그 곳에서 귀츨라프라는 선교사에게 맡겨졌다. 귀츨라프는 20여 개 나라의 언어를 하는 어학의 천재였다. 그는 이미 영화(英和)·화영사전을 가지고 있었다.

귀츨라프는 이 표류민 세 사람에게서 일본어를 배우고, 얼마 후 그들을 상대로 첫 일본어역 복음서를 완성했다. 복음서 일본역의 대업을 도운 그들은 여러 해 동안 꿈에도 그리던 고국 일본으로 돌아오게 되었다. 모리슨호라는 배를 타고 그리운 일본을 눈앞에 보게 되었을 때의 세 사람의 기쁨은 어떠했을까? 그러나 그 당시의 일본은 아직도 쇄국(鎖國) 정책을 취하고 있었다. 아득히 먼 곳에서 그들 세 사람을 태우고 온 모리슨호를 외국선 추방령에 의해서 막부(幕府)는 추방했다.

결국 그들 세 사람은 한없이 울면서 마카오로 되돌아간 셈인데, 그 세 사람의 소설을 쓸 작정으로 나는 마카오로 건너간 터였다.

그때 그들 세 사람이 귀츨라프를 도와서 번역한 복음서, 이것이 요한복음이었다. 성서 중에는 유명한 말씀이 많지만, 요한복음 첫머리의 말씀,

"한 처음에 말씀이 계셨다."

는 그중의 하나이다.

성서에는 복음서가 넷이 있고, 그중의 마태, 마가, 누가가 쓴 것을 공관(共觀)복음이라고 하며, 공통점이 많은 것은 앞에서도 서술했다. 그러나 요한복음은 약간 체제가 다르다. 역사적인 그리스도의 사실을 서술하면서도 다분히 신학적이다. 그리고 시종 '예수님이 하나님의 아들이시며, 구주이신 것'을 증명하려는 점이 특징이라고 한다.

먼저 1장의 첫머리를 보면 요한복음이 다른 복음서와는 달리 깊은 연못을 보는 듯한 인상을 우리에게 주는 사실을 깨닫는다.

"한 처음 말씀이 계셨다. 말씀은 하나님과 함께 계셨고 하나님과 똑같은 분이셨다. 말씀은 한 처음 하나님과 함께 계셨다. 모든 것은 말씀을 통하여 생겨났고 이 말씀이 없이 생겨난 것은 하나도 없다. 생겨난 모든 것이 그에게서 생명을 얻었으며, 그 생명은 사람들의 빛이었다. 그 빛이 어둠 속에서 비치고 있다. 그러나 어둠이 빛을 이겨 본 적이 없다."

자, 이 대목을 별안간 읽고 당장 이해할 수 있는 사람이 있을까? 첫째, "한 처음 말씀이 계셨다"라니 무슨 뜻인가? 이 한 절은 유명한데 비해 그 깊은 의미는 그다지 사람에게 알려지지 못한 것이 아닐까?

'말씀'이라는 명사에서 우리는 대체 어떤 내용을 느낄까? 어떤 사상을 읽을까?

"글은 사람이다."

라는 말이 있다. 이와 마찬가지로, 입에서 나오는 말도 '그 사람 자체'라는 생각은 누구나 가질 것이다. 즉, 그 사람의 말끝마다 그 사람의 인격을 읽어 간다. 그러나 그것을 넘어서 언어에 대한 사색을 깊게 하는 일은 여간 철학적 재능이 있는 사람 이외에는 어렵지 않을까?

"한 처음 말씀이 계셨다"의 말씀은 그리스어의 로고스라고 한다. 이 로고스는 온 세계 어느 나라에서도 그 번역에 고생했다고 한다. 말씀, 즉 로고스는 지성(知性)이다. 영지(英知)이다. 로고스는 본래 '우주에 내재하는 신비적 원리'를 가리킨 것이라고 한다. 즉, 우리가 입에서 내는 소위 인간의 말 그 자체를 가리키는 것이 아니다. 하나님의 지혜를 가리키고 있다.

그러면 "한 처음 말씀이 계셨다"의 '한 처음'은 언제를 가리키는가? 그것은 이 우주가 창조되기 전을 의미하는데, 문어체로는 태초(太初)로 되어 있다. 그러므로 우주창조 이전에 이 말씀이 계셨다는 말이 된다. 하나님의 지혜가 계셨다는 말이 된다. 하나님의 지혜가 계셨다는 말은 하나님이 먼저 계셨다는 말인 것이다. 이렇게 생각하고 요한복음을 되풀이해서 읽어 가노라면, 그 깊이를 점차 알 수 있다.

"말씀은 하나님과 함께 계셨고, 하나님과 똑같은 분이셨다. 말씀은 한 처음 하나님과 함께 계셨다. 모든 것은 말씀을 통하여 생겨났고, 이 말씀 없이 생겨난 것은 하나도 없다. 이 말씀에 생명이 있었다. 그리고 이 생명은 사람들의 빛이었다."

구약성서의 창세기를 보면 다음과 같이 쓰여 있다.

"하나님께서 '빛이 생겨라!' 하시자, 빛이 생겨났다. (중략) 하나님께서 또 '물 한가운데 창공이 생겨 물과 물 사이가 갈라져라!' 하시자 그대로 되었다. (중략) 하나님께서 또 '하늘 아래 있는 물이 한곳으로 모여 마른 땅이 드러나거라!' 하시자 그대로 되었다."

이와 같이 하나님의 말씀에 의해서 천지가 창조된 사연이 쓰여 있다.

시초에 어진 자 계셨소

여하간 로고스를 '말씀'으로 번역하기까지에는 여러 번역어가 고려되었다고 들었다. 진리, 힘, 지혜, 예지(叡智) 등등의 낱말이 후보에 올랐다고 한다.

그런데 그 19세기 중반에 글방에도 제대로 다니지 못했고, 책다운 책도 읽지 못한 수부 세 사람이 로고스의 번역어를 찾아낸다는 일은 참으로 대단한 일이었을 것이다. 선교사 귀츨라프의 인내도 상상할 수 있다.

그들은 이 심원(深遠)한 '말씀'을 어떻게 번역했을까? 그 첫 일본어역, 귀츨라프역인 성서를 보기로 한다.

"시초에 '어진 자' 계셨소. 이 어진 자 극락(極樂)과 함께 계셨소. 이 어진 자는 극락……."

그들은 '어진 자'로 번역했다. 이 말에 도달하기까지에 얼마나 세월을 소비했을까 하고 상상하면 과연 깊은 감동을 느끼지 않을 수 없다.

또 현대 구어역과 대조하면서 읽어 가노라면 그들이 귀츨라프에게 전한 말이 퍽 정확한 사실을 알 수 있어서 감동을 받는다.

이 복음서의 저자 요한은 12사도 중의 한 사람인데, 그 헤롯에게 살해된 예언자 세례 요한은 아니다.

이 요한에게는 누가 붙였는지 불명이지만, 그의 형제 야고보와 함께 '우뢰의 아들'이라는 별명이 있었다. 대단한 뻣성장이었던 모양이다. 그것을 증거하는 얘기가 성서에 쓰여 있다. 예수님이 십자가에 못박히실 날이 가까운 즈음이었다. 예수님이 사마리아의 마을로 들어가려고 하셨을 때 마을 사람들이 환영하지 않았다. 그러자,

제자 야고보와 요한이 이것을 보고,

"주님, 저희가 하늘에서 불을 내리게 하여 그들을 불살라 버릴까요?"

하고 물었으나, 예수께서는 돌아서서 그들을 꾸짖으셨다. (누가복음 9장 54~55절).

자기가 존경하는 예수님을 위해서 야고보와 요한은 분개하여 사마리아인의 마을을 불살라 버리려고 할 만큼 노했다. 그리스도의 제자이긴 해도 대단히 성질이 급한 사람이었던 셈이다.

나도 옛날에는 성질이 급했었기 때문에 이 대목을 흥미 깊게 읽은 일이 있다. 어떤 책에 "이런 뼛성장이도 하나님은 사용하신다. 뼛성도 부릴 수 없는 인간은 하나님도 사용하실 수 없다"고 쓰여 있기 때문에, 성질이 급한 나는 매우 기뻐한 기억이 있다. 뼛성 그 자체는 좋은 것이 못 되지만, 폭발적으로 노하는 에너지는 크다. 그 에너지를 하나님께서 사용하신다는 말일까? 여하간 요한은 우뢰의 아들이라고 불리울 만큼 성깔이 있는 인간이었던 모양이다.

이 요한복음에는 '예수께서 사랑하시던 제자'라는 말이 때때로 나온다. 사실 이것은 기자인 요한 자신을 가리키고 있다. 우뢰의 아들이라는 말을 들을 정도의, 감정의 기복(起伏)이 심한 요한은 예수님의 사랑을 느끼는 일도 남보다 갑절이나 강했을 것이다. 자기를 말로 표현하는 데에 여러 방식이 있는데, 요한은 '예수께서 사랑하시던 제자'라고 하지 않고는 못 배길 만큼 예수님의 사랑을 느끼고 있었던 것이 아닐까? 예수님이 사랑하신 사람은 요한뿐은 아니었다. 그러나 사랑이란 것은 자기만이 특별히 사랑을 받았다는 착각조차 일으킬 정도로 깊이 스며드는 것인 모양이다.

예수님을 시험하려고 한 율법학자들

요한복음이라고 하면 나는 당장 8장의 기사가 생각난다. 어떤 사람이라도 이 대목을 읽고 감동하지 않는 사람은 없지 않을까고 생각한다.

예수께서는 올리브산으로 가셨다. 다음날 이른 아침에 예수께서 또다시 성전에 나타나셨다. 그러자 많은 사람들이 몰려들었기 때문에 예수께서는 그들 앞에 앉아 가르치기 시작하셨다.

그때에 율법학자들과 바리새인들이 간음하다가 잡힌 여자 한 사람을 데리고 와서 앞에 내세우고,

"선생님, 이 여자가 간음하다가 현장에서 잡혔습니다. 우리의 모세법에는 이런 죄를 범한 여자는 돌로 쳐죽이라고 하였는데, 선생님 생각은 어떻습니까?"

하고 물었다.

그들은 예수께 올가미를 씌워 고발할 구실을 찾으려고 이런 말을 하였던 것이다.

그러나 예수께서는 몸을 굽혀 손가락으로 땅바닥에 무엇인가 쓰고 계셨다. 그들이 하도 대답을 재촉하므로 예수께서는 고개를 드시고,

"너희 중에 누구든지 죄 없는 사람이 먼저 저 여자를 돌로 쳐라."

하시고, 다시 몸을 굽혀 계속해서 땅바닥에 무엇인가 쓰셨다.

그들은 이 말씀을 듣자, 나이 많은 사람부터 하나하나 가 버리고 마침내 예수 앞에는 그 한가운데 서 있던 여자만이 남아 있었다.

예수께서 고개를 드시고 그 여자에게,

"그들은 다 어디 있느냐? 너의 죄를 묻던 사람은 아무도 없느냐?"

하고 물으셨다.

"아무도 없습니다, 주님."

그 여자가 이렇게 대답하자 예수께서는,

"나도 네 죄를 묻지 않겠다. 어서 돌아가라. 그리고 이제부터 다시는 죄짓지 말라."

하고 말씀하셨다.

아무 말도 필요 없을 정도로 가슴에 깊이 스미고 잘 알 수 있는 대목이다. 이곳에는 또 율법학자와 바리새인들이 등장하는데, 그들이 예수님 앞에 나타날 때는 거의 모든 경우 교훈을 받으려는 것이 아니고 예수님을 함정에 빠뜨리기 위해서였다.

예수님은 아침 일찍 성전에서 사람들을 가르치고 계셨다. 그 가운데도 소란을 피우며 간음 현장을 들킨 여자를 끌고 왔다. 이 태도에 예수님의 설교를 무시하는 그들의 생각이 분명히 나타났다.

만일 진정으로 예수님을 존중한다면 설교가 끝나기까지 기다리고 있어야 하지 않았을까? 우선 이 사실에 나는 분노를 느낀다. 더구나 그들은 무엇 때문에 이 간음한 여자를 데리고 왔을까? 그것은 성서에 있는 대로 '예수께 올가미를 씌워 고발할 구실을 찾기 위해서'였다.

율법학자와 바리새인들은 예수님을 어떻게 해서든지 매장하려고 기회만 노리고 있었다. 이 간음한 여자를 발견했을 때도 그들의 머리에 첫째로 떠오른 것은 예수님의 영상이었다.

"예수면 어떻게 할까?"

누군가가 말했다.

"그 녀석은 사랑을 설교하니까, 간음한 여자라고 해도 죽이라고는 할 수 없겠지."

"그것이 문제이다. 모세의 율법에는 주지(周知)하는 대로, 이런 경우 돌로 쳐죽이라고 쓰여 있지 않는가? 만일 죽이지 말라고 한다면 분명히 율법을 무시하는 큰 죄다."

모세의 율법을 무시하면 그야말로 죽음에 해당한다. 그렇다고

해서 만일 예수님이 율법대로 여자를 쳐죽이라고 하면, 평소에 사
랑을 설교하는 예수님은 모순을 폭로하는 것이 된다. 가(可)라고
해도 부(否)라고 해도 예수님을 비난할 수 있다. 이래서 그들은 기
대에 가슴이 부풀어서 예수님 앞으로 간음한 여자를 데리고 왔다.

그러나 예수님은 그들의 고소 앞에 아무 대답도 하지 않으셨다.
그리고 몸을 굽히셔서, 지면(地面)에 손가락으로 무엇인가를 쓰
셨다. 이 때의 예수님의 마음은 인간의 죄에 대해 말로 형용할 수
없는 안타까움이 아니었을까고 나는 상상한다. 예수님을 함정에
빠뜨리려는 질문인 것을 물론 예수님은 간파하셨다. 다른 대목에
서도 그렇지만, 예수님은 언제나 사람의 생각을 간파해 버리신다.
한번도 그들의 함정에 빠지신 일이 없다.

예수님이 지면에 뭔가 쓰고 계시는 것을 그들은 예수님이 대답
에 궁하셔서 그렇게 하고 계신다고 어리석게도 생각했다. 그리고
그들은 집요(執拗)하게 계속 물었다.

'자, 죽이라고 하는 거냐? 아니면 용서하라고 하는 거냐? 대체
어느 쪽이냐?'

그들은 예수님이 이 두 가지로 대답하는 이외에는 없다고 단정
하고 있었다. 그러나 예수님의 말씀은 여기서도 그들의 의표(意表)
를 찔렀다.

"너희 중에 누구든지 죄 없는 사람이 먼저 저 여자를 돌로 쳐
라."

문어역으로는,

"너희 중에 죄 없는 자가 먼저 돌로 치라."

는 격조 높은 말씀으로 되어 있다.

내가 감동받는 것은 이 지혜 그 자체인 말씀과 함께 다음에 취하
신 예수님의 태도이다. 예수님은,

"너희 중에 죄 없는 자가 먼저 돌로 치라."

고 말씀하시고, 한 사람 한 사람의 얼굴을 노려보신 것이 아니다.

이 마음에 찔리는 말씀을 하신 후 예수님은 다시 몸을 굽히시고 지면에 무엇인가를 계속 쓰셨다. 이것은 그들의 모습을 차마 정면으로 바라보실 수 없었던 것이 아닐까? 한 사람 한 사람이 마음에 부끄러움을 느끼고 떠나가는 것조차 예수님은 차마 못 보셨을 것이다.

예수님의 말씀에, 사람들은 한 사람 떠나고 두 사람 떠나고 얼마 후 모든 사람이 떠나갔다. 요한은 이것을 '나이 많은 사람부터'라고 기록했다. 젊은이보다 연장자쪽이 죄에 민감했던 것은 무엇 때문일까? 젊은이가 오만했을까? 연장자는 긴 세월 동안에 거듭해 온 죄를 생각해 냈을까? 여하간 예수님을 에워싸고 있던 사람들은 한 사람 남김없이 살금살금 도망쳐 버렸다.

죄의식이 희박한 일본인

이곳을 읽을 때마다 일본인이라면 어떻게 했을까 하고 생각한다.

"너희 중에 죄 없는 자가 먼저 돌로 치라."

고 예수님이 말씀하셔도, 자기의 죄를 깨달아 얼굴조차 붉히지도 않고,

"죽이라는 거냐? 용서한다는 거냐?"

하고 계속 재촉하지 않을까?

또는,

"나에게는 죄가 없다."

고 돌을 드는 사람이 나오지 않을까? 웬지 일본인의 죄의식은 그 정도라고 밖에 생각되지 않는다. 오만하다고는 하지만, 율법학자와 바리새인은 예수님의 말씀에 의해서 자기의 죄를 깨달았다.

여기에서 예수님은 인간을 참으로 심판할 수 있는 존재는 전혀 죄가 없으신 하나님뿐이라는 사실을 선언하신 것이 아닐까? 이와 동시에 인간은 모두 죄인인 사실을 그들에게 깨우치려고 하신 것

이 아닐까?

예수님은 '몸을 굽히셨다'고 쓰여 있다. 이 저자세는 무엇을 얘기하는 것일까? 모든 사람의 죄를 짊어지시고, 십자가에 못박히실 모습을 암시하신 것으로 나는 생각된다. 본래이면 예수님은,

"이 간음한 여자를 죽이기 전에 너희를 돌로 쳐죽이겠다."

고 엄연히 죄의 선고를 하실 수도 있었을 터이다. 그러나 예수님은 몸을 굽히셨다.

얼마나 온유하고 겸손하신 모습인가? 이것이 구주 예수님의 모습이다. 더구나 간음한 여자에게 그녀의 죄를 책망하시지 않고,

"다시는 죄짓지 말라."

고 새롭게 사는 길을 보여 주셨다. 우리 인간이 어떤 과오를 범해도 그 죄 때문에 무서워 떨 때 예수님은 이렇게 하시어 우리를 두둔하시고, 용서해 주시는 사실을 생각케 하는 대목이다.

예수님의 제자들의 무심한 질문

1946년 봄, 나는 신열이 나서 병으로 쓰러졌다. 그 열은 폐결핵의 열이었다.

내가 폐결핵으로 쓰러졌다는 소식을 듣자마자 어떤 종교의 포교사가 찾아와서 말했다.

"폐결핵과 나병은 천형병(天刑病)이라고 합니다. 이것은 신령님이 내리신 벌입니다. 즉, 폐병은 '네, 네'라고 하지 않기 때문에 걸리는 거예요. 그리고 정욕이 강하면 이 병에 걸리지요."

그 포교사의 얘기로는 얼굴에 반점이 있는 사람은 전생에서 남편의 얼굴을 발로 밟은 사람이고, 맹인이나 농아(聾啞)자는 전생에서 뭔가 죄를 범한 보응이거나 어버이의 죄를 짊어진 것이라고 말했다.

이 포교사뿐 아니라 사람은 자칫하면 질병이나 재난을 뭔가의 저주나 죄의 보응이라고 생각하기 쉽다. 물론 불섭생(不攝生)이나

방탕, 제멋대로의 생활 등이 원인이 되어 질병에 걸리는 수가 있다. 그러나 모두가 그럴까? 세상에는 전혀 당사자의 책임으로 돌릴 수 없는 질병이나 재난도 많다. 그것을 도매금으로 무엇의 저주라느니 죄의 보응이라느니, 전생의 인연이라고 단정하고 들면 못 견딜 것이다. 그렇지 않아도 고통을 당하고 있다. 그런 말은 고통중에 있는 사람을 더욱더 어두운 구렁으로 밀어 떨어뜨리는 일이 되지 않을까?

요한복음 9장에는 다음과 같은 기사가 있다. 나는 이곳을 읽었을 때, 얼마나 위로를 받았는지 모른다. 바로 어둠 속에 빛이 비추었다는 생각이었다. 세계 중의 얼마나 많은 사람이 이 대목에 기쁨과 희망을 발견했을까.

예수께서 길을 가시다가 태어나면서부터 눈먼 소경을 만나셨는데, 제자들이 예수께,

"선생님, 저 사람이 소경으로 태어난 것은 누구의 죄입니까? 자기 죄입니까? 그 부모의 죄입니까?"

하고 물었다. 예수께서는 이렇게 말씀하셨다.

"자기 죄 탓도 아니고 부모의 죄 탓도 아니다. 다만 저 사람에게서 하나님의 놀라운 일을 드러내기 위한 것이다. (중략)"

이 말씀을 하시고 예수께서는 땅에 침을 뱉아 흙을 개어서 소경의 눈에 바르신 다음,

"실로암(파견된 자라는 뜻) 연못으로 가서 씻어라."

하고 말씀하셨다. 소경은 가서 얼굴을 씻고 눈이 밝아져서 돌아왔다(요한복음 9장 1~7절).

이 대목에 나오는 맹인은 언제나 길가에 앉아서 구걸을 하고 있었다.

그날 제자들은 마침 그 곁을 지나가게 되었다. 그리고 이 사람은

대체 누구의 죄로 소경이 되었을까 하는 의문이 문득 솟은 것이다. 그래서 예수님에게 여쭈었을 것인데, 생각해 보면 얼마나 무심한 질문을 했을까 하고 놀랄 수밖에 없다. 그러나 이것이 바로 우리 인간의 실체인지도 모른다. 제자들은 물론 작은 목소리로 예수님에게 여쭈었는지도 모르지만, 여하간 본인 앞에서 여쭌 것이다. 아마 그 제자들의 목소리를 맹인은 밝은 귀로 들었을 것이다.

내가 깁스 침대에 계속 누워 있었을 때 보통 사람은 믿을 수 없을 정도로 청각이 발달되어 있었다. 한 칸 떨어진 방에서 하는 의사나 간호사의 말이 참으로 똑똑하게 들렸었다.

하물며 맹인이랴. 이 제자들의 예수님에게 드리는 질문을 못 들었다고는 생각할 수 없다.

이런 질문을 갑자기, 더구나 그 맹인을 앞에 놓고 받았을 때 우리라면 대체 무엇이라고 대답할 수 있을까? 나는 역시 그때의 예수님의 표정을 상상해 보고 싶어진다. 예수님의 표정에 떠오른 것은 분노였을까? 어색함이었을까? 비애였을까? 탄식이었을까? 또는 자애였을까? 성서에는 아무 묘사도 없이 겨우 반 줄 "예수께서는 이렇게 대답하셨다"고만 기록되었다.

유대의 인과응보(因果應報) 사상

그런데 이 제자들의 말은 유대에도 인과응보의 사상이 있었던 사실을 제시하고 있다고 할 수 있다. 확실히 구약시대부터 그런 사상이 있고, 욥기에도 그것이 길게 나와 있다.

옛날 욥이라는 인물이 있었다. 그는 참으로 경건하고, 하나님 앞에 전혀 허물이 없는 인간이었다. 그러나 이 욥에게 어느 날 갑자기 재난이 엄습했다.

종들이 먼저 폭도의 칼에 살해당했다. 이어서 다른 종들이 하늘에서 내려와 불에 타 죽었다. 그리고 생각할 사이도 없이 아들과 딸들 위에 가옥이 무너져서 모두 압사하는 사태가 일어났다. 게다가 욥 자신의 온몸에 악질인 종기가 생겨서, 잿더미 속에서 뒹구는 처지가 되었다.

사건을 듣고 친구들이 문안하러 왔지만, 사태가 비참해서 잠시 말도 못했다. 얼마 후 친구들은 한층 고통중에 있는 욥에게 말을 하기 시작했다. 그때 그 말의 요점은 다음과 같은 것이었다.

"생각해 보라. 누가 죄도 없는데, 멸망당한 사람이 있는가? 어디에 옳은 사람으로서 멸망당한 사람이 있는가?"

"내가 보는 바에 따르면, 불의를 밭갈고 악을 심는 사람이 그것을 추수하더라. 그들은 하나님의 입김에 멸망하고, 그 진노의 숨결로 소멸된다."

"당신의 자녀들이 그(하나님)에게 죄를 범했기 때문에 그들을 그 죄의 손에 내주었다."

"악한 사람은 한평생 고민한다. 그 귀에는 무서운 소리가 들리고, 번영할 때에도 멸망시키는 자가 임한다."

"그(하나님)는 악한 자를 살려 두지 않으신다."

"그들은 젊어서 죽고, 그 생명은 수치중에 끝난다."

이상 일부만을 인용했는데, 대체 이것을 문안의 말이라고 할 수 있을까? 요컨대 친구들은 하나같이 욥의 불행을 죄의 탓이라고 계속 지탄했다.

똑같은 발상을 가지고 예수님의 제자들도 역시,

"저 사람이 소경으로 태어난 것은 누구의 죄입니까?"

라고 맹인을 손으로 가리켰다.

나는 오랜 병자였기 때문에 알고 있지만, 병자를 접하는 의사나 간호사나 보조원 중에는 환자를 업신여기는 사람이 적지 않았다. 인간은 옛날부터 지금에 이르기까지 달라지지 않았다고 생각한다.

눈에 보이는 제자들은 맹인을 앞에 놓고 자기들은 전혀 죄가 없는 사람으로 생각한 것이 아닐까?

그 제자들에게 주신 예수님의 대답은 그때까지의 상식을 아주 뒤집는 것이었다.

"자기의 죄 탓도 아니고, 부모의 죄 탓도 아니다."

이 말씀을 들은 맹인의 놀라움과 기쁨은 얼마나 컸을까. 태어나서 이때까지 그저 맹인이라는 이유만으로 얼마나 멸시당하고, 죄인 대우를 받았는지 모른다. 유대인들도 역시 이 사람에게,

"너는 죄를 뒤집어쓰고 태어난 주제에 우리를 훈계하려 드느냐?"

고 하여, 죄인 대우를 했다. 즉, 맹인이라는 사실은 그 당시 "죄를 뒤집어쓰고 태어났다"는 것이었다. 그가 얼마나 외롭고 슬픈 일을 당해 왔는가를 상상하고도 남음이 있다. 그런 만큼 그 맹인에게 예수님의 말씀은 믿기 어려울 정도의 말씀이었을 것이다.

"자기 죄 탓도 아니고, 부모의 죄 탓도 아니다."

이 말씀에 그는 우선 자기의 귀를 의심하고, 이어서 깊은 감동으로 온몸을 떨었을 것이다.

더구나 예수님은 다시 이렇게 말씀하셨다.

"다만 저 사람에게서 하나님의 놀라운 일을 드러내기 위한 것이다."

지금까지 맹인으로서, 거지로서 다만 멸시만 받아 온 사람에게서 하나님의 일이 나타나다니, 이것은 얼마나 위대한 영광인가.

'대체, 어떻게 해서 하나님의 일이 내게서 나타날까?'

그의 가슴은 떨리고, 또 뛰었을 것이다.

그런데 예수님이 이렇게 말씀만 하시고 이곳을 떠나셨다면 아마 제자들도 그 맹인도 그것을 단순한 말씀으로 밖에 받아들일 수 없

었을 것이다. 그러나 예수님은 분명히 그에게서 하나님의 일을 나타내셨다.

예수님은 땅에 침을 뱉으시고, 그 침으로 진흙을 만드시어 맹인의 눈에 바르신 다음, 실로암 연못으로 가서 씻으라고 말씀하셨다. 말씀하신 대로 해서 그의 눈은 밝아졌다.

옛날부터 흙은 약이라고 한다. 어떤 건강법 책에 모래 목욕요법이 나와 있다. 자궁 근종(筋腫)이나 자궁암, 결핵, 신경통, 류머티즘, 천식 등에 모래 목욕이 탁효(卓效)가 있으며, 허릿심이 빠진 염소와 더위로 축 늘어진 닭을 흙에 묻어서 살려낸 애기 등이 쓰여 있다. 소녀시절에 읽은 야담에도 독약을 마신 사람이 흙 위에 쓰러져 있었기 때문에 의식을 회복한 장면이 있었는데, 흙은 확실히 우리의 상상을 초월하리만큼 좋은 것인 모양이다.

그렇다고 해도 누구나 흙으로 눈을 고칠 수 있다고는 생각할 수 없다. 역시 이것은 예수님이 행하신 크나큰 기적의 하나라고 생각한다.

예수님에 대한 사랑과 신뢰가 마음의 눈을 뜨게 했다

그런데 여기서 약간 이상하게 생각되는 것은 예수님이 무엇 때문에 일부러 흙을 개어서 눈에 바르시고, 실로암 연못으로 가서 씻으라고 하셨는가 하는 일이다. 예수님은 그때까지 말씀만으로 병을 고치셨다.

이에 대해서 어느 주석서에는 그것은 이 맹인에게 필요한 일이었기 때문이라고 쓰여 있다. 이 태어나면서부터의 맹인이 눈치료를 받기 위해서는 마음의 눈도 치료받을 필요가 있었다. 마음의 눈을 치료받기 위해서는 예수님에 대한 신뢰와 복종이 보다 더 필요했다고 설명되어 있다. 과연 그럴는지도 모른다.

예수님이 흙을 눈에 바르신 지점부터 실로암 연못까지 대체 어느 정도의 거리였을까? 「신성서대사전」에 따르면, 이 연못은 예루살렘 남동쪽에 있다고 한다.

이 맹인은 구걸을 하고 있었으니까, 아마 사람이 많이 모이는 예루살렘 성전이 가까운 길가에 앉아 있었다고 생각된다. 거리의 외각에서 구걸을 할 수는 없기 때문이다.

지도를 보면, 성전부터 실로암 연못까지는 직선으로 약 8백 미터 가량인데, 길을 따라간다면 더 멀었을 것이다. 여하간 맹인의 8백 미터는 눈뜬 사람의 수 킬로미터에 필적(匹敵)하는 거리인 셈이다.

그리고 이 실로암 연못은 석회암의 암반(岩盤)에 판 큰 수조(水槽)인데, 현재 17.5미터에 5.4미터인 연못이며, 깊이가 5.7미터, 퍽 가파른 충계를 내려가서 수면에 도달한다고 한다. 그 당시의 연못의 모습은 알 수 없지만, 가파른 충계를 내려가야 하는 점은 아마 현재와 똑같지 않았을까 하고 생각한다.

이 맹인은 자기의 집에서 구걸하는 장소로 오는 데는 매일 되풀이하니까 익숙했을는지도 모른다. 그러나 실로암 연못으로 갔었던 일은 없지 않았을까? 실로암 연못으로 가서 씻으라고 예수님이 말씀하셨을 때 만일 예수님에게 복종할 마음이 없었다면, 그는 아마,

"가 본 일이 없기 때문에 갈 수 없습니다."
라든가,

"그것은 어디에 있습니까? 저 혼자서는 곤란합니다."
라고 하는 등 뒷걸음질쳤을 것이다. 그러나 그는 서툰 걸음으로 실로암으로 갔다. 사람에게 물어 가면서 낯선 길을 걸어갔다. 그 도중에 만일 그의 마음에,

'태어날 때부터 먼 이 눈이 침으로 갠 흙을 바른 것만으로 고쳐질까? 실로암 연못으로 가도 헛걸음일 것이다.'
라는 생각이 솟아올랐다고 하면, 그 부근의 물로 눈을 씻고 말았을

는지도 모른다. 그러나 그의 마음은 예수님에 대한 사랑과 신뢰로
가득 차 있었다. 태어난 후 처음으로 자기를 완전히 인간으로 대해
준 사람을 그는 만난 것이다. 그의 귀에는,

"본인이 죄를 범한 것도 아니고, 양친이 범한 것도 아니다. 다만
하나님의 능력을 그의 위에 나타내기 위해서이다."
라는 예수님의 말씀이 계속 울려 퍼지고 있었다고 생각된다.

그는 드디어 실로암에 도착했다. 그러나 그 연못으로 가려면 또
가파른 층계를 내려가야 했다. 한 걸음 한 걸음, 그는 신중하게 연
못을 향해 내려갔다. 때로는 발이 미끄러지고 발을 헛디디어서 굴렀
는지도 모른다. 마침내 연못 수면에 그의 손이 닿았을 때의 감동,
이어서 눈앞에 전개되는 여러 동물을 그 눈으로 보았을 때의 감사
와 감격을 나는 생각하지 않을 수 없다.

연못에는 샘물이 터널의 수로를 통해서 부어지고 있었다. 맑은
물이었을 것이다. 이 물은 구세주의 상징으로서 절기마다 긷는 풍
습이 있었다고 하는데,

"실로암 연못으로 가서 씻어라."
고 하신 구세주 예수님의 말씀과 함께 생각하면 의미가 깊다.

이렇게 해서 그는 눈을 떴다. 이와 동시에 그의 마음의 눈, 영의
눈도 뜨게 되었다.

이 세상에 온 것은 심판하려는 것이다

이 소문은 지체 없이 온 예루살렘에 퍼졌다. 그러나 이 기뻐할
만한 뉴스가 또 하나의 문제의 씨앗이 되어가는 사실을 성서는 기
록했다. 어느 시대에도 인간은 남의 기쁨을 자기의 기쁨으로 삼을
수 없다는 것일까?

하여간 사람들은 이 눈뜬 사람을 바리새인이 있는 곳으로 데려
갔다. 무엇 때문에 데려갔는가? 그것은 예수께서 이 사람의 눈을

뜨게 하신 날이 안식일이었기 때문이다. 진흙을 개거나, 그것을 눈에 바르거나, 더구나 눈을 씻는 일, 바로 그것은 의료행위이며 안식일의 율법을 위반하는 일이 아닌가 하는 것이었다. 과연 바리새인들은,

"그 사람(예수)은 하나님에게서 온 사람이 아니다. 안식일을 지키지 않으니까."

라고 단정했다. 그러나 한편에서는,

"죄 있는 사람이 어떻게 이와 같은 기적을 보일 수 있겠는가?"

고 반론을 펴는 사람도 있어서, 그 곳에 분쟁이 생겼다.

유대인들은 눈을 뜬 사람에게 물었다.

"눈을 뜨게 해준 사람을 너는 어떻게 생각하느냐?"

질문을 받고 그는 대답했다.

"예언자라고 생각합니다."

그러나 유대인들은 그가 태어나면서부터의 맹인이었던 것, 그리고 그것을 고침받았다는 사실을 믿지 않았다. 아니, 믿고 싶지 않았다. 그것을 믿는다는 것은 예수가 하나님의 큰 능력을 소유한 사람인 것을 인정하는 일이었기 때문이다.

그래서 그들은 맹인이었던 사람의 양친을 불러서 물었다.

"이것이 태어나면서부터 맹인이었던 네 아들인가? 어떻게 해서 지금 앞을 보게 되었는가?"

양친은 자기의 아들이 태어나면서부터의 맹인이었던 사실을 증언했다. 그러나 어떻게 보게 되었는지는 알 수 없다고 대답했다. 그리고 말했다.

"그에게 물어 보시오. 이제 다 자란 사람이니까. 제 일은 제가 대답하겠지요."

무엇 때문에 양친은 자기 아들에게서 들은 사실을 그대로 말할 수 없었는가? 예수님에게 유리한 발언은 이미 금지되어 있었기 때문이다. 성서에도 다음과 같이 쓰여 있다.

"유대인들은 예수를 그리스도라고 고백하는 사람은 누구나 다 회당에서 쫓아내기로 작정하였기 때문이다."

회당에서 쫓아낸다는 것은 소위 따돌린다는 말이다. 회당은 단순히 건물을 의미할 뿐 아니라 유대인의 종교 공동체를 가리킨다. 이 공동체는 예배는 물론이고, 아이의 교육이나 재판 등도 시행하고 있었다. 그 밖에 구제물품의 분배도 다루었다고 하니까, 일반 유대인에게는 생활에 밀착한 존재라는 말이 될 것이다. 생활권이 위협받을 일을 우려해서 그의 양친이 확답을 피한 것은 무리가 아니었다.

그래서 다시 이 아들이 불려 나왔다. 그리고 바리새인들은 말했다.

"우리가 알기로는 그 녀석은 죄인이다."

아들이 대답했다.

"그 분이 죄인인지 아닌지는 모르겠습니다. 다만 내가 아는 것은 내가 앞 못 보는 사람이었는데, 지금은 잘 보게 되었다는 것뿐입니다."

바리새인들은 집요하게, 어떻게 해서 눈을 뜨게 했는가를 되풀이해서 물었다. 어떻게 해서든지 예수에 의한 기적이 아니고, 우연히 눈을 떴다는 말을 시키고 싶었던 모양이다. 예수님의 평판을 어디까지나 저하시키려고 기를 쓰고 있는 상황을 알 수 있다.

아들은 배알이 꼴려서 대답했다.

"그 일은 아까 말했는데, 왜 또 묻습니까?"

그러자 바리새인들이 또 예수를 욕했다. 아들은 더욱 담대하게 말했다.

"하나님께서는 죄인의 청은 안 들어주시지만, 하나님을 공경하고 그 뜻을 실행하는 사람의 청은 들어주십니다. 그 분이 만일 하나님께서 보내신 분이 아니라면 이런 일은 도저히 하실 수가 없었을 것입니다."

이 말을 듣고 그들은,

"너는 죄를 뒤집어쓰고 태어난 주제에 우리를 훈계하려 드느냐?"

하고 드디어 그를 쫓아냈다.

이 아들도 회당에서의 추방은 고통스러운 일이었을 것이다. 왜냐 하면 그것은 시민권 박탈과 같은 일이기 때문이다. 그러나 추방을 당하거나 박해를 당해도 그는 예수님의 행위를 바리새인들 앞에 단호하게 증언했다. 그뿐 아니라 추방당한 자기 앞에 나타나셔서 자애스러운 눈으로 자기를 보시는 예수님을 구주로 고백했다.

여기에서 나는 육체의 눈을 떴을 뿐 아니라 바로 영의 눈도 뜬 그의 모습을 본다.

요한은 더욱 주목해야 할 예수님의 말씀을 우리에게 기록해서 남겼다.

예수께서는,

"내가 이 세상에 온 것은 보는 사람과 못 보는 사람을 가려, 못 보는 사람은 보게 하고 보는 사람은 눈멀게 하려는 것이다."

하고 말씀하셨다. 예수와 함께 있던 바리새파 사람 몇이 이 말씀을 듣고,

"그러면 우리도 눈이 멀었단 말이오?"

하고 대들었다. 예수께서는,

"너희가 차라리 눈먼 사람이라면 오히려 죄가 없을 것이다. 그러나 너희는 지금 눈이 잘 보인다고 하니, 너희의 죄는 그대로 남아 있다."

하고 대답하셨다(요한복음 9장 39~41절).

참으로 뜻이 깊은 말씀이 아닌가. 우리는 자신의 눈이 잘 보인다고 생각한다. 그러나 우리는 대체 무엇이 보인다고 하는 것일까? 우리는 자신의 결함이 잘 보일까? 보이는 것은 남의 결함뿐이 아닐까? 우리는 어떻게 살아야 할까가 보일까? 오늘이 보일까, 내

일이 보일까, 과거가 보일까, 미래가 보일까, 죽음이 보일까, 생명이 보일까, 구원이 보일까, 진리가 보일까? 우리는 겸허하게 자신의 눈이 보이기를 원하지 않아도 될까?

예수님의 말씀에는, 우리가 눈을 뜨기 위해서는 어떠한 자세를 취해야 할까를 우리에게 강요해 마지 않는 힘이 있다고 나는 생각한다.

이상으로 네 복음서 각각의 개설을 마치기로 하고, 다음 장에서 '예수님의 십자가'를 생각하기로 하겠다.

5

예수님의 십자가

당시의 사람들은 예수님에게 무엇을 구해야 할까를 몰랐다. 현대에 사는 우리도 만일 지금 당장 예수님을 만난다면 과연 무엇을 구할까? 아마 돈을 구하고, 지위를 구하며, 명예를 구하는 어떤 어머니와 같은 우매를 저지르지는 않을까? 참으로 우리의 생활태도는 '구하는 것을 알지 못하는도다'인 것이다. 오늘날 인류의 비극의 원인인 것처럼.

율법학자들을 위협한 예수님의 기적

그리스도교의 회당은 얼핏 보아도 알 수 있다. 건물이 작거나 크거나 당장 분간할 수 있다. 왜냐 하면 십자가가 부착되어 있기 때문이다.

십자가는 브로우치나 네클리스 등의 액세서리로도 되어 있지만 본래 이 십자가는 무엇이었는가? 그것은 사실 사형을 위한 도구였다. 더구나 극형인 사형에 사용된 도구였다. 그 십자가에 못박히시어 예수님은 죽으셨다. 만일 예수님이 길로틴으로 최후를 마치셨다면 그리스도교회는 길로틴을 회당 위에 게시했을는지도 모른다.

생각할 것까지도 없이 사형 도구인 십자가를 게시하는 일은 기분이 나쁜 얘기다. 사람은 모두 불길한 것을 싫어한다. 일본인은 사(死)를 연상시키는 ‘4’ 라는 숫자를 싫어한다. 그래서 병원에는 4호실이 없다(고층 건축인 병원은 4층을 만들지 않을 수 없는데, 4호실만 없앤다는 것도 우스운 얘기지만).

유럽, 미국인도 13 일인 금요일을 싫어한다고 들었다. 이것은 예수님의 최후의 만찬회의 인원이 13 인이었던 것, 예수님이 죽으신 날이 금요일이었던 일에 유래하는 듯하지만, 이것은 의미가 없는 이야기이다.

이렇게까지 불길을 싫어하는 인간 속에 있으면서 그리스도교회는 왜 사형 도구인 십자가를 구태여 게시하는가? 그것은 십자가 위의 그리스도의 죽음이 하나님의 사랑과 용서를 의미하고 있기 때문이다. 우리 인간의 구원을 표시하고 있기 때문이다. 그러므로 하나님을 믿는 사람에게 십자가는 절대로 불길한 사형도구가 아니고, 깊은 의미를 지닌 그리스도교의 심벌이다.

　그러면 왜 예수님이 십자가 위에 죽으셔야 했을까? 복음서의 마무리로서 다음 장의 '예수님의 죽음과 부활'과 합쳐서, 마태, 마가, 누가, 요한 등 각 복음서를 통해서 생각하기로 하겠다.

　이미 읽어 온 것처럼, 예수님을 적으로 삼은 사람은 율법학자, 바리새인, 제사장들이었다. 그들은 그들 나름대로 유일하신 하나님을 믿었다. 그러나 그것은 하나님의 마음에서 몹시 먼 것임을 그들은 깨닫지 못했다. 율법학자들은 율법을 지키려는 일에 충실하려고 했다.

　하나님을 믿는 사람이 하나님의 율법을 지키려고 하는 것은 당연하다. 그러나 그들은 율법을 존중한 나머지 그 속에 들어 있는 하나님의 마음을 알 수 없었다. 형식에만 흘러 사람을 심판하기만 하는 차가운 신앙에 치우쳐 있었다.

　그러나 예수님은 하나님의 사랑으로서 사람을 사랑하는 일을 몸소 보여 주셨다. 게다가 많은 기적을 행하셨다. 이것이 그들 바리새인들을 불안에 **빠뜨렸다.** 왜냐 하면 예수님의 기적은 너무나 눈부셨기 때문이다.

　군중이 모두 예수님을 열광적으로 따라가는 데에 그들은 견딜 수 없었다. 한쪽이 우세하면 다른 쪽이 쇠퇴한다. 자기의 지위가 저하하는 것은 지금까지 권력을 잡고 있던 사람에게 견디기 어려운 일이다.

　그리고 점령군 로마에 대해서도 예수님의 힘은 컸다. 태평을 원하는 그들에게는 이것이 또 위협이었다. 왜냐 하면 사람들은 「구약성서」에 제시되어 있는 대로, 자기들의 구주의 도래를 간절히 대망하고 있었기 때문이다. 만일 그 예수야말로 대망하던 구주라고 하는 외침이 커지면 민중은 예수를 왕으로 세울 것이다.

　그것은 현대의 우리가 상상하는 이상의 공포였다고 생각한다. 왜냐 하면 유대인의 신앙은 견고한 유일신에 대한 신앙이었다. 그 견고한 신앙에 의해서 대망하는 메시아야말로 바로 예수라고 믿는다면, 이것은 억압할 방도가 없는 혁명에 이를 것이 필연적이라고 생각되었기 때문이다.

여기서 제사장, 율법학자들과 헤롯당 사람들이 손을 잡게 되었다. 모두 혁명에 의해서 지위를 잃을는지도 모르는 사람들의 결합이었다.

그만큼 그들을 두렵게 하는 예수님의 기적은 컸고, 교훈에는 권위가 있었다. 특히 율법학자들을 위협한 결정적인 기적은 나사로라는 젊은이를 무덤에서 다시 살리신 일이었다(요한복음 11장 참조).

십자가로 가는 길을 걷기 시작하는 이스라엘의 왕

예수님은 그때까지 두 번 죽은 사람을 다시 살리셨다. 한 사람은 금방 죽은 소녀이고, 한 사람은 장례하던 도중의 젊은이었다. 이번의 나사로는 죽은 지 나흘이 지났다. 이 나사로라는 젊은이에게는 마르다와 마리아라는 자매가 있었다. 이하 성서에 의해서 읽어 보겠다.

또 그들 가운데에는,

"소경의 눈을 뜨게 한 사람이 나사로를 죽지 않게 할 수가 없었단 말인가?"

하는 사람도 있었다.

예수께서는 다시 비통한 심정에 잠겨 무덤으로 가셨다. 그 무덤은 동굴로 되어 있었고, 입구는 돌로 막혀 있었다. 예수께서,

"돌을 치워라."

하시자, 죽은 사람의 누이 마르다가,

"주님, 그가 죽은 지 나흘이나 되어서 벌써 냄새가 납니다."

하고 말씀드렸다. 예수께서 마르다에게,

"네가 믿기만 하면 하나님의 영광을 보게 되리라고 내가 말하

지 않았느냐?"

하시자, 사람들이 돌을 치웠다. 예수께서는 하늘을 우러러보시며 이렇게 기도하셨다.

"아버지, 제 청을 들어주셔서 감사합니다. 그리고 언제나 제 청을 들어주시는 것을 저는 잘 압니다. 그러나 이제 저는 여기 둘러선 사람들로 하여금 아버지께서 저를 보내 주셨다는 것을 믿게 하려고 이 말을 합니다."

말씀을 마치시고,

"나사로야, 나오너라."

하고 큰소리로 외치시자 죽었던 사람이 밖으로 나왔는데, 손발은 베로 묶여 있었고, 얼굴은 수건으로 감겨 있었다. 예수께서 사람들에게,

"그를 풀어 주어 가게 하여라."

하고 말씀하셨다.

마리아를 찾아왔다가 예수께서 하신 일을 본 많은 유대인들이 예수를 믿게 되었다(요한복음 11장 37~45절).

이것이 바리새인들을 떨게 한 기적의 사실이다. 죽은 지 나흘이나 지난 사람이 다시 살아났다. 그 당시의 사람들은 얼마나 큰 기쁨과 희망에 휩싸였을까. 소문은 소문을 낳아, 나사로를 보러 오는 사람도 많았다.

그러나 이 말을 들은 바리새인들은 당장 의회를 소집했다.

"그 사람(예수)이 많은 표적(기적)을 나타내고 있으니 어떻게 하면 좋겠소? 그대로 내버려 두면 누구나 다 그를 믿을 것이고, 그렇게 되면 로마인들이 와서 이 거룩한 곳과 우리 백성을 짓밟고 말 것입니다."(요한복음 11장 47~48절)

이리하여 그들은 열심으로 예수를 죽일 의논을 하기 시작했다. 그래서 예수님은 공공연히 나다니지 않으시고, 광야 근처에 있는

지방에 체재하고 계셨다. 그러나 유대인의 최대의 명절인 유월절
이 다가왔다. 제사장들은 예수님이 명절에 올 것을 예상하고, 예수
님의 거처를 아는 사람은 신고하라는 지령을 냈다. 예수님은 지명
수배를 당하신 셈이다. 그러나 예수님이 대체 어떤 악한 일을 하셨
단 말인가? 참되신 하나님의 사랑을 가르치시고 사람들의 병을
고치시며, 약한 사람 가난한 사람을 사랑하셨다. 그것이 예수님의
죄상이다.

　제사장들은 나아가서 다시 살아난 나사로도 죽이려고 계획했다.
"그것은 나사로 때문에 수많은 유대인들이 자기들(제사장)을 버리
고 예수를 믿게 되었기 때문이다."(요한복음 12 장 11 절＝역자 주)

　이와 같이 예수님과 나사로를 죽이려는 제사장과 율법학자들과
는 반대로, 민중의 예수님에 대한 신앙은 높아 갔다.

　명절을 지내러 와 있던 큰 군중은 그 이튿날 예수께서 예루살
렘에 들어오신다는 말을 듣고 종려나무 가지를 들고 예수를 맞
으러 나가,

　"호산나!(오, 구원하소서라는 뜻) 주의 이름으로 오시는 이여,
이스라엘의 왕 찬미받으소서!"

하고 외쳤다(요한복음 12 장 13~14 절＝역자 주).

종려나무는 승리의 심벌이었고, 호산나란 본래 하나님을 향해서
외치는 말이었다.

　예수님은 작은 나귀를 타시고, 이 환호의 소리 속에 영접을 받으
시면서 예루살렘으로 들어가셨다. 사람들은 기쁜 나머지 자기의
겉옷을 벗어서 길에 깔고 환영했다. 12 제자뿐 아니라 수많은 제자
들도,

　자기들이 본 모든 기적에 대하여 기쁨을 감추지 못하고 소리

높여 하나님을 찬양하였다.

"주의 이름으로 오시는 임금이여, 찬미받으소서. 하늘에는 평화, 하나님께 영광!"

그러자 군중 속에 끼어 있던 바리새인들은,

"선생님, 제자들이 저러는데 왜 꾸짖지 않으십니까?"

하고 말하였다. 그러나 예수께서는,

"잘 들어라. 그들이 입을 다물면 돌들이 소리지를 것이다."

하고 대답하셨다(누가복음 19장 37~40절).

그래서 바리새인들은,

"자, 이제는 다 틀렸습니다. 모든 사람이 다 그를 따라가고 있지 않습니까?"

하며 서로 걱정하였다(요한복음 12장 19절).

율법학자, 바리새인들의 질투와 증오로 일그러진 얼굴이 생생하게 눈앞에 떠오르는 듯하다.

군중은 제사장들과 바리새인들이 두려워한 대로 예수님을 영접하고 광희(狂喜)했다. 지명수배도 무효였다. 이 군중의 눈앞에서는 대단한 제사장들도 예수님에게는 손을 댈 수 없었다. 만일 이 군중의 눈앞에서 예수님을 체포한다면 제사장과 바리새인들은 돌에 맞아 죽었을 것이다.

이런 예수님을 바라보며 가장 기뻐한 사람이 가롯 유다였다. 유다는 예수님이 이 세상의 왕이 될 것을 믿고 있었다. 그만큼 예수님의 기적은 위대하고, 설교는 새로웠다. 일찍이 이 땅 위에 없던 왕국이 예수님에 의해서 건설되고, 로마의 권력도 헤롯의 압제도 타파될 것을 믿었다. 그리고 그것은 모든 군중도 함께 믿는 일이었다.

예수님은 무엇을 원하시는가

몇 번인가 강연을 부탁받고 나는 일본 각지를 방문했다(최근에
는 목이 아파서 거의 모두 거절하고 있지만). 그런데 나는 강연할
때마다 미리 강연원고를 쓴다.

바쁜 중에 그것은 노력이 필요한 일이지만, 나로서는 그만큼 정
성을 들여서 강연장소로 향하는 것이다.

그런데 그 강연을 들은 사람이,

"잠깐이라도 좋으니 얼굴을 보고 싶었다."

고 하면서, '생각한 것보다 젊다'든가 '자상하다'고 그저 외견만을
평하는 일이 있었다. 설혹 그것이 호의에서 나온 것이라고 해도 강
연에 대한 감상을 듣는 편이 나로서는 얼마나 즐거운지 모른다. 왜
냐 하면 나는 얼굴을 뵈러 온 것이 아니고, 강연을 하러 왔으니까.

언젠가 어떤 교육관계의 연수회에서,

"설마, 유행가수를 부를 수도 없어서……."

라는 말을 들은 적이 있다. 그때 나는 "소설 쓰는 여자라도 불러
서, 어떤 얼굴인가 좀 보자"는 뒷공론을 하던 소리가 들리는 듯한
느낌이 들었다.

성서를 읽노라면 문득 그런 일이 생각나는 대목이 있다. 예를 들
면, 마태복음 20장 20절 이하가 그것이다.

그때에 세베대의 두 아들이 어머니와 함께 예수께 왔는데, 그
어머니는 무엇인가를 청할 양으로 엎드려 절을 하였다. 예수께
서 그 부인에게,

"원하는 것이 무엇이냐?"

하고 물으시자, 그 부인은,

"주님의 나라가 서면 저의 이 두 아들을 하나는 주님 오른편
에, 하나는 왼편에 앉게 해주십시오."

하고 부탁하였다. 그래서 예수께서 그 형제들에게,

"너희가 청하는 것이 무엇인지나 알고 있느냐?"

하고 물으셨다.

문어역에는 이 마지막 말씀이,

"너희 구하는 것을 너희가 알지 못하는도다."

라고 되어 있다. 이 어머니는 12제자의 야고보와 요한(요한복음의 기자)의 어머니이다. 그 12제자 중의 두 사람의 어머니이면서 예수님에게 청원한 것은 예수님이 왕위에 오르신 날 아들을 그 왕국의 우정승 좌정승의 자리에 취임시켜 달라는 것이었다.

이 청원은 그 당시의 사람들이 얼마나 예수의 왕국수립을 믿고 있었는가 하는 증거이기도 한데, 예수님은 자기의 비참한 최후를 알고 계셨다.

그 예수님에게 우정승 좌정승이라는 이 세상의 명예를 청원한 것이다. 예수님이 얼마나 쓸쓸하게 여기셨을까를 상상할 수 있다는 느낌이다.

"너희 구하는 것을 너희가 알지 못하는도다."

아마 예수님은 이 말씀을 얼마나 많은 사람에게 하고 싶으셨을까? 그것을 나는 성서의 곳곳에서 느낀다. 예를 들면 어떤 맹인의 경우도 그렇다.

그 맹인은 길가에서 큰소리로 예수님에게 소리쳤다. 그의 앞에 서신 예수님은 이렇게 말씀하셨다.

"나에게 바라는 것이 무엇이냐?"

그러자 그는 말했다.

"선생님, 제 눈을 뜨게 해주십시오."(마가복음 10장 50절 이하)

이 맹인은 예수님을 만나서 무엇을 청원했는가! 그것은 다만 눈을 뜨는 일뿐이 아니었던가? 똑같은 기사가 성서에는 많다. 중풍병자는 중풍이 낫기를 원했고, 하혈병(下血病) 환자는 하혈이 멈

추기를 원했으며, 앉은뱅이는 발이 성하기를 원했고, 귀머거리는 듣게 되기를 원했으며, 나병환자는 그 피부가 깨끗해지기를 원했다.

그리고 그들은 모두 소원대로 치료되었다. 물론 그것은 그리스도에 대한 신앙의 한 표현이고, 또 확실히 위대한 하나님의 역사였다. 그러나 그 하나님의 능력에 의해서 치료된 사람들 모두가 한 평생 계속 하나님을 믿었는가 여부는 매우 의문이다. 아니, 그 시초에 예수님에게 참으로 구해야 할 것이 무엇인가를 알고 있던 사람은 더욱 적지 않았을까? 예수님을 만나서 어떤 사람도 먼저 구해야 할 것은 죄의 용서이고, 영원한 생명이어야 했다.

그러나 사람들은 예수님에게 구할 바를 몰랐다.

현대에 사는 우리도 만일 지금 당장 예수님을 만난다면 과연 무엇을 구할까!

아마 돈을 구하고, 지위를 구하며, 명예를 구하는 이 어머니와 같은 우매(愚昧)를 저지를 것이라고 나는 생각한다. 참으로 우리의 매일의 생활태도는 "구하는 것을 알지 못하는도다"인 것이다. 그리고 그것은 제자들도 역시 마찬가지였다. 그리스도에게 무엇을 구해야 하는지를 몰랐다. 이것이 인류의 비극의 원인이기도 했다.

여하간 제자들은 예수님이 당장이라도 새로운 왕국을 이 세상에 세우시고, 그 왕이 되신 것을 믿고 있었다. 민중도 그것을 기대하고 광희하고 있었다. 그것은 「구약성서」를 읽고, 구약의 신앙으로 살아온 사람들의 필연적인 모습이기도 했다.

왜냐 하면 「구약성서」에는 반드시 구주가 출현해서 이스라엘 민족을 해방시킨다고 예언되어 있었기 때문이다. 모든 사람이 그리스도를 대망하는 시대였기 때문이다. 로마제국의 점령하에 있어서 그 소망은 점점 더 강화되고 있었다.

가롯 유다

가롯 유다라고 하면 예수님을 배반한 사람으로서 모르는 사람이 없다. 그러나 그 유다도 예수님이 구주이심을 믿고 있던 한 사람이 었다. 예수님은 어떤 병자도 고치셨다. 5천 명의 사람들에게 겨우 빵 다섯 개와 물고기 두 마리만 가지고 배불리 먹이시는 기적도 행하셨다. 이 정도의 기적을 행하실 수 있는 예수를 두고, 달리 구주가 있다고는 생각할 수 없었다.

그렇게 굳게 믿고 있던 유다가 무엇 때문에 예수님을 배반하고 원수의 손에 건네 주었을까? 이에 대해서는 여러 해석이 있지만, 성서에 다음 사건이 기록되어 있는 것을 놓쳐서는 안된다.

예수께서는 유월절을 엿새 앞두고 베다니로 가셨는데, 그 곳은 예수께서 죽은 자들 가운데서 살리신 나사로가 사는 고장이었다.

거기에서 예수를 영접하는 만찬회가 베풀어졌는데, 나사로는 손님들 사이에 끼어 예수와 함께 식탁에 앉아 있었고, 마르다는 시중을 들고 있었다. 그때 마리아가 매우 값진 순 나드 향유 한 근을 가지고 와서 예수의 발에 붓고 자기 머리털로 그 발을 닦아 드렸다. 그러자 온 집안에 향유 냄새가 가득 찼다.

예수의 제자로서 장차 예수를 배반할 가롯 유다가,

"이 향유를 팔았더라면 3백 데나리온은 받았을 것이고, 그 돈을 가난한 사람들에게 나누어 줄 수 있었을 터인데 이게 무슨 짓인가?"

하고 투덜거렸다. 유다는 가난한 사람들을 생각해서가 아니라 그가 도둑이어서 이런 말을 한 것이다. 그는 돈주머니를 맡아 가지고 거기 들어 있는 것을 늘 꺼내 쓰곤 하였다.

예수께서는 이렇게 말씀하셨다.

"이것은 내 장례일을 위하여 하는 일이니 이 여자 일에 참견하지 말라. 가난한 사람들은 언제나 너희와 함께 있겠지만, 나는 언제나 함께 있지는 않을 것이다."(요한복음 12장 1~8절)

이것과 비슷한 기사는 마가도 마태도 썼는데, 마가복음에는 여자를 나무란 남자에 대해서 예수님은 이렇게 말씀하셨다.

"참견하지 말아라. 이 여자는 나에게 갸륵한 일을 했는데 왜 괴롭히느냐? 가난한 사람들은 언제나 너희 곁에 있으니 도우려고만 하면 언제든지 도울 수가 있다. 그러나 나는 언제까지나 너희와 함께 있지는 않을 것이다. 이 여자는 내 장례를 위하여 미리 내 몸에 향유를 부은 것이니 자기가 할 수 있는 일을 다한 것이다. 나는 분명히 말한다. 온 세상 어디든지 복음이 전해지는 곳마다 이 여자가 한 일도 알려져서 사람들이 기억하게 될 것이다."(마가복음 14장 6~9절)

마태복음에도 똑같은 말씀이 쓰여 있다.

어떤 책에선가 읽었는데, 이 순수한 나드 향유란 것은 나드나무의 뿌리에서 만들어지는데 대단한 향기를 지니고 있다고 한다. 어떤 사람이 이스라엘을 여행하는 중 그 나드 향유를 1센티 사방의 헝겊에 적신 것을 받았다. 겨우 1센티 사방의 것이었지만 그로부터 잠시 지나서 그것을 끼운 책을 펼쳤는데 방 안에 향기가 가득 차 놀랐다고 한다.

3백 데나리온이라는 금액은 그 당시 노동자의 약 1년분 임금에 해당한다고 하니까, 오늘날의 돈으로 환산하면 대략 짐작해서 1백만 엔 가량의 가치라는 말이 된다. 몹시 비싼 향유이다. 그것은 석고병에 들었는데, 그것을 부수고 몽땅 예수님의 머리에(요한은 발이라고 썼는데, 마가와 마태는 머리라고 썼다) 부었다. 만일 이곳에 내가 있었다고 하면 유다와 똑같이,

'어머나! 얼마나 아까우냐!'

하고 생각했을 것이다.

사랑은 아까운 일을 하는 법이다. 세상의 어버이들이 아이들에게 하는 일을 보면서 아이를 낳은 일이 없는 나는 때때로 아까운 일을 한다고 중얼거리는 때가 있다. 고교생인 자기 아이에게 비싼 오토바이를 사 주거나, 대학생에게 고급 자동차를 사 주는 것을 보고 약간 마음이 평온치 못하게 되는 수가 있다. 사랑이란 참으로 아낌없이 주고, 아낌없이 바치는 법이다. 만일 계산만으로 일을 생각한다면 절대로 할 수 없는 일을 사랑은 하는 법이다.

확실히 1년분의 임금에 해당하는 향유를 순간에 한 사람을 위해서 사용하는 것보다는 가난한 사람들을 위해서 써야 한다고 생각하는 것이 참으로 지나치게 당연할 정도의 계산이다.

그러나 인간이란 존재는 그 하고 있는 일에 바른 평가를 내릴 수 없는 존재이다. 자기가 하고 있는 일도, 다른 사람이 하고 있는 일도 인간은 잘 모르는 것이다.

마리아는 자기의 오빠 나사로가 죽음에서 다시 살아난 기적을 자기 눈으로 봤다. 그 큰 감사 때문에 나드 향유조차 아깝지 않았을 것이다. 그러나 그런 향유를 예수님에게 부은 자기의 행위가 예수님이 말씀하신 대로 예수님의 장례 준비를 위한 것이라고는 생각해 보지도 못했을 것이다. 오빠 나사로를 다시 살아나게 하신 대위인이신 예수님이 얼마 못 되어 죽으신다고 어떻게 마리아는 생각할 수 있었으랴? 마리아는 다만 손님의 발을 씻는 데에 물이나 기름을 사용하는 그 당시의 풍습을 따른 것뿐이었다고 생각된다.

그러나 예수님은 자기의 죽음을 명확하게 예지(豫知)하고 계셨다. 그리고 예수님은 마리아의 행위로 자기의 죽음을 다시금 사람들에게 표명하신 것이리라.

여하간 마리아의 진실을 바르게 평가할 수 있던 사람은 예수님 뿐이었다. 만일 예수님도 유다와 같은 말씀을 하셨다면 마리아가 설 곳은 없었을 것이다. 사랑을 사랑으로 솔직하게 받아들인다는 것은 대단히 좋은 일이라고 새삼스럽게 깨닫는다.

여하간 예수님이,

"온 세상 어디든지 복음이 전해지는 곳마다 이 여자가 한 일도 알려져서 사람들이 기억하게 될 것이다."

라고 평가하신 말씀에 주목해야 한다.

유다에게 사탄이 들어갔다

그러나 이 예수님의 말씀에 유다는 절망했다. 유다는 돈주머니를 맡는 회계담당이었다. 그는 계산을 잘했다. 머리도 좋았을 것이고, 돈을 쓰는 법도 허비가 없이 합리적이며 교묘했을 것이다. 그러므로 이 향유를 팔아서 구제하라고 말한 것은 낭비를 경계하는 그의 생활태도에서 나온 것이리라. 요한이 쓴 바와 같이, 유다가 도둑이며 금액을 속이고 있었는지 여부는 나는 모른다. 인간은 단체의 돈주머니를 맡고 있을 때 남이 보아서 속이고 있는 것처럼 생각되는 수가 종종 있는 법이다.

유다는 다른 제자들과 같이 예수님을 숭배해 왔다. 그 예수님에게 절망한 것은,

"내 장례를 위하여"

라는 한마디 때문이었다. 그자리에는 죽음에서 다시 살아난 나사로도 있었고, 예수님에게도 제자들에게도 화려한 축연의 장소였다. 그 화려한 곳에 찬물을 끼얹는 것처럼 예수님은 자기의 죽음을 선언하였다. 당장이라도 왕국을 수립해 주실 것으로만 믿고 있었는데, 예수님은 마리아의 행위를 장례준비로 받아들이고 계셨다. 득의(得意)의 절정의 때라고 생각하고 있었는데, 예수님은 천만 뜻밖에 불길하게도 죽음의 선언을 하신 것이다. 유다가 얼마나 놀라고 절망했는가 상상하기 어렵지 않다.

'이 선생님이 죽으신다? 그러면 누가 왕국을 세워 줄 것인가? 누가 우리의 구주인가?'

유다는 고민했을 것이다. 그러면 왜 다른 제자들은 예수님의 말씀에 민감하게 반응하지 않았는가? 그것은 혹시 유다가 나무란 마리아를 예수님이 단순히 두둔하신데 지나지 않는다고 생각한 때문이 아닐까? 장례라는 말씀이 다른 제자들에게는 그다지 절실하게 들리지 않은 것이 아닐까? 계산에 뛰어난 유다는 기회를 보는데 예민했던 모양이다. 그러나 다른 제자들은 예수님에게 임박한 위기를 유다만큼은 알아차릴 수 없었던 것이 아닐까?

이리하여 예수님은 앞에 말한 대로 민중의 환호소리 속에 영접을 받으시며 예루살렘으로 입성하셨는데, 그 후의 예수님의 행동을 보면 모두가 그 행동을 통해서 제자들에게 유언하시는 듯한 일뿐이다.

그런데 유다가 왜 배반했는지 그 이유를 성서는 한 구절도 쓰지 않았다. 다만 배반했다는 사실 밖에 기재하지 않았다. 이것은 유다가 제자 중 아무에게도 그때까지 예수님에 대해서 뒷공론다운 뒷공론 하나 하지 않았다는 사실을 엿볼 수 있다. 만일 유다가 한평생 예수님에 대한 불만이나 불신을 나타냈다면 제자들은 유다의 배반 이유를 알아맞힐 수 있었을는지도 모른다.

그래서 예수님이 마지막 만찬석에서,

"너희 가운데 나를 팔아 넘길 사람이 하나 있다."

하고 말씀하셨을 때, 제자들은 차례로,

"주님, 설마 저는 아니겠지요?"

라고 했다. 그리고 가롯 유다도,

"선생님, 설마 저는 아니겠지요?"

라고 말했다.

만일 평소 유다의 예수님에 대한 태도가 나빴다면 제자들은 일제히 유다쪽을 봤을 것이다. 그러나 누구 한 사람 유다라고는 알아차리지 못하고, 설마 자기가 배반하는 일은 없겠지 하고 예수님에게 저마다 여쭈었다. 유다 자신조차 자기가 예수님을 배반하리라고는 생각지도 않았을 것이다. 여기에서 우리 인간이 얼마나 자기 자신조차 통찰할 수 없는 존재인가를 엿볼 수 있다는 생각이 든다. 우리 인간은 살인도 횡령도 "설마, 내가 할 리는 없다"고 생각하며 살고 있다. 거기에 죄의 무서움이 있다. 죄를 범할 가능성은 모든 인간이 가지고 있다. 유다의 배반을 읽을 때마다 나는 자꾸만 그런 생각이 든다.

확실히 유다는 설마 자기가 스승을 배반하는 사람이 되리라고는 생각지 못했다. 그럼에도 불구하고 다음과 같이 기록되기에 이르렀다.

"그런데 열두 제자 가운데 하나인 가롯 사람 유다가 사탄의 유혹에 빠졌다. 그는 대제사장들과 성전 수위대장들에게 가서 예수를 잡아 넘겨 줄 방도를 상의하였다. 그들은 기뻐하며 그에게 돈을 주겠다고 약속하였다. 유다는 이에 동의하고, 사람들 몰래 예수를 잡아 줄 기회를 노리고 있었다."(누가복음 22장 3~6절)

그러나 이곳에서도 예수님을 판 유다의 심정을 짐작할 수는 없다. 일설에는 돈이 탐나서 예수님을 팔았다고도 하지만, 1974년의 시세로 유다가 손에 넣은 돈은 겨우 5천 엔 가량이었다고 한다. 아무리 돈에 더러운 사람이라도 그렇게 근소한 돈을 벌려고 자기 스승을 판다고는 생각할 수 없다.

그리고 예수님이 자기의 죽음을 예언하셨기 때문에 절망하고, 그 절망이 증오로 변했다는 설도 있다. 즉, 자기가 기대했던 꿈을 배반한 예수님이 미웠다는 것이다. 확실히 절망했을 것이다. 그러나 증오로까지 발전했다고는 생각할 수 없는 기사가 성서에 있다. 그것은 예수님의 사형이 확정된 후의 유다의 행동이다.

그때에 배반자 유다는 예수께서 유죄판결을 받으신 것을 보고 자기가 저지른 일을 뉘우쳤다. 그래서 은전 서른 닢을 대제사장들과 장로들에게 돌려 주며,

"내가 죄 없는 사람을 배반하여 그의 피를 흘리게 하였으니 나는 죄인입니다."

하였다. 그러나 그들은,

"우리가 알 바 아니다. 그대가 알아서 처리하라."

고 말하였다. 유다는 그 은전을 성소에 내동댕이치고 물러가서 스스로 목매달아 죽었다 (마태복음 27장 3~5절).

이곳을 읽으면, "예수께서 유죄판결을 받으신 것을 보고 자기가 저지른 일을 뉘우쳤다"는 말이 마음에 걸린다. 유다는 예수님이 처형되리라고는 생각지 못했다는 듯한 표현이다. 신학자나 소설가들은 유다가 예수님의 죽음을 예기치 못했을 것이라고 추측한다. 나사로를 다시 살리신 정도의 예수님이 설마 쉽사리 적의 손에 빠지리라고는 생각하지 못한 것이 아닐까?

그는 예수님이야말로 구주라고 계속 믿고 있었던 것이 아닐까? 예언에 의하면, 구주는 하늘의 군단을 거느리시고 이 지상에 왕국을 세우실 터였다. 예수님의 그 왕국 수립의 실현을 촉구할 생각으로 유다는 감히 위경으로 몰아 넣었다는 해석이 지금 가장 많이 취해지고 있다.

진정 배반할 생각이었다면 예수의 죽음에 유다는 쾌재(快哉)를 외칠 터였다. 후회할 리도 없다. 하물며 목을 매단다는 일은 생각도 하지 않았을 것이다.

그러나 이것도 추측의 영역을 벗어나지 못한다. 인간, 이 복잡한 존재의 배반행위이다. 우리는 영원히 그 진실을 규명할 수 없는 것이 아닐까?

겟세마네 동산의 기도

유다가 배반한 직후로 얘기를 되돌리기로 한다. 이 최후의 만찬에서 잊어서는 안될 것은 다음 대목이리라.

그들이 음식을 먹을 때에 예수께서 빵을 들어 축복하시고, 제자들에게 나누어 주시며,

"받아 먹어라. 이것은 내 몸이라."

하시고, 또 잔을 들어 감사의 기도를 올린 다음 그들에게,

"너희는 모두 이 잔을 받아 마셔라. 이것은 나의 피다. 죄를 용서해 주려고 많은 사람을 위하여 내가 흘리는 계약의 피다. 잘 들어 두어라. 이제부터 나는 아버지의 나라에서 너희와 함께 새 포도주를 마실 그날까지 결코 포도로 빚은 것을 마시지 않겠다."

하고 말씀하셨다(마태복음 26 장 26~29 절).

이렇게 예수님이 명령하신 것처럼 온 세계의 그리스도교회는 지금도 빵 한 개를 나누고 포도주 한 병을 나누며, 예수님의 몸, 예수님의 피로 신앙에 의해서 이것을 기념하고 있다. 그때마다 나는 남을 위해서 이 글라스의 포도주만큼의 피도 흘리지 못했다고 곧잘 생각한다.

예수님은 십자가 위에서 그 피를 흘리셨다. 그것은 온 인류의 죄를 대신해서 흘리신 피였다. 그리고 그 빵은 예수님이 온 인류에게 주신 몸을 의미하는 것이다.

만찬 후 예루살렘 성전 동쪽에 있는 겟세마네 동산이라는 숲으로 예수님과 제자들은 함께 갔다. 그 곳은 예수님이 그때까지도 자주 가셔서 기도하신 장소이기도 했다. 예수님은 제자들에게,

"여기 남아서, 나와 같이 깨어 있어라."

하시고는, 조금 떨어진 곳에서 일념으로 기도하기 시작하셨다. 예수님은 이 때 자기 자신이 체포될 것을 알고 계셨다. 그러므로 도망하려고 생각하셨다면 도망하실 수도 있었다. 그러나 예수님은 도망하지 않으시고 기도하셨다. 누가는 그 상황을 이렇게 썼다.

늘 가시던 곳에 이르러 제자들에게,

"유혹에 빠지지 않도록 기도하여라."

하시고는, 자기 자신은 돌을 던지면 닿을 만한 거리에 떨어져서 무릎을 꿇고 기도하셨다.

"아버지, 아버지의 뜻에 어긋나는 일이 아니라면 이 잔을 저에게서 거두어 주십시오. 그러나 제 뜻대로 하지 마시고, 아버지의 뜻대로 하십시오."

이 때에 하늘에서 내려온 한 천사가 그에게 나타나 힘을 북돋아 드렸다. 예수께서는 마음의 고통과 싸우면서도 굽히지 않고 더욱 열렬하게 기도하셨다. 그러는 동안 핏방울 같은 땀이 뚝뚝 흘러 땅에 떨어졌다(누가복음 22 장 40~44 절).

땀이 핏방울처럼 땅에 떨어졌다고 쓰여 있는 곳을 보면 그 기도가 얼마나 전심전령(全心全靈)을 쏟아 낸 기도였는가를 알 수 있다. 카가와 토요히꼬(賀川豊彦) 씨도 셔츠에 피의 반점이 생긴 경험이 있다고 하였고, 일시에 큰 힘을 낸 사람의 속옷이 주황색으로 변했다는 얘기도 들었다. 얼마나 전력을 기울여 예수님은 기도하셨을까.

도망치면 도망칠 수 있었는데도 굳이 도망하지 않으신 것은,

'제 뜻대로 하지 마시고, 아버지의 뜻대로 하십시오.'

라는 하나님에 대한 절대 복종이 있었기 때문이다. 구주로서 십자가에 못박히려면, 그러한 하나님의 아들로서의 절실한 고통과 신음을 당할 결단이 필요했다. 인류의 죄를 짊어지는 일은 콧노래를 부르면서 할 수 있는 일이 아니다.

하나님의 아들의 이 고통으로 인간의 죄는 용서되는 것이다.

그런데 이와 같이 예수님이 피땀을 흘리시며 기도하고 계실 때 제자들은 대체 무엇을 하고 있었을까? 제자들은 잠자고 있었다. 극도로 피로했기 때문일까? 예수님의 예고를 듣고 슬퍼하며 피로한 때문일까? 함께 기도해야 할 제자들이 잠자고 있었다는 점에

인류는 누구 한 사람 예수와 함께 마음을 쏟아 내서 기도하는 사람이 없었다는 죄의 모습이 명백하게 나타난 듯한 생각이 든다. 즉, 십자가는 예수님에게만 지운 셈이 된다.

그 잠자고 있는 제자들을 보시고 예수님은 말씀하셨다.

"너희는 나와 함께 단 한 시간도 깨어 있을 수 없단 말이냐? 유혹에 빠지지 않도록 깨어 기도하라. 마음은 간절하나 몸이 말을 듣지 않는구나!"(마태복음 26 장 40~41 절)

아마 베드로를 비롯해서 제자들은 끄덕끄덕 졸면서 예수님의 이 말씀을 듣고 있었을 것이다. 그러나 예수님이 다시 기도하시는 동안 제자들은 또 잠들어 버렸다. 나는 이,

"마음은 간절하나 몸이 말을 듣지 않는구나!"

라는 말씀에 예수님의 사랑을 깊이 느낀다. 우리 인간은 오늘이야말로 마음을 새롭게 그 일을 해야지, 이 일을 해야지 하고 눈을 뜨지만, 결국은 여러 유혹에 져서 후회가 많은 하루를 마치는 수가 많은 법이다. 그리고 아무리 큰 일에 직면해도 생각한 대로 되지 않는 법이다.

벌써 15, 6 년 전의 일이다. 남편 미우라가 맹장염에 걸렸는데, 치료가 늦었다. 이틀 밤 철야한 것만으로 나의 머리는 몽롱하게 되어, 눈 앞에 고통하는 남편 미우라가 있는데도 어떻게 간호해야 좋을지 알 수 없이 되던 일을 기억한다.

그런 인간의 육체가 지니는 약함을 예수님은 이해해 주셨다. 예수님의 이 달씀에는 사람을 나무라시는 엄함이 없다. 따뜻한 사랑뿐이다. 주님 자신의 최후를 눈앞에 놓으시고서 이렇게도 관대하실 수 있으니, 얼마나 큰 사랑인가.

유다의 입맞춤과 제자들의 도망

이렇게 하고 있는 참에 드디어 배반자 유다와 체포하려는 사람들이 왔다.

예수의 말씀이 채 끝나기도 전에 열두 제자의 하나인 유다가 다가왔다. 그를 따라 대제사장들과 백성의 장로들이 보낸 무리가 칼과 몽둥이를 들고 몰려왔다. 배반자는 그들과 미리 암호를 짜고,

"내가 입맞추는 사람이 바로 그 사람이니 붙잡아라."

고 일러두었던 것이다. 그는 예수께 다가와서,

"선생님, 안녕하십니까?"

하고 인사하면서 입을 맞추었다. 예수께서,

"친구여, 어서 할 일이나 하라."

하고 말씀하시자, 무리가 달려들어 예수를 붙잡았다. 그때 예수와 함께 있던 사람들 중 하나가 칼을 빼어 대제사장의 종의 귀를 쳐서 잘라 버렸다. 그것을 보시고 예수께서는 그에게,

"칼을 도로 칼집에 꽂아라. 칼을 쓰는 사람은 칼로 망하는 법이다."

하셨다(마태복음 26 장 47~52 절).

유다의 입맞춤──친애를 나타내는 입맞춤으로써 유다는 배반했다. 얼마나 추악하고 쓴 입맞춤인가. 그 배반을 아시면서 예수님은 "친구여" 하고 부르셨다. 가장 친구라고 부르기 어려운 때에 예수님은 '친구'라고 부르신 것이다. 생각해 보면 우리 인간의 나날도 예수님의 사랑을 배반하는 진흙투성이인 매일이다. 그러나 그런 우리를 지금도 예수님은 "친구여"라고 부르고 계시다.

바리새인과 제사장들의 사주(使嗾)를 받은 군중은 검과 몸둥이를 들고 단 혼자인 예수님을 체포하러 왔다. 이 때 베드로도 마태도 마가도(마가복음 14 장 51~52 절 참조=역자 주), 제자들은 예수님을 버리고 도망쳤다. 마가는 몸에 두르고 있던 베 홑이불을 붙잡히자 벗은 몸으로 도망쳤다고 자기 자신이 기록했다. 성서에는 이렇게

제자들의 체면에 관계되는 일도 참으로 정직하게 기록되어 있다.

예수님은 대제사장 가야바의 저택으로 끌려가셨다. 일단 도망했던 베드로는 두려워서 멀찍이 떨어져서 대제사장의 저택 안뜰까지 따라갔다. 여기서 제사장들과 온 의회는 예수님을 사형에 처하려고, 소위 날조재판을 한밤중에 시작했다. 차례로 위증자가 나왔다. 그러나 확실한 증거를 얻지 못했고, 아무리 불리한 증언에도 예수님은 항변하지 않으셨다.

대제사장은 다시,

"내가 살아 계신 하나님의 이름으로 명령하니 분명히 대답하여라. 그대가 과연 하나님의 아들 그리스도인가?"

하고 물었다. 예수께서는 그에게,

"그것은 너의 말이다."

하시고는,

"잘 들어 두어라. 너희는 이제부터 사람의 아들이 전능하신 분의 오른편에 앉아 있는 것과, 또 하늘의 구름을 타고 오는 것을 볼 것이다."

하고 말씀하셨다(마태복음 26 장 63~64 절).

유대 민족에게 인간이 자기를 하나님의 아들이라고 하는 것은 그것만으로도 바로 죽음에 해당하는 일이었다. 물론 예수님도 자기가 하나님의 아들이라고 하는 고백이 당장 죽음에 연결되는 것을 알고 계셨다. 그러나 예수님은 단호하게 주님 자신이 하나님의 아들인 사실을 선언하셨다. 이런 예수님을 약하고 무력한 예수라고 평하는 일이 있다.

그러나 나는 죽이는 편에 서기보다 살해되는 편으로 결단하기에는 비교도 되지 않는 용기가 필요하다고 생각한다. 여하간 예수님은 구약성서에 예언되어 있는 하나님의 아들 구주가 주님 자신인 사실을 알고 계셨다. 그리고 그것은 다음의 말씀도 증명하고 있다. "이 모든 것은 예언자들이 기록한 말씀을 이루려고 일어난 것 이다."(마태복음 26 장 56 절＝역자 주)

이 예수님을 재판하는 상황을 베드로는 안뜰에서 불을 쪼이면서 보고 있었다. 그러자 어떤 사람이 베드로를 손으로 가리키며 말 했다.

"당신도 그 사람과 함께 있었다."

베드로는 흠칫 놀라고,

"당신이 무슨 말을 하는지 모르겠소."

하고 부인했다. 그리고 입구쪽으로 가자 다른 사람이 또 베드로를 보고,

"아, 이 사람은 예수와 함께 있었다."

고 총기 있는 눈으로 지켜 보며 말했다. 더욱 당황한 베드로는,

"예수라고? 그런 사람은 모르오."

하고 잡아뗐다. 또 다른 사람이 말했다.

"너도 그놈의 동료구나."

"아니오, 그런 사람의 일은 아무 것도 모르오."

이렇게 말했을 때 닭이 울었다. 베드로는 아차 하고 자기를 되찾 았다. 최후의 만찬이 끝난 후 베드로는 예수님에게 이렇게 말했 었다.

"설혹 주님과 함께 죽게 된다고 해도 주님을 모른다고는 절대로 하지 않겠습니다."

사실 베드로는 그때 그렇게 생각했을 것이다. 그러나 예수님은 분명히 말씀하셨다.

"오늘 밤 닭이 울기 전에 너는 세 번 나를 모른다고 할 것이다."

그 예수님의 말씀이 바로 적중한 일을 베드로는 깨달았다. 누가 복음에는 그때의 사실이 이렇게 쓰여 있다.

"여보시오, 무슨 소리를 하는 거요."

베드로의 말이 채 끝나기도 전에 닭이 울었다. 그때에 주께서 몸을 돌려 베드로를 똑바로 바라보셨다. 그제서야 베드로는,

"오늘 닭이 울기 전에 나를 세 번 모른다고 할 것이다."

하신 주님의 말씀이 떠올라 밖으로 나가 슬피 울었다(누가복음 22 장 60~62 절).

베드로도 예수님을 배반했다. 그러나 유다처럼 절망해서 자살하지는 않았다. 다만 몹시 울었다. 울고 예수님을 따라가겠다고 결심했다. 이 두 사람의 후회의 차이에 큰 열쇠가 숨겨져 있는 것이 아닐까?

6

예수님의 죽음과 부활

예수님은 "네 원수를 사랑하라"고 가르치셨다. 그리고 사람을 일곱 번의 70배 용서하라고 하셨다. 사랑을 말하기는 쉽다. 그러나 사랑하기는 우리 인간에게 무엇을 하기보다 어렵다. 거짓말을 하지 않고 한평생을 보내겠다고 결심하면 혹은 그럴 수 있을는지 모른다. 그러나 어떤 때에도 사람을 사랑할 수 있느냐 하면 그것은 절대로 실행할 수가 없다.

예수님의 죽음을 원하는 사람들의 음모

이 장(章)의 원고준비에 착수하고 있을 때 협산(挾山) 사건의 최고 재판소에서의 상고기각을 신문으로 알았다. 혹가이도(北海道) 신문의 '탁상사계(卓上四季)'에도 다음과 같은 제목으로 이 사건을 언급했다.

"어느 날 갑자기 기억에 없는 혐의로 체포되어 경관의 강요로 '자백'을 하고, 그것에 맞추어서 '증거'도 만들어졌다. 최근의 재심재판에서 대전 전의 수사와 재판의, 몸이 오싹하는 암흑면이 뚜렷해졌다."

지금 나는 예수 그리스도가 십자가에 못박히시기에 이르른 재판 기사를 더듬고 있다. 재판의 잘못은 먼 2천년의 옛날부터 지칠 줄 모르고 되풀이되어 왔다. 그것은 무엇 때문인가? 그 잘못의 거의 모두는 인간의 에고이즘에 뿌리를 내리고 있다. 무엇보다 자기의 처지가 편하면 되는 것이다. 자기가 유리하면 된다. 옳은가 여부는 부차(副次)적이다. 그것이 인간을 그르친다.

예수님의 사형을 결정하는 데에 당면해서 큰 힘을 휘두른 것은 첫째 바리새파, 사두개파, 제사장, 학자들이고, 둘째로 그 제사장, 학자들의 사주(唆嗾)를 받은 군중이며, 그리고 셋째로 로마의 총독 빌라도였다.

바리새인과 제사장들은 그날 밤 겟세마네 동산에서 예수님을 체포해 왔다. 그리고 한밤중에 날조 재판을 했다. 위증인이 여러 사람이나 세워졌다. 그러나 어느 증언도 일치하지 못했다. 그들은 마침내,

"그대가 과연 하나님의 아들 그리스도인가?"

하고 예수님에게 신문했다. 예수님은,

"네가 말한 대로이다."
하고 대답하셨다. 그들은 이 대답을 듣자 자기의 옷을 찢으며(옷을
찢는 것은 하나님을 모독하는 말을 들었을 때에 하는 유대의 관습),
"이 사람이 이렇게 하나님을 모독했소. 죽음에 해당하오."
하고 예수님의 죽음을 결정했다.

그 당시 로마제국은 피점령국 유대의 백성들이 그 종교상의 율
법에 따라서 사람을 돌로 때려 죽이는 것을 묵인하고 있었다. 왜냐
하면 그것은 정치상의 문제가 아니고, 종교상의 문제였기 때문
이다. 종교상의 문제에 점령군이 간섭하면 때때로 수습이 되지 않
았다. 소련이 사할린을 점령했을 때조차 목사에게는 관대했던 사
실을 나는 일찍이 사할린에 거주하고 있던 목사에게서 들었다.

특히 유대와 같이 고도로 종교적인 나라에서는 종교에 관한 문
제는 유대인 자신에게 맡겨 두는 편이 득책이었다. 그러나 제사장,
학자들은 예수님을 자기들의 손으로 린치하지 않고, 이것을 총독
빌라도에게로 넘겨 줬다. 무엇 때문인가? 무엇 때문에 주저없이
예수님을 돌로 때려 죽이지 않았을까? 아마 그것은 예수를 그리
스도라고 믿는 군중의 보복을 두려워했기 때문일 것이다. 군중이
소동을 일으키면 자기들도 소란죄에 휘말려 들어갈까 두려워했기
때문일 것이다.

이른 아침에 모든 대제사장들과 백성의 장로들이 예수를 죽일
계획을 짜고, 그를 결박하여 총독 빌라도에게 끌고 가서 넘겨 주
었다 (마태복음 27장 1~2절).

온 의회가 일어나 예수를 빌라도 앞에 끌고 가서,
"우리는 이 사람이 백성들에게 소란을 일으키도록 선동하며
가이사에게 세금을 못 바치게 하고, 자칭 그리스도요 왕이라고
하기에 붙잡아 왔습니다."

하고 고발하기 시작하였다(누가복음 23 장 1~2 절).

먼저 '이른 아침에'라는 말인데, 그 당시의 관습을 모르는 나는 이 말을 생각 없이 지나치고 있었다. 그러나 마가복음을 보아도,
"날이 밝자"
라고 쓰여 있고, 누가복음에도,
"날이 밝자"
라고 기록되어 있고, 요한복음에도,
"때는 이른 아침이었는데"
라고 쓰여 있다. 왜 모두가 "날이 밝았다"고 써야 했을까?

율법으로는 밤중의 재판은 무효였다. 그래서 누가복음에는 날이 밝고 나서 제사장이 다시 한 번 예수님을 재판하는 장면이 있다. 즉, 밤중의 재판이 무효로 되지 않기 위한 형식적인 재판이었다. 그들은 밤중에라도 예수를 빌라도에게 끌고 가고 싶었을 것이다. 그러나 정식 재판은 아침이 되어야 시작할 수 있다. 그래서 이른 아침을 기다려서 나갔다고 했는데, 그러면 무엇 때문에 낮까지 기다리지 못했을까? 그리고 몇 날 후라도 좋지 않았을까? 무엇 때문에 이른 아침에 빌라도의 관저로 들이닥쳤는가? 그것은 예수님을 사모하는 군중들에게 사건을 들키지 않기 위해서이며, 유월절 전(명절에는 군중이 모인다)에 예수님을 처형해 버리고 싶어서였을 것이다. "이른 아침에"라는 말에는 그 어간의 소식을 엿볼 수 있는 듯한 생각이 든다.

그를 십자가에 못박으라

그들이 고소하는 이유는,
"백성들에게 소란을 일으키도록 선동하며, 가이사에게 세금을 못 바치게 하고, 자칭 왕이라고 했습니다."
라는 것이었다. 이것은 자기들의 종교상의 문제여서, 로마제국에

대한 반역죄, 즉 정치상의 문제로 바꾼 고소였다. 세금을 못 바치게 한다는 것은 분명히 로마제국의 불리를 도모하는 일이고, 백성들에게 소란을 일으키도록 선동하는 것은 정치적인 불안을 조성하는 운동이기도 하다. 이런 인물이 자기를 왕이라고 하는 것은 분명히 로마제국에 대한 정치적 반역이라는 말일 것이다. 종교상의 문제로는 로마제국이 접수하지 않을 것을 알고서 한 고소이다.

빌라도는 예수님에게 물었다.

"도대체 너는 무슨 일을 했느냐?"

예수께서는 이렇게 대답하셨다.

"내 왕국은 이 세상 것이 아니다. 만일 내 왕국이 이 세상 것이라면 내 부하들이 싸워서 나를 유대인들의 손에 넘어가지 않게 했을 것이다. 내 왕국은 결코 이 세상 것이 아니다."

"아무튼 네가 왕이냐?"

하고 빌라도가 묻자, 예수께서는,

"내가 왕이라고 네가 말했다. 나는 오직 진리를 증언하려고 났으며, 그 때문에 세상에 왔다. 진리 편에 선 사람은 내 말을 귀담아 듣는다."

하고 대답하셨다.

빌라도는 예수께,

"진리가 무엇인가?"

하고 물었다. 빌라도는 이 말을 하고 다시 밖으로 나와 유대인들에게,

"나는 이 사람에게서 아무런 죄목도 찾지 못하였다."(요한복음 18 장 35~38 절)

빌라도는 예수님에게 묻는 중에 예수님이 이 세상적인 반역을 계획할 인간도 아니고, 이 세상적인 왕이 되려고 하는 인간도 아닌

사실을 알았다. 예수님이,

"내 왕국은 이 세상 것이 아니다."

라고 확언하셨기 때문이다.

마태복음 27 장 18 절에는,

"빌라도는 예수가 군중에게 끌려 온 것이 그들의 시기 때문임을 잘 알고 있었다."

라고 쓰여 있는 대로, 그는 유대인들의 예수님에 대한 추악한 질투를 알고 있었다.

그러나 제사장들은 빌라도가 예수에게서 아무런 죄목도 찾지 못했다고 주장한 일로 더욱 강하게 말해 마지않았다. 게다가 예수가 갈릴리 사람이라고 말하기 시작했다. 그것은 갈릴리는 선동자의 발상지로서 유명했기 때문이었다고 버클레이는 해설했다.

예수가 갈릴리 지방 출신이라는 말을 듣고, 빌라도는 한 꾀를 냈다. 그것은 그때 갈릴리의 영주 헤롯이 마침 예루살렘에 와 있었기 때문이다.

아마 유월절을 지키려고 헤롯도 나와 있었으리라. 헤롯의 관저는 빌라도의 관저로부터 3 백 미터 가량 떨어진 곳에 있었다고 한다. 헤롯은 로마제국의 인간이 아니다. 빌라도는 헤롯에게 동포 재판을 시키려고 한 것이다. 즉, 빌라도는 헤롯에게 처리를 떠맡기려고 한 것이다.

빌라도가 보내 온 예수님을 보고 헤롯은 매우 기뻐했다고 성서에는 쓰여 있다. 그것은 결코 예수님에 대한 신앙에서가 아니라 호기심에서였다. 예수님의 많은 기적에 대한 소문을 여러 차례 들었기 때문에 예수님이 자기의 눈앞에서 기적을 보여 주리라고 생각했다. 헤롯은 예수님에게 연속적으로 질문했다. 그러나 예수님은 한 말씀도 대답하지 않으셨다.

예수님에 대한 헤롯의 자세는 대답을 듣기에 합당하지 못했다. 하나님에 대한 우리 인간의 태도가 단순한 호기심이나 기적에 대한 관심이어서는 이 헤롯과 같이 하나님에게서 아무 응답도 받을 수 없을 것이다. 하나님은 자주 그렇게 침묵하시는 수가 있다.

아무 대답도 하지 않으시고, 아무 기적도 보여 주지 않으시는 예수님에게 헤롯은 실망하고 군인들과 함께,

"예수를 조롱하며 모욕을 준 다음 화려한 옷을 입혀 빌라도에게 돌려 보냈다."

고 성서는 기록했다(누가복음 23 장 11 절＝역자 주). 그리고 다음의 흥미 깊은 한 줄을 덧붙였다. 즉,

"헤롯과 빌라도가 전에는 서로 반목하고 지냈지만 바로 그날 다 정한 사이가 되었다."(누가복음 23 장 12 절)

빌라도는 로마 권력을 배경으로 삼는 총독이고, 헤롯은 피점령국의 한 영주에 지나지 않는다. 서로 반목하고 있던 것은 당연한 일일 것이다. 그런데 고소당한 예수님을 중간에 놓고 다정한 사이가 되었다는 사실은 두 사람이 같은 처지에 서게 되었기 때문일까? 흔히 그다지 친하지도 못한 동료끼리 상사의 험담을 하는 일로 사이가 좋아지는 것과 비슷했다.

헤롯에게 예수를 보냈지만 역시 예수님에게 죄를 찾지 못하고 되돌려 보내 왔다. 그래서 빌라도는 제사장과 지도자들에게 말했다.

"너희는 이 사람이 백성들을 선동한다고 끌고 왔지만, 너희가 보는 앞에서 직접 심문을 했는데도 나는 너희의 고발을 뒷받침할 만한 아무런 죄상도 찾지 못하였다. 헤롯이 이 사람을 우리에게 돌려보낸 것을 보면, 그도 아무런 죄를 찾지 못한 것이 아니냐? 보다시피 이 사람은 사형에 해당하는 일은 하나도 하지 않았다. 그래서 나는 이 사람을 매질이나 해서 놓아 줄 생각이다." (유월절이 되면 빌라도는 반드시 죄수를 한 사람씩 그들에게 놓아 주는 것이 관례였다.)

그러자 온 무리가 일제히,

"그 사람은 죽이고 바라바를 놓아 주시오!"

하고 소리질렀다. 바라바는 그 도시에서 폭동을 일으키고 살인까지 하여 감옥에 갇혀 있는 사람이었다.

빌라도는 예수를 놓아 주고 싶어서 그들에게 다시 그 뜻을 밝혔으나 그들은 굽히지 않고,

"십자가형이오! 십자가에 못박으시오!"

하고 소리질렀다. 빌라도는 세 번째로,

"도대체 이 사람이 무슨 죄를 지었단 말이냐? 나는 이 사람에게서 사형에 처할 죄를 찾아내지 못하였다. 그러니 이 사람을 매질이나 해서 놓아 줄 생각이다."

하고 말하였으나, 무리들은 더욱 악을 써 가며 예수를 십자가에 못박아야 한다고 소리질렀다. 마침내 그들의 고함 소리가 걷잡을 수 없게 되자 빌라도는 그들의 요구를 들어주겠다고 선언한 다음, 폭동과 살인죄로 감옥에 갇혀 있던 바라바는 그들의 요구대로 놓아 주고 예수는 그들의 마음대로 하라고 넘겨 주었다(누가복음 23 장 14~25 절).

그리고 마가복음에 따르면 빌라도는 군중을 만족시키려고 바라바를 용서하고 예수님을 십자가에 못박았다고 하며, 또 요한의 기록에 따르면 그들은 빌라도에게,

"만일 그 자를 놓아 준다면 총독님은 가이사의 충신이 아닙니다."

라고 협박하는 말이 쓰여 있다.

그 당시 유대인들은 총독을 로마 정부에 고소하는 권리를 가지고 있었다. 빌라도는 이 군중이 자기를 어떻게 본국 정부에 고소할까 불안했다. 사실 과거에 빌라도는 로마 정부의 귀에 들어가면 실각할 과실을 두 번이나 저질렀다고 한다. 빌라도는 예수의 목숨보다 자기의 지위가 아까웠던 것이다.

골고다 언덕의 최후 드라마

그런데 이 십자가에 못박으라고 소리지른 군중은 예수님이 나귀 새끼를 타시고 예루살렘으로 들어오실 때 "호산나, 호산나!" 하고 열광적으로 외친 군중과 동일하다는 설이 있다. 그러나 나는 그렇게 생각하지 않는다. 예수님을 사형에 처하기 위해서 제사장들이 긁어 모은 군중이라고 나는 생각한다. 만일 이렇게 마음이 변하기 쉬운 군중이 예수님의 신자였다면 한밤중에 예수를 체포하고, 밤중에 날조 재판을 행하며, 날이 밝자마자 서둘러 빌라도에게 달려 가서 고소할 필요는 없었을 것이다. 그들은 예수님을 사모하는 군중을 두려워했기 때문에 이와 같이 일을 추진하지 않았을까?

십자가의 죽음이 결정된 예수님의 그늘에 바라바가 있었다. 〈바라바〉라는 소설이 출판되었는데, 이 바라바가 어떻게 살았는지는 누구에게나 흥미 깊은 일이다. 그는 그때까지 자기가 처형될 때를 지금인가 지금인가 하고 대기하고 있던 죄수였다. 그런데 갑자기 석방되었다. 그리고 전혀 죄가 없는 예수님이 십자가에 못박히셨다. 말하자면 자기 대신 예수님이 죽으셨다. 그 일을 깊이 마음에 느끼고 새롭게 살았는지 아니면,

"잘되었다."

하고 술을 마시며 축하를 했는지 그것은 아무도 모른다. 그러나 나는 생각한다. 이 바라바야말로 우리 인간 한 사람 한 사람이라고. 왜냐 하면 우리 인간은 하나님의 눈에서 보면, 죽음에 해당할 만큼 죄가 깊은 존재이기 때문이다. 그런데 십자가에 못박으신 예수님을 믿으므로 하나님은 우리를 죄 없는 사람으로서 영원한 나라로 들어감을 허락하셨다. 우리는 무엇 하나 하나님의 용서를 받을 만한 선한 일을 한 것이 아니다. 아니, 아무리 선한 일을 했다 해도 우리의 죄를 말소할 정도로 선을 쌓을 수는 아무도 없다.

그런 우리 인간 대신에 예수님이 십자가에 못박히셨다. 그래서

우리 인간은 이 바라바와 아주 같다. 그러나 우리는 자기와 예수님과는 전혀 상관이 없는 것처럼 살 수도 있다. 반대로 예수님은 자기의 구주로서 감사하면서 살아갈 수도 있다.

처형이 결정된 예수님은 당장 골고다라는 언덕으로 끌려가셨다. 골고다란 해골이라는 뜻인데, 그 모양이 두개골과 비슷하기 때문에 그런 이름을 붙였다고 한다. 형장은 빌라도의 관저로부터 4백 미터 지점에 있는데, 굽은 길이기 때문에 8백 미터는 걸으셨으리라고 이누가이 미찌꼬(犬養道子) 씨는 썼다.

그때 마침 알렉산더와 루포의 아버지 시몬이라는 구레네 사람이 시골에서 올라오다가 그 곳을 지나가게 되었는데, 병사들은 그를 붙들어 억지로 예수의 십자가를 지고 가게 하였다. 그들은 예수를 끌고 골고다라는 곳으로 갔다. 골고다는 해골산이라는 뜻이다. 그들은 포도주에 몰약(沒藥)을 타서 예수께 주었으나, 예수께서는 드시지 않았다(마가복음 15장 21∼23절).

다른 죄수 두 사람도 예수와 함께 사형장으로 끌려가고 있었다. (중략)……사람들은 거기에서 예수를 십자가에 못박았고, 죄수 두 사람도 십자가형에 처하여 좌우편에 한 사람씩 세워 놓았다(한가운데는 가장 중한 죄인이었다고 한다). 예수께서는 "아버지, 저 사람들을 용서하여 주십시오! 그들은 자기가 하는 일을 모르고 있습니다" 하고 기원하셨다. 예수를 십자가에 못박은 자들은 주사위를 던져 예수의 옷을 나누어 가졌다(누가복음 23장 32∼34절)

지나가던 사람들이 머리를 흔들며,……(중략) 모욕하였다. 같은 모양으로 대제사장들과 율법학자들과 장로들도 "남은 살리면서 자기는 못 살리는구나. 저 사람이 이스라엘의 왕이래. 십자가에서 한 번 내려와 보시지. 그러면 우리가 믿고 말고."(마태복음 27장 39∼43절)

십자가에 달린 죄수 중 하나도 예수를 모욕하면서, "당신은 그리스도가 아니오? 당신도 살리고 우리도 살려 보시오!" 하고 말하였다. 그러나 다른 죄수는 "너도 저 분과 같은 사형선고를 받은 주제에 하나님이 두렵지도 않으냐? 우리가 한 짓을 보아서 우리는 이런 벌을 받아 마땅하지만, 저 분이야 무슨 잘못이 있단 말이냐?" 하고 꾸짖고는, "예수님, 예수님께서 왕이 되어 오실 때에 저를 꼭 기억하여 주십시오" 하고 간청하였다. 예수께서는 "오늘 네가 정녕 나와 함께 낙원에 들어가게 될 것이다" 하고 대답하였다(누가복음 23장 39~43절).

낮 열두 시부터 온 땅이 어둠에 덮여 오후 세 시까지 계속되었다. 세 시쯤 되어 예수께서 큰소리로, "엘리 엘리 라마 사박다니?" 하고 부르짖으셨다. 이 말씀은 "나의 하나님, 나의 하나님, 어찌하여 나를 버리셨나이까?"라는 뜻이다(마태복음 27장 45~46절)

이상이 인류사상 가장 중요한 사건이라고 하는 예수님의 최후의 상황이다.

인류의 죄를 짊어지신 예수님의 죽음

그런데 십자가의 형이란 것은 페르샤에서 시작되었다고 한다. 죄인의 더러움을 땅에 옮기지 않기 위해서 지면에서 높이 들어올려 거기서 죽였다고 한다. 그런 정도까지 혐오되는 극악인이 십자가에서 죽었다. 더구나 그것은 신분이 비천한 사람만이 받는 형인데, 로마시민권을 소지한 사람은 십자가에 못박아서는 안된다는 규정이 있었다고 한다.

처형하는 날 십자가의 종목(縱木)은 먼저 형장에 세우고, 횡목(橫木)은 죄인 또는 관리가 운반했다고 한다.

그날 시초에 예수님은 무거운 횡목을 짊어지시고 빌라도의 관저를 나오셨다. 예수님이 쇠약하셨는지, 아니면 남몰래 예수님을 사모하는 관리가 무거운 횡목 때문에 비틀거리시는 것을 차마 볼 수 없었던지 때마침 지나가던 남자에게 그것을 짊어 지웠다.

성서에는 알렉산더와 루포의 아버지 시몬이라고 그 이름이 쓰여 있다. 복음서는 초대 교회의 사람들에게 쓴 것이기 때문에, 그 당시의 사람들 모두가 알고 있는 이름이었던 모양이다. 다른 곳에도 루포의 이름이 나와 있는데(로마서 16 장 13 절), 유명한 신자였다고 생각된다. 아마 아버지인 시몬이 예수님의 십자가를 짊어진 일과, 그 아들들의 신앙은 관련이 없지는 않았을 것이라고 한다. 그리고 구레네는 북아프리카의 한 지방의 이름이다.

예수님은 십자가 위에서 몰약을 섞은 포도주를 마시지 않으셨다. 몰약은 일종의 마약이었다. 못박힌 고통을 완화하는 마약이었다. 그것은 범죄인의 고통을 동정해서 주는 마약이 아니고, 로마의 군인들이 죄인을 처형하기 쉽도록 만들기 위한 것이었다고 한다. 그것을 거절하셨다는 사실은 예수님이 몸소 받으시는 고통을 얼버무리지 않으시려는 의도였다. 인류가 받아야 할 형벌을 조금도 에누리 없이 충분히 받겠다는 결의의 표현이었다. 그 고통을 견디는 정신력의 표현이기도 했다. 인류가 받아야 할 벌은 마약으로 얼버무릴 것이 아니었다.

＊ 예수님의 최후의 만찬부터 십자가의
죽음에 이르기까지의 시간적 경과 일람

요일과 시각	사건 적요
• 목요일 저녁	최후의 만찬이 시작됨.
• 금요일 밤 8시 반 경까지	만찬과 설교가 계속됨. 소요 시간 약 3시간 으로 추정. 그동안 유다 배반을 위해 자리를 떠남.
• 금요일 밤 9시경 부터 10시경	겟세마네 동산에서의 예수님의 기도.
• 금요일 밤 10시 지난 때	예수님 체포되심. 동산부터 가야바 저택까지 행정 약 50분.
• 금요일 밤 11시 지난 때	가야바 저택에서 심야의 심문 개시. 베드로 의 배반. 닭이 욺.
• 금요일 이른 아침 7시경	빌라도 관저에서 재판. 가야바 저택까지 약 5백 미터.
• 금요일 8시 지난 때	헤롯 저택으로 회송되셨다가 곧 반송되심. 빌라도 관저와 헤롯 저택은 3백 미터.
• 금요일 8시 40분경	골고다 형장으로. 빌라도 관저부터 4백 미 터. 굽은 길로 8백 미터 걸으셨다고 추정.
• 금요일 9시	십자가에 못박히심.
• 금요일 12시부터 3시	암흑과 뇌명(雷鳴)이 땅을 덮음.
• 금요일 3시	예수 죽으심.

〈주〉 이상 약 22시간 가량의 사건. 유대의 하루의 시간은 저녁 6시에 시작
되어 이튿날의 6시에 끝남(大養道子 씨 저서인 「신약성서 이야기」 참조).

그러나 그 예수님이 마지막에,

"나의 하나님, 나의 하나님, 어찌하여 나를 버리셨나이까?"

하고 부르짖으셨다. 이 말씀을 처음으로 읽었을 때 아무래도 나는 알 수 없었다. 정직한 말로 실망조차 느꼈다. 이것이 하나님의 아들 예수님의 마지막 말씀인가? 최후에 임해서 이렇게 마음 약한 말씀을 하시다니 나는 한심한 일이라고 생각했다. 그러나 나는 그때 아직도 예수님의 죽음이 나와는 아무 상관이 없는 일이라고 생각하고 있었다. 예수님의 죽음은 예수님 개인 위에만 일어난 사건이라고 생각하고 있었다. 그러나 그 십자가에 못박혀야 할 존재는 우리 죄가 깊은 인간이며, 그런 우리를 대신하시어 예수님이 십자가에 못박히셨다는 사실을 알았을 때 비로소 이 말씀에 든 의미를 알았다. 인류가 가장 견디기 어려운 고통은 하나님과의 단절일 것이다.

그 가장 견디기 어려운 단절을 예수님은 참으로 인류를 대신하시어 맛보신 것이다. 즉, 우리 인간이 받아야 할 벌을 한 방울도 남김 없이 충분히 받으셨다는 사실을 이 말씀은 의미하고 있다.

장로, 제사장들은 십자가에서 내려오면 믿겠다고 예수님을 조소했다. 그러나 그들은 만일 예수님이 십자가에서 내려오셨다면 진정 믿었을까? 아니, 믿었을는지도 모른다. 그러나 우리가 예수님을 믿는 것은 십자가에서 예수님이 내려오지 않으셨기 때문이다. 십자가 위에서 충분히 고통을 받으시고 죽으셨기 때문이다. 이 자기의 죄를 몽땅 그대로 그 몸에 예수님이 짊어져 주셨기 때문이다.

그런데 십자가 위에서 예수님이 하신 말씀이 일곱 마디이다. 그 일곱 중에서도 내가 가장 감동을 받은 것은 지금 말한 비통한 부르짖음과, 그리고,

"아버지, 저 사람들을 용서하여 주십시오! 그들은 자기가 하는 일을 모르고 있습니다."

라는 놀라운 말씀이었다. 예수님은 "네 원수를 사랑하라"고 가르치

셨다. 그리고 사람을 일곱 번의 70 배 용서하라고 하셨다. 사랑을 말하기는 쉽다. 그러나 사랑하기는 우리 인간에게 무엇을 하기보다 어렵다. 거짓말을 하지 않고 한평생을 보내겠다고 결심하면 혹은 거짓말을 하지 않고 마칠는지도 모른다. 그러나 어떤 때에도 사람을 사랑할 수 있느냐 하면 그것은 절대로 할 수 없다. 그러나 예수님은 그 가르치신 말씀대로 사람을 사랑하셨다. 이 십자가 위의 말씀에는 분노나 원한이 희미하게나마 들어 있을까? 이것은 참으로 자애로 가득 찬 말씀이다.

"아버지, 죄 깊은 그들을 용서해 주십시오."

라고조차 하지 않으셨다.

"그들은 자기가 하고 있는 일을 모르고 있습니다."

어머니가 어린 아이를 보는 듯한 자애가 깃든 말씀이다. 누가 지금 십자가에 자기를 못박은 인간들을 앞에 놓고, 더구나 큰소리로 욕지거리를 하는 사람들을 위해서 이런 기도를 할 수 있을까? 이야말로 하나님의 성품이 아니고 무엇이 하나님의 성품일까? 이 중재(仲裁)의 기도야말로 나를 수세(受洗)로 인도한 말씀이었다.

이리하여 예수님은 마침내 죽으셨다. 로마군의 백부장이,

"이 사람이야말로 정말 하나님의 아들이었구나!"

하고 감탄할 정도로 위대한 죽음이었다.

예수님의 부활 의미

그러나 이것으로 모두가 끝난 것은 아니었다. 여기서부터 인류의 새로운 역사가 시작되었다. 만일 예수님이 아무리 위대하신 인물이라고 해도, 십자가 위에서 인류의 죄를 짊어지지 않으셨다고 하면 세계의 역사를 바꾸는 존재로는 되지 못하셨을 것이다.

그리고 예수님의 죽음이 단순한 죽음이고, 그 죽음으로 모두가 끝장이었다면 오늘까지 2천 년 동안 그리스도교는 계속되지 못했을 것이다. 그리스도교의 중심은 이 십자가의 죽음과, 그리고 생전

에 예수님 스스로 예언하신 것처럼 사흘만에 다시 살아나셨다는
부활의 사실이다.

 그런데 이 세상 무엇이 믿어지지 않는다고 해도 예수님의 부활
만큼 믿어지지 않는 사건은 없을는지도 모른다. 사실 나도 부활이
믿어지지 않는 기간이 몇 해나 계속되었다. 세례를 받았을 때에도
나는 부활을 믿은 것이 아니고, 십자가에 의한 자기 죄의 용서를
믿은 것이다. 아니 성서를 읽으면 사도들조차 그리 간단하게 예수
님의 부활을 믿은 것이 아니라는 것을 알 수 있다.

 안식일 다음날, 아직 동이 채 트기도 전에 그 여자들은 준비해
두었던 향료를 가지고 무덤으로 갔다. 들어가서 보니 무덤을 막
았던 돌은 이미 굴러나 있었다. 그래서 그들은 무덤 안으로 들어
가 보았으나 주 예수의 시체는 보이지 않았다. 그들은 어찌된 영
문인지 몰라 어리둥절하고 있었는데, 바로 그때에 눈부신 옷을
입은 두 사람이 그들 곁에 나타났다. 여자들은 그만 겁에 질려
감히 쳐다보지도 못하고 있었는데 그들은 여자들에게,

 "너희는 어찌하여 살아 계신 분을 죽은 자 가운데서 찾고 있느
냐? 그 분은 여기 계시지 않고 다시 살아나셨다. 그 분이 전에
갈릴리에 계실 때에 무어라고 말씀하셨느냐? 사람의 아들이 반
드시 죄인들의 손에 넘어가 십자가에 처형되었다가 사흘만에 다
시 살아나리라고 하시지 않았느냐?"

하고 말해 주었다. 이 말을 듣고 여자들은 예수의 말씀이 생각나
서 무덤에서 발길을 돌려 열한 제자와 그 밖의 여러 사람들에게
와서 이 모든 사실을 알려 주었다. 그 여자들은 막달라 여자 마
리아와 요안나와 또 야고보의 어머니 마리아였다. 다른 여자들
도 그들과 함께 이 모든 일을 사도들에게 말하였다. 그러나 사도
들은 여자들의 이야기가 부질없는 헛소리려니 하고 믿지 않았다
(누가복음 24 장 1~11 절).

사도들에게조차 부질없는 이야기처럼 생각되었다고 쓰여 있다.
그리고 요한복음에는 다음과 같이 쓰여 있다.

열두 제자 중 하나로서 쌍둥이라고 불리던 도마는 예수께서
오셨을 때에 그들과 함께 있지 않았다. 다른 제자들이 그에게,
"우리는 주님을 뵈었소."
하고 말하자 도마는 그들에게,
"나는 내 눈으로 그 분의 손에 있는 못자국을 보고, 내 손가락
을 그 못자국에 넣어 보고 또 내 손을 그 분의 옆구리에 넣어 보
지 않고는 결코 믿지 못하겠소."
하고 말하였다(요한복음 20 장 24~25 절).

1주 후 도마가 있는 곳에 예수님이 나타나셨는데, 도마가 예수
님 앞에,
"나의 주님, 나의 하나님!"
하고 엎드렸을 때 예수님은 도마에게 말씀하셨다.
"너는 나를 보고야 믿느냐? 나를 보지 않고도 믿는 사람은 행복
하다."
이 도마를 의심의 도마라고 부르는 사람이 있지만, 과연 도마만
이 의심이 많을까? 이것이 베드로나 마태라고 해도 부활하신 예
수님을 뵙지 못했다면, 도마와 같은 일을 생각하고 의심하지 않았
을까? 방금 마태복음에는 여자들의 말을 부질없는 이야기로 생각
했다고 쓰여 있었다.

부활이 제자들을 변화시켰다

도마는 나중에 인도에서 순교(殉敎)했다고도 하는데, 그것은 도
마의 그 후의 신앙을 말해 주고 있다. 여하간 예수님이 십자가에
못박히실 때 제자들은 모두 예수님을 버리고 도망했었다. 베드로

조차 예수님을 세 번이나 부인(否認)하고 있다. 마가도 벗은 몸으로 도망했다. 그리고 예수님이 죽으신 후는 유대인을 두려워해서 자기들이 있는 곳의 문을 모두 잠그고 있었다. 그저 흠칫흠칫하며 예수님에게 연루(蓮累)되는 것을 두려워하고 있었다. 그것은 십자가의 죽음의 의미도 모르고, 더구나 예수님이 말씀하신 대로 예수님이 부활하실 것을 도무지 믿지도 않았기 때문일 것이다.

이와 같이 기백(氣魄)이 없고 신앙이 희미한 사람들이 예수님의 직계 제자였다. 그러나 이 기백이 없을 터인 제자들이 한 사람을 제외하고, 열 사람까지 나중에 순교의 죽음을 했다. 그 눈부신 활동은 사도행전에 생생하게 묘사되어 있다.

내가 세례를 받은 해의 정월, 나는 그 당시 아사히가와(旭川)의 일적(日赤) 병원에 입원하고 있었다. 그 곳에 목사님을 초청해서 나는 환자들을 위해 집회를 열었는데, 같은 병동에 있는 사람들이 남녀 거의 모두가 성서를 샀다. 그중에 위암으로 위를 잘라 낸 사람이 있었는데, 그 사람이 가장 열심히 성서를 읽었다. 두 달이 되기 전에 「신약성서」를 두 번 읽고, 사도들의 이름도 외웠다. 그리고 나에게 이렇게 말했다.

"그리스도께서 죽으실 즈음의 제자들은 비겁자들이었지만, 죽으신 후의 제자들은 딴 사람처럼 강해요. 무엇이 그토록 제자들을 강하게 만들었을까요? 그것은 역시 그리스도의 부활이었다고 생각해요."

그리고 그는,

"나는 그 후의 제자들의 활동을 보면 예수님의 부활을 믿을 수 있어요."
라고도 했다.

내가 지금 부활을 믿는 것도 이 사람이 말하는 것처럼 사도행전에 있는 사도들의 딴 사람과 같은 생활태도를 보기 때문이다.

배반하거나 산산이 흩어졌던 제자들이 무엇 때문에 그렇게까지 강하게 되었는가? 그렇게 생각할 때 예수님이 죽으신 후 뭔가가 일어났다고 생각하는 외에 더 생각할 도리가 없다. 그 뭔가란 무엇일까? 그것은 성서에 기록되어 있는 대로 예수님의 부활이었다고 생각한다. 성서에는 예수님이 한 사람 또는 수 명, 그리고 수백 명 앞에도 부활하신 모습을 나타내셨다고 기록되어 있다. 이 부활에 의해서 제자들은 「구약성서」에 쓰여 있던 구주가 확실히 예수인 것을 확신할 수 있었던 것이 아닐까?

　「구약성서」에는 구주가 어떻게 해서 이 세상에 오시고, 어떠한 최후를 마치시며, 그리고 어떻게 부활하시는가가 예언되어 있다. 예수님은 그 예언과 같이 오셨고, 죽으셨으며, 그리고 부활하셨다. 즉, 예언은 모조리 성취된 것이다. 예수님이 의심 없는 구주 그리스도이심을 안 제자들이 설혹 거꾸로 못박히게 되더라도, 그리스도를 따른 것은 아무런 불가사의(不可思議)도 없는 일이었다. 그 모습에서, 사도행전에서 예수님의 부활을 더욱 새롭게 확인하기를 바란다.

7

사도행전(使徒行傳)

성령이란 무엇인가? 성령이란 하나님의 영이며, 그리
스도의 영이시다. 그리고 물질이 아닌 인격적, 영적 존
재이다. 그 성령께서 제자들에게 내려오셨고, 그리고
현대의 땅 끝까지 전파되고 있다. 연중 얼음덩어리인
알래스카에도, 식인종이 사는 미개한 남쪽 섬에도 전파
되어 있는 사실을 생각하면 그리스도의 약속이 얼마나
확실했는가, 그렇잖은가!

새로운 역사의 시작

이시까와 타쯔조(石川達三) 씨의 소설에 〈사도행전〉이라는 중편이 있다. 그것은 한 크리스찬의 생애를 묘사한 것인데, 그 소설을 나는 오랫동안 찾고 있었다. 작년 문예가협회의 파티에서 이시까와 씨를 만났을 때 어떻게 하면 입수할 수 있을까도 물어 봤다. 그러나 유감스럽게도 절판(絶版)이 되었다고 하며, 좀처럼 손에 들어오지 않았다. 그런데 금년에 들어서 어떤 열성적인 독자가 나에게 보내 주었다. 내가 무엇엔가 이시까와 타쯔조 씨의 〈사도행전〉을 읽고 싶다고 쓴 글을 보고 보내 온 것이다.

왜 나는 이시까와 씨의 소설 〈사도행전〉을 읽고 싶어했는가? 그것은 성서 중에 '사도행전'이라는 한 권이 있기 때문이다.

앞에서 나는 예수님이 십자가 위에서 죽으신 후의 일에 언급하여서,

"이것으로 모두가 끝난 것은 아니었다. 여기서부터 인류의 새로운 역사가 시작되는 것이다."

라고 썼는데, 사도행전은 바로 그 새로운 역사의 시작을 고하고 있다.

사도란 여러 해석이 있는데, 참된 크리스찬이라든가 전도자, 교회의 대표자 등을 가리킨다고 하는데, 이 사도행전의 경우 12사도와 바울, 그 밖에 그 당시의 주요 지도자들을 가리키고 있다. 그리고 행전은 행동, 행위 또는 활동을 전한 기록이라고 해도 좋다고 생각한다. 즉, '사도들의 활약'이라고 제목을 붙여도 좋을 것이다. 어떤 학자는 '사람들은 어떻게 해서 복음을 예루살렘으로부터 로마에 전했는가'라는 제목으로 해야 한다고 말했다고 한다. 여하

간 사도들이 예루살렘으로부터 그리스도의 복음을 전하기 시작했다. 그것이 로마제국에 미치기까지의 사도들의 수고, 신앙, 기쁨이 이 사도행전에 쓰여 있다.

이 행전의 저자는 누가복음을 쓴 누가라고 인정되고 있다. 즉, 누가복음의 속편이 사도행전인 셈이다. "정(正)보다 나은 속(續)은 없다"는 말이 있지만, 지금 가령 「신약성서」에 누가복음이 없는 일은 상상할 수는 있어도 사도행전이 없는 일은 도저히 상상할 수 없다. 그만큼 사도행전은 「신약성서」 중에서 중요한 기사이며, 정(正)보다 나을지언정 못하지 않은 속(續)인 것이다.

누가는 의사인 동시에 역사가이기도 했다고 한다. 역사가도 의사도 모두 많은 데이타를 모아서 냉철한 판단을 내린다는 점에서는 공통된 태도를 취한다.

이 누가가 모은 사료(史料)는 아마 그 당시의 사료 중에서 가장 양질의 사료였을 것이다.

옥중에서 쓰여진 책

이 사도행전을 크게 나누면, 1장부터 12장까지는 예수님의 직계 제자 베드로를 중심으로 기록되었고, 13장 이하 28장까지는 바울을 중심으로 기록되었다. 이 바울이라는 인물은 지금까지 읽어 온 복음서에서 한번도 그 이름이 실리지 않은 인물이다. 말하자면 새 얼굴인데, 참으로 큰 활동을 한 인물로서 사도행전 다음에 나오는 서신인 로마서, 고린도서, 갈라디아서 등등 그 거의 모두를 쓴 큰 사도이다. 즉, 대대의 크리스찬은 이 바울의 영향을 크게 받아서 신앙을 양성했다. 그에 대해서는 나중에 말하겠지만, 그는 시초에는 그리스도교 박해의 선두에 서는 열성이 있는 바리새파의 무리였다.

그런데 사도행전은 다음과 같은 말로 시작되었다.

"데오빌로여, 나는 먼젓번 책에서 예수의 모든 행적과 가르치심을

다 기록하였다. 곧 예수께서 당신이 **뽑으신** 사도들에게 성령의 힘으로 여러 가지 지시를 내리신 다음, 승천하신 그날까지의 일을 시초에서부터 낱낱이 기록하였다."(사도행전 1장 1~2절)

'데오빌로여'라고 부른 것을 보면, 이것은 말하자면 수신인이 있다는 말이다. 이 데오빌로라는 이름은 누가복음에도 나왔는데, 그 곳에는 '데오빌로 각하'로 되어 있다. 데오빌로란 대체 누구일까? 여러 설이 있지만, 아마 그 당시 로마정부의 고관일 것이라고 한다.

이 사도행전은 누가가 바울과 함께 로마의 옥중에 있었을 때에 쓰여진 것이라고 하니까, 박해가 가장 심할 때에 쓰여진 것이리라. 그래서 누가는 그리스도교를 변호하기 위해서 쓴 것이 아닐까 하고 해설서는 기록하고 있다. 그리고 그리스도교가 절대로 유대민족만의 것은 아니고, 모든 나라의 종교인 사실을 일관해서 논했다고도 한다.

그리고 데오빌로란 가공(架空)의 이름이라는 설도 있다. 왜냐 하면 그리스도교를 믿는 일은 설혹 고관이라고 해도 위험한 시대였기 대문에 실명을 사용하는 일은 꺼렸을 터이다. 그리고 데오빌로라는 이름은 '하나님을 사랑한다'라는 뜻이었다고 하니까 특정인물은 아니었는지도 모른다.

여기에 먼젓번 책이라고 쓰여 있는 것이 바로 누가복음인 것이다. 이 1장에는 부활하신 예수님의 두 가지 약속이 쓰여 있다.

"요한은 물로 세례를 베풀었지만, 오래지 않아 너희는 성령으로 세례를 받게 될 것이다."

이것이 첫째 약속이고, 둘째는 다음의 말씀이다.

"성령이 너희에게 오시면 너희는 힘을 받아 예루살렘과 온 유대와 사마리아뿐만이 아니라 땅 끝에 이르기까지 어디에서나 나의 증인이 될 것이다."

제자들에게 성령이 내려오셨다

사실 나는 이 사도행전의 1장을 지금까지 아무 생각 없이 읽고 지나쳐 왔다. 그러나 이 원고를 쓰기 위해서 다시 읽고는 매우 엄숙한 생각에 감동되었다. 왜냐 하면 예수님의 이 약속은 참으로 무섭기까지 성취됐기 때문이다.

이 두 약속의 말씀 속에 성령이라는 그리 귀에 익숙치 못한 말씀이 각기 나온다.

"성령이란 무엇인가?"

라는 질문을 받고, 명확하게 대답할 수 있는 크리스찬은 사실 그리 흔하지 않다. 나도 그중 한 사람이다.

성서에 따르면, 성령이란 하나님의 영이며 그리스도의 영이시다.

"성령의 인도를 받지 않고서는 아무도 '예수는 주님이시다' 하고 고백할 수 없습니다."

라고 성서는 말하고 있는데(고린도 전서 12장 3절=역자 주), 성령이란 '물질이 아닌 인격적, 영적 존재이다'라고 「신성서대사전」에도 기록되었다.

이 사도행전은 별명 '성령행전'이라고도 한다. 사도행전은 사도의 활약이 기록되어 있는데, 그것은 성령의 역사(役事)가 기록되어 있다고도 할 수 있는 것이다.

예수님을 버려 두고 뿔뿔이 도망한 제자들이 어떤 사람도 두려워하지 않기까지 강하게 된 것은 이 약속의 성령을 부활하신 그리스도에게서 받았기 때문인 것이다. 그 성령을 받은 상황이 2장에 기록되어 있다.

"마침내 오순절이 되어 신도들이 모두 한 곳에 모여 있었는데, 갑자기 하늘에서 세찬 바람이 부는 듯한 소리가 들려오더니 그들이 앉아 있던 온 집안을 가득 채웠다. 그러자 혀 같은 것들이 나타나 불길처럼 갈라지며 각 사람 위에 내렸다. 그들의 마음은 성령으로 가득 차서 성령이 시키시는 대로 여러 가지 외국어로 말을 하기 시작하였다.”(사도행전 2장 1~4절)

이 때 마침 예루살렘에는 여러 나라로부터 신앙이 깊은 유대인이 와서 유하고 있었다. 하여간 굉장히 큰 음향이었던 모양으로 모든 사람이 이 집으로 달려왔다. 그러자 자기들이 기류(寄留)하는 나라의 언어로 사도들이 저마다 말을 하기 때문에 모두들 놀랐다.

이곳을 읽고, 그런 바보스러운 일이 있을 수 있느냐고 하는 사람이 많다. 그러나 나는 역사가이기도 한 누가가 있지도 않았던 일을 썼다고는 생각할 수 없다. 확실히 집안에 세찬 바람이 불어온 것 같은 소리가 나거나, 혀 같은 불길이 사람 위에 머물거나, 지금까지 들어 본 일도 없는 외국말을 하기 시작하거나 —— 이런 일은 거의 없다. 그러나 없다고는 할 수 없다.

벌써 여러 해 전의 일인데, 나의 친구 중에 의사가 있었다. 그의 동생이 혹가이도(北海道) 대학의 영문학과 학생이었다. 그는 어느 날 교회에서 갑자기 한 사람이 일어서서 유창하게 영어로 말하기 시작한 광경을 목격했다. 그는 양복 직공이고, 영어를 전혀 모르는 남자였다. 바른 발음으로 문법도 틀리지 않고 말하는 것을 들은 그는 그때 이래 자기들의 이해를 초월하는 현상이 인간에게 나타나는 것을 알고, 새삼스럽게 하나님을 구하기 시작했던 것이다.

그런 일이 현대에도 때로는 있는 법이다.

여하간 이와 같이 해서 약속하신 대로 성령께서 제자들에게 내려오셨다.   그리고 확실히 현대의 땅 끝까지 복음은 전파되고 있다. 연중(年中) 얼음으로 덮여 있는 알래스카에도, 식인종이 사는 미개한 남쪽 섬에도 전파되어 있는 사실을 생각하면 그리스도의 약속이 얼마나 확실했는가, 아무리 믿지 않으려고 해도 믿지 않고는 견딜 수 없다. 예수님이 십자가 위에서 아무 힘도 없는 사람처럼 죽으셨을 때, 누가 이 세상 끝까지 그 이름이 전파되리라고 상상할 수 있었으랴? 성령의 역사(役事)의 위대함에 주목해야겠다고 생각한다.

이 성령이 내려오신 날에 3천 명이 베드로의 설교를 듣고 세례를 받았다. 그리고 계속적으로 사도들은 많은 기적을 행할 수 있었다.

이리하여 원시 교회는 탄생하고 또 형성되어 갔는데, 여기에 나에게는 매우 흥미 깊은 기사가 쓰여 있다.

"믿는 사람들은 모두 함께 지내며, 그들의 모든 것을 공동 소유로 내어 놓고 재산과 물건을 팔아서 모든 사람에게 필요한 만큼 나누어 주었다. 그리고 한마음이 되어 날마다 열심히 성전에 모였으며, 집집마다 돌아가며 같이 빵을 나누고 순수한 마음으로 기쁘게 음식을 함께 먹으며 하나님을 찬양하였다. 이것을 보고 모든 사람이 그들을 우러러보게 되었다. 주께서는 구원받을 사람을 날마다 늘려 주셔서 신도의 모임이 커 갔다."(사도행전 2장 44~47절)

즉, 그리스도 교회는 출발한 지 얼마 못 되어 공산(共產) 사회를 형성하고 있었다. 물론 그것은 신앙과 사랑에 의한 공산형태로서 아름다운 상황이었다. 나는 여기에서 인간사회의 원점이며 궁극적인 모습을 보는 듯한 생각이 들었다.

사울을 쏜 하늘의 빛

이와 같이 해서 성령으로 충만한 교회는 점차 그 수효를 증가해 갔다. 그러나 이와 함께 박해도 일어났다.

"그 무렵 사도들은 백성들 앞에서 많은 기적과 놀라운 일들을 베풀었다. (중략)…… 사람들은 심지어 병자들을 길거리에 메고 나가들것이나 요에 눕혀 놓고 베드로가 지나갈 때 행여나 그 그림자만이라도 그 몇 사람에게 스쳐 갔으면 하였다. 예루살렘 근방에 있는 여러 동네에서도 많은 사람들이 병자들과 악령이 들려 고생하는 사람들을 데리고 몰려왔는데, 그들의 병도 모두 고쳐졌다. 대제사장과 그의 일당인 사두개파 사람들은 모두 사도들을 시기하여 들고 일어나 사도들을 잡아다가 자기네 감옥에 처넣었다."(사도행전 5장 12~18절)

아무 해설도 필요 없는 대목이다. 예수님이 체포되시던 밤, 예수님을 세 번 배반한 베드로가 위대한 사도로 변했다. 이것이 부활하신 그리스도로부터 성령을 받은 베드로의 놀라운 모습이었다. 더구나 베드로는 체포되어서 그리스도를 전해서는 안된다고 대제사장에게 금지당했을 때에 이렇게 말했다.

"사람에게 복종하는 것보다 오히려 하나님께 복종해야 하지 않겠습니까?"(사도행전 5장 29절)

얼마나 담대하고 확신으로 가득 찬 말인가. 그리고 그 즈음 스데반이라는 '신앙과 성령으로 가득 찬' 사도가 있었다. 성서 속에는,

"스데반은 하나님의 은총과 성령의 힘을 가득히 받아 백성들 앞에서 놀라운 일들과 굉장한 기적들을 행하고 있었다."(사도행전 6장 8절)

라고 쓰여 있다. 그리고 사람들은 이 스데반과 논쟁을 벌였지만,

"지혜와 성령을 받아 말하는 스데반을 당해 낼 도리가 없었다."
(사도행전 6장 10절)

고도 쓰여 있다. 논쟁에 진 사람들이 다른 사람을 선동해서, 이 스데반을 하나님을 모독하는 사람으로 고소했다. 그 재판 자리로 끌려 나온 스데반의 모습은 마치 천사의 얼굴과 같았다. 박해자들은 천사의 얼굴과 같이 보이는 이 스데반을 성 밖으로 끌어내어 돌로 때려 죽였다.

그 거짓 증인들은 겉옷을 벗어 사울이라는 젊은이에게 맡겼다. 사람들이 돌로 칠 때에 스데반은,

"주 예수님, 제 영혼을 받아 주십시오."

하고 부르짖었다. 그리고 무릎을 꿇고 큰소리로,

"주님, 이 죄를 저 사람들에게 지우지 말아 주십시오."

하고 외쳤다. 스데반은 이 말을 남기고 눈을 감았다(사도행전 7 장 58~60절).

그리스도의 십자가의 죽음과 사랑을 본받은 빛나는 순교였다. 이때 여기서 겉옷을 지키던 사울이라는 젊은이야말로 나중의 사도 바울이다. 그러나 이 젊은이 사울, 즉 나중의 바울은 스데반을 죽이는 일을 찬성했다. 현대적으로 말하면, 바로 살인방조(殺人幇助) 이다.

그러나 사울은 눈썹 하나 까딱하지 않고 선혈(鮮血)로 얼룩지면서 죽어 가는 스데반을 보고 쾌재를 불렀을 것이다. 아니, 그는 사람들의 겉옷을 지킨다는 임무에 불만조차 품었던 것이 아닐까? 왜냐 하면 사울은 인간인 예수를 하나님의 아들 구주라고 생각하고 있었기 때문이다. 사울에게는 하나님의 아들이 인간의 형상을 취한다는 일은 아무래도 믿기 어려운 일이었다.

이 스데반이 순교한 날 당장 그리스도교에 대한 큰 박해가 일어났다. 사도 이외의 신도들은 집을 버리고 유대, 사마리아의 지방으로 뿔뿔이 도망해 갔다. 이 큰 박해에 앞장을 선 사람이 사울이었다. 신자의 집들로 쳐들어가 미처 도망하지 못한 남녀 신도를 끌어내서는 모조리 투옥하고, 그는 흉포한 짐승처럼 휩쓸며 돌아다녔다.

그러나 여기에 이상한 하나님의 섭리가 있었다. 유대, 사마리아 지방으로 도망해 간 사람들이 많은 기적을 행하고 그 지방에 복음을 전하는 결과를 빚었기 때문이다.

사울은 더욱 그리스도의 제자들을 박해하면서 용약(勇躍) 다메섹으로 갔다. 그러나 그 도중에 사울의 생애를 180도 회전시키는 사건이 일어났다.

사울이 길을 떠나 다메섹 가까이에 이르렀을 때에 갑자기 하늘에서 빛이 번쩍이며 그의 둘레를 환히 비추었다. 그가 땅에 엎드리자,

"사울아, 사울아, 네가 왜 나를 박해하느냐?"

하는 음성이 들려왔다. 사울이,

"당신은 누구십니까?"

하고 물으니,

"나는 네가 박해하는 예수다. 일어나서 시내로 들어가거라. 그러면 네가 해야 할 일을 일러줄 사람이 있을 것이다."

하는 대답이 들려왔다.

사울과 동행하던 사람들도 그 음성은 들었지만, 아무 것도 보이지 않아 벙벙해서 서 있기만 하였다.

사울은 땅에서 일어나 눈은 떴으나 앞이 보이지 않았다(사도행전 9장 3~8절).

생각지 못한 사건이 돌발한 것이다. 사울이 그저 그리스도교도 살해를 삶의 보람으로 삼는 다메섹으로 가는 길을 서두르고 있을 때 하늘에서 비추는 빛으로 갑자기 맹인이 되어 버렸다. 아니, 맹인으로는 되었지만 그는 다행하게도 그리스도의 음성을 직접 들었다.

이 충격으로 사울은 사흘 동안 먹을 수도 마실 수도 없었을 정도였다. 그 사흘 동안 그는 대체 무엇을 생각했을까? 자기의 귀에 또렷하게 들린,

"사울아, 사울아, 네가 왜 나를 박해하느냐?"

하는 말씀을 계속 생각했을 것이다. 그는 아마 그리스도 앞에 꿇어 엎드려서 기도하고 있었을 것이다. 이 때 이래 그는 그리스도를 믿는 사람이 되었다. 그리고 눈도 고침을 받았다.

그런데 놀라운 사람은 크리스찬들이었다. 이제까지 자기들이 가

장 두려워하고 있던 사울이,

"예수야말로 그리스도이다."

라고 다메섹에 거주하는 유대인들에게 전도하기 시작했기 때문이다. 그러나 크리스찬들은 아직도 두려워하며 사울에게 접근하지 않았다. 당연했을 것이다. 사울의 신상(身上)에 일어난 사건을 모르는 신자들이 사울의 표변(豹變)한 태도를 믿을 리가 없었다. 하나의 '함정'이 아닐까 하고 두려워한 것도 무리가 아니다.

그러나 여기에 바나바라는 위대한 사도가 있었다. 바나바란 '위로의 아들'이라는 뜻인데, 그는 포용력(包容力)이 있고 평판이 좋은 사도였다. 이 바나바가 사울을 찾아갔으며, 그리고 그에게 친절하게 해주었다. 그 뒤에 바나바는 그를 사도들에게 데리고 가서 사울의 몸에 일어난 하나님의 은총을 사람들에게 설명해서 들려주었다. 이 결과 사울은 사도들에게 점차로 용납되었다.

이 바울(사울은 히브리어, 바울은 로마식 이름)은 바리새의 엄격한 교육을 받으며 자랐고, 예루살렘에서 유명한 교사 가말리엘 문하의 준재(俊才)였다. 게다가 태어나면서부터 로마 시민권을 가지고 있었다. 로마 시민권을 소지한 사람에게는 여러 가지 특권이 부여되고 보호를 받게 되므로, 거액을 내서 시민권을 사는 사람도 적지 않았다. 바울의 아버지는 뭔가 공적이 있어서 이 시민권을 획득한 것 같다고 한다.

요컨대 바울은 신앙면에서도 일반 사회인으로서도 존경받는 존재였다. 그 축적된 힘이 그리스도교 전도에 어떻게 사용되었는가는 그 후의 기록과, 그의 서신으로 잘 알 수 있다.

이리하여 성령께서는 큰 박해자 사울도 변혁시키셨다.

헤롯왕의 박해

그러나 한편, 박해는 점차 더 심해졌고, 헤롯왕은 마침내 사도 야고보를 살해했다. 강력한 사도 야고보가 살해당한 것을 본 유대인들은 기뻐했다. 유대인이 기뻐하는 것을 보고 헤롯은 더욱 환심을 사려고 베드로도 체포했다.

그러나 베드로는 두 사병 사이에 끼여 있었고, 이중의 쇠사슬에 묶여 있었음에도 불구하고 천사의 인도로 옥을 탈출하여 무사히 신도들의 집으로 돌아올 수 있었다.

박해자 헤롯은 그 후 민중을 향해 연설을 하고 있을 때 모인 사람한테서,

"이 음성은 인간의 음성이 아니라 신의 음성이다."

라는 아첨을 받았다. 그는 어찌할 바를 모를 정도로 기뻐하며 계속 말을 했지만, 홀연히 독충에게 물려서 죽었다. 옥에 갇혔던 베드로는 구출되고, 베드로를 옥에 가두었던 헤롯왕이 독충에 물려서 죽었다. 사도행전에는 성령에 의해 이런 기적이 연속적으로 일어나고 박해를 당해도 그리스도의 복음이 더욱더 전파되는 모양이 생생하게 묘사되어 있다.

박해는 물론 바울에게도 닥쳤다. 얼마 전까지 박해자였던 바울은 바뀌어서 박해당하는 쪽이 되었다. 바울이 그리스도를 믿게 되었다는 사실은 제사장, 율법학자들에게는 용서하기 어려운 배반이었다. 배반자에 대한 증오는 배가(倍加)되는 법이다.

바울 자신 얼마나 박해당했는가를 그는 다음과 같이 기록했다.

"나는 그들보다 수고를 더 많이 했고, 감옥에도 더 많이 갇혔고, 매는 수도 없이 맞았고, 죽을 뻔한 일도 여러 번 있었습니다. 유대인들에게 사십에서 하나를 감한 매를 다섯 번이나 맞았고, 몽둥이로 맞는 것이 세 번, 돌에 맞아 죽을 뻔한 일이 한 번, 파선을 당한 것이 세 번이고, 밤낮 하루를 꼬박 바다에서 표류한 일도 있었습니다. 자주 여행을 하면서 강물의 위험, 강도의 위험, 동족의 위험, 이방인의 위험, 도시의 위험, 광야의 위험, 바다의 위험, 가짜 교우의 위험 등의 온갖 위험을 다 겪었습

니다. 그리고 노동과 고역에 시달렸고, 수없는 밤을 뜬 눈으로
새웠고, 주리고 목말랐으며, 여러 번 굶고 추위에 떨며 헐벗은
일도 있었습니다."(고린도 후서 11 장 23~27 절)

이런 기록을 하나하나 자기 몸에 일어난 일로 상상하면서 읽어
보면, 바울이 당한 고통이 어느 정도의 것인가 잘 알 수 있지 않을
까?

첫째, 투옥당한다는 것만으로 이것은 대단한 위협이다.

내가 사는 아사히까와(旭川)에는 수세식 화장실, 난방시설이 있
고 설비가 완비된 교도소가 있다. 그러나 아무리 설비가 좋아도 그
곳에 들어가는 것은 심한 고통일 것이다. 하물며 2 천년 전의 감옥
이랴. 아마 인간에게 곰팡이가 슬 만큼이나 불결한 곳이었으리라.

여기에 "사십에서 하나를 감한 매"라는 말이 있다. 즉, 39 회
이다. 이것이 유대의 율법상 최고의 채찍형이었다. 그 채찍질하는
모양을 「신성서대사전」으로 알아보겠다.

죄수를 두 기둥 사이에 세우고, 그 두 손을 두 기둥에 묶고, 어
깨와 가슴을 노출시킨다. 채찍은 쇠가죽으로 만들어졌고, 그 채찍
에 나귀가죽으로 만든 끈 둘이 감겨 있다. 매맞은 고통을 강화하기
위한 것이다. 이 채찍으로 가슴에 13 회, 어깨에 26 회를 건장한 남
자가 힘껏 때린다. 이 채찍을 단 한 번이라도 자기 가슴에 맞는다
고 상상해 보면 그 쓰라림을 알 수 있을 것이다.

로마인의 채찍질은 좀 달랐다. 범죄자의 신분 여하로 채찍에 차
별이 있었다. 자유인인 경우 자작나무로 만든 채찍, 즉 나무채찍을
사용했다. 수형자는 역시 벗은 몸으로 기둥에 묶여서 매를 맞았다.

몸을 비틀 여유조차 주지 않는 잔혹한 채찍질이다. 이것이 노예
나 타국인, 그리고 사형수인 경우는 막대기 끝에 두어 가닥의 가죽
끈을 달고, 그 가죽끈에는 금속고리를 끼웠다. 예수님도 십자가에
못박히시기 직전 이 금속고리를 끼운 채찍으로 등가죽이 터지고,

살이 갈라질 정도로 매를 맞으신 셈이다.

다음에 돌로 맞았다고 쓰여 있는데, 사도행전 14장 19절에 바울이 돌로 맞아서 죽었었다는 기사가 나와 있다. 아마 바울은 이 때의 사실을 가리켜서 서신에 썼을 것이다.

돌이라고 하면 아이들이 던지는 정도의 작은 돌을 나는 상상하고 있었는데, 퍽 큰 돌을 던지는 모양이다. 어느 한 가지를 언급해도 이것이 자기에게 일어난다고 하면 몸이 오싹하는 형뿐이다.

그러나 이런 일을 여러 번 당하면서 사도들은 되풀이하여 열심으로 복음을 전파했다. 그 드라마틱한 상황이 사도행전에 생생하게 묘사되어 있어서, 신약성서 중에서 가장 흥미 깊게 읽을 수 있다.

바울이 행한 기적

베드로가 많은 기적을 행한 것과 같이, 바울도 역시 큰 기적을 행했다.

"하나님께서는 바울을 시켜 놀라운 기적들을 행하셨는데, 바울의 몸에 닿았던 수건이나 앞치마를 병자에게 대기만 해도 병이 낫고 악령들이 쫓겨 나갔다."(사도행전 19장 11~12절)
라고 기록되어 있는 정도이다. 물론 박해에 의한 고난도 컸지만 민중의 인기, 칭찬도 역시 컸다. 그리고 그것이 다음과 같은 사건을 야기시켰다.

루스드라에는 나면서부터 앉은뱅이가 되어 한번도 걸어 본 적이 없는 불구자 한 사람이 살고 있었다. 그가 하루는 바울의 설교를 듣고 있었는데, 바울이 그를 눈여겨보더니 그에게 몸이 성해질 만한 믿음이 있는 것을 알고는 큰소리로,

"일어나 똑바로 서 보시오."
하고 말했다. 그러자 그는 벌떡 일어나서 걷기 시작하였다.

사람들은 바울이 한 일을 보고 루가오니아 말로,

"저 사람들은 사람 모양을 하고 우리에게 내려온 신들이다."

하고 떠들었다. 바나바는 제우스신이요, 주로 설교를 맡아서 한 바울은 허메신이라고 불렀다. 성 밖에 있는 제우스 신당의 제사장은 황소 몇 마리와 화환을 성문 앞으로 가지고 나와서 사람들과 함께 사도들에게 제사를 지내려고 하였다. 이 소문을 들은 바나바와 사울 두 사도는 옷을 찢으며 군중 속에 뛰어들어 이렇게 외쳤다.

"여러분, 이게 무슨 짓입니까? 우리도 여러분과 똑같은 사람입니다. 우리는 다만 여러분에게 복음을 전하여 여러분이 이런 헛된 우상을 버리고 살아 계신 하나님께 돌아오게 하려고 왔을 따름입니다. 하나님은 하늘과 땅과 바다와 그 안에 있는 모든 것을 만드신 분입니다. ……"

두 사도는 이렇게 말하면서 사람들이 자기들에게 제사를 지내지 못하도록 겨우 말렸다(사도행전 14 장 8~18 절)

여기에 바울과 바나바의 진실한 신앙자세가 엿보인다. 두 사람은 그럴 생각만 하면 교조도 될 수 있었고, 기적으로 돈을 벌 수도 있었다. 사람들이 말하는 대로 신이 인간의 모습으로 내려왔다고 생각하는 대로 둘 수도 있었다. 그러나 그들은 헤롯왕과는 달랐다. 자기들의 겉옷을 찢으며,

"여러분과 똑같은 사람입니다."

라고 분명하게 선언해서 사람들을 말린 것이다.

아무리 능력이 있다고 해도, 놀라운 기적을 나타내도, 또 왕의 집에 태어났어도 인간은 어디까지나 인간이다, 한 사람 남김 없이 인간이다. 하나님은 단 한 분, 예수 그리스도의 아버지가 되시는 하나님뿐이시다. 천지를 만드신 전능자되신 하나님뿐이시다.

바울은 이렇게 해서 돈을 벌려고도 하지 않고, 고난의 전도를 계

속해서 마침내 죄수로서 로마로 송치(送致)되었다. 사도행전의 저자 누가는 로마에 있는 2년 동안도 바울과 고통을 함께 했다. 이 사도행전에 기록된 내용 중 바울에게서 들은 일도 많이 포함되어 있다고 한다.

이상으로 성령행전이라고도 하는 사도행전의 소개는 끝나는 셈인데, 이것은 예수님이 승천하신 후 30년에 걸친 사도들의 눈부신 기록이라고 한다.

따라서 젊은이 사울이라고 불리운 바울도 로마에서는 줄잡아도 55, 6세가 되어 있었다고 생각된다. 이 30년 동안에 그 당시의 세계의 중심이라고 하던 로마까지 죄수 바울을 통해서 복음이 전파된 셈이다.

8

사도의 서신 모음

사랑은 오래 참습니다. 사랑은 친절합니다. 사랑은 시기하지 않습니다. 사랑은 자랑하지 않습니다. 사랑은 교만하지 않습니다. 사랑은 무례하지 않습니다. 사랑은 사욕을 품지 않습니다. 사랑은 성을 내지 않습니다. 사랑은 앙심을 품지 않습니다. 사랑은 불의를 보고 기뻐하지 아니하고, 진리를 보고 기뻐합니다. 사랑은 모든 것을 덮어 줍니다.

사도들의 서신 모음

사도행전에 이어서 '사도서'라고 부르는 서신이 150 페이지 정도에 걸쳐 「신약성서」의 후반을 차지하고 있다. 사도행전은 복음서와 이 사도서를 잇는 다리와 같은 존재이다.

사도의 서신은 21 통으로 나뉘어졌는데, 그 태반을 바울이 썼다. 그러나 바울은 자기가 직접 쓰지 않고 거의 구술(口述)한 모양이다. 그 이유는 확실치 않지만, 바울은 눈이 나빴다고 한다. 이렇게 이 원고를 쓰고 있는 나 자신 오른손가락에 통증이 있어서, 벌써 오랫동안 구술을 하고 있다. 그래서 나는 바울의 서신을 읽을 때마다 바울이 구술하고 있는 모습을 자꾸만 상상한다.

그런데 이 자기의 서신이 후세에 성서로 편찬되어 온 세계의 사람에게 읽힐 것을 바울은 한 번이라도 상상한 일이 있었을까? 몹시 기억력이 나쁜 나조차 암기하고 있는 말씀이나 대목이 여럿 있다. 그 정도로 나조차도 몇 십번이나 읽고 있는 셈이다. 한센씨 병자이고 또 맹인인 어떤 분이 성서 전권을 암기하고 있다고 들었는데, 여하간 그런 정도까지 2 천년 가깝게 긴 세월 동안 사람들의 신앙을 강화하고, 고무(鼓舞)해 온 서신이다. 얼마나 위대한 업적인가?

서신이라는 말에서 생각이 났는데, 어떤 병원에 한 의사가 있었다. 외래 환자인 내가 진찰실로 들어갔을 때 그는 입원환자에게 온 엽서를 한 장 한 장 꼼꼼히 읽고는, 싱글싱글 웃거나 킥킥 웃으면서 나를 거들떠보지도 않았다. 이와 같이 자기에게 온 소식보다 남에게 온 소식쪽이 흥미를 돋우는 것은 사실이다.

사도서는 직접 우리에게 보낸 서신은 아니다. 그런 의미에서는 남에게 보낸 서신이므로 재미가 있을 터인데, 받는 쪽의 인간을 모르면 그다지 재미가 없을 것이다. 받은 쪽의 사정에 어느 정도의 지식이 없으면 읽어도 뭐가 뭔지 알 수 없을 것이다. 해설서를 펼치면서 이하에 여러분과 함께 사도의 서신을 읽어 가겠다.

사도의 서신은 각지에 있는 교회와 제자의 지도를 위해서 쓰여진 것이기 때문에 복음서나 사도행전과 같이 드라마틱한 장면은 거의 없다. 그러나 신앙의 구체적인 면에 대한 지도와 요청과 훈화가 많기 때문에 자기 자신의 문제를 가지고 있는 사람에게는 깊은 설득력을 가지고 육박한다.

여하간 지면관계도 있기 때문에 나는 자신의 마음에 특히 울린 점을 또는 중요한 말씀을 소개하는 정도로 그치겠다.

사도서 중에서 가장 읽기 쉬운 것은 야고보서가 아닐까고 생각한다. 이 야고보는 예수님의 동생이었다고 한다. 예수님의 재세(在世) 때에 야고보는 예수님을 믿지 않은 모양이다. 이해도 하지 못한 것 같다. 예수님의 전도를 막으려고 예수님을 붙잡으러 갔던 기사가 복음서에 나와 있다. 그런데 예수님이 부활하신 후 그는 신자가 되고, 예루살렘교회의 지도자가 되었다. 이것도 역시 성령의 역사(役事)에 의한 것이리라.

불우(不遇)의 책 야고보의 서신

우수한 작가나 재능이 있는 화가가 생전에는 아무 평가도 받지 못했다는 예를 종종 듣는다. 나는 야고보의 서신은 사도의 서신 중에서 가장 읽기 쉬운 서신이라고 말했는데, 사실 이 야고보의 서신도 몹시 불우한 서신이다.

야고보의 서신은 시초에는 성서 중에 편찬되지 못했다. 도중에서 편찬되었다. 그러나 루터는 '짚 서신'이라고 평하고, 이것을 성서에서 제거하는 운동조차 했다. 이래 오늘까지 야고보의 서신은 일반 신도한테서 자칫하면 루터와 같은 시선을 받기 쉽다.

그러면 야고보의 서신의 어디가 그렇게 경시되는가, 여기에 약간 인용하겠다.

　시련을 견디어 내는 사람은 행복합니다. 시련을 이겨 낸 사람은 생명의 월계관을 받을 것입니다. 그 월계관은 하나님께서 당신을 사랑하는 사람들에게 주시겠다고 약속하신 것입니다.

　누구든지 듣기는 빨리 하고 말하기는 더디하십시오. 또 여간해서는 화를 내지 마십시오.

　그저 듣기만 하여 자기 자신을 속이는 사람이 되지 말고 말씀대로 실천하는 사람이 되십시오.

　우리 주님이신 영광의 예수 그리스도를 믿고 있으니, 사람을 차별해서 대우하지 마십시오. 가령 여러분의 회당에 금가락지를 끼고 화려한 옷을 입은 사람과 남루한 옷을 입은 사람이 들어왔다고 합시다. 그때에 여러분이 화려한 옷차림을 한 사람에게는 특별한 호의를 보이며,

　"여기 윗자리에 앉으십시오."

하고, 가난한 사람에게는,

　"거기 서 있든지 밑바닥에 앉든지 하시오."

하고 말한다면, 여러분은 불순한 생각으로 사람들을 판단하여 차별 대우를 하는 것이 아니고 무엇이겠습니까? (중략)…… 여러분을 압박하는 자들은 바로 부자가 아닙니까? 또 여러분을 법정으로 끌고 가는 자들도 그들이 아닙니까?

　나의 형제 여러분, 어떤 사람이 믿음이 있다고 말하면서 그것을 행동으로 나타내지 못한다면 무슨 소용이 있겠습니까? 그런 믿음이 그 사람을 구원할 수 있겠습니까? 어떤 형제나 자매가 헐벗고 그날 먹을 양식조차 떨어졌는데, 여러분 가운데 누가 그들의 몸에 필요한 것은 아무 것도 주지 않으면서,

　"편안히 가서 몸을 따뜻하게 녹이고 배부르게 먹어라."

고 말만 한다면 무슨 소용이 있겠습니까? 믿음도 이와 같습

니다. 믿음에 행동이 따르지 않으면 그런 믿음은 죽은 것입니다.

이렇게 말하는 사람도 있을 것입니다.

"어떤 사람에게는 믿음이 있지만, 다른 사람에게는 행동이 있 소."

그러면 나는 내 행동으로 내 믿음을 보여 줄 테니, 당신은 행동이 따르지 않는 믿음이라는 것을 보여 주시오.

이상과 같은 야고보 특유의 말씀이 아직도 몇인가 쓰여 있는데, 어디가 루터의 기휘(忌諱)에 저촉되었을까? 한 번만 읽어서는 이해되지 않는 것이 당연하지 않을까 하고 생각한다. 야고보는 하나도 나쁜 말을 하지 않았다. 당연한 일이 구체적으로 쓰여 있다.

그러나 대대의 신학자나 종교학자가 지적해 온 문제점은 이 야고보의 서신이 '복음적'이 아니라는 점에 있었다. 복음적인지 여부는 그리스도교의 요점이다. 그러면 '복음적'이란 무엇인가? 되풀이하는 것 같지만 그것은,

"죄인인 우리 인간을 대신하시어 그리스도께서 십자가에 못박히셨다. 그리고 그리스도는 부활하셨다. 이 십자가와 부활을 믿으므로 영원한 구원이 부여된다."

는 것이다. 즉, 우리 인간측에 뭔가 자랑할 만한 행위나 공적이 있어서 하나님의 구원을 받는 것이 아니다. 인간이 아무리 선한 일을 했다고 해도 인간은 자기의 죄를 속(贖)할 수 없다. 죄를 속할 수 있는 분은 그리스도뿐이시다. 이것이 그리스도교의 신앙의 근본이다.

그런데 '야고보의 서신'은 그리스도의 십자가에 언급하기보다는 자기들이 어떻게 신도로서 선한 행동을 해야 하는가에 중점을 두고 있어서 '복음적'이 아닌 셈이다. 그래서 지금도 '야고보의 서신'은 자칫하면 냉랭한 대우를 받는다.

앞에 나온 바와 같이,

"시련을 이겨 낸 사람은 생명의 월계관을 받을 것입니다. 이 월계관은 하나님께서 당신을 사랑하는 사람들에게 주시겠다고 약속하신 것입니다."
라는 말씀은 복음에서 벗어났다고 비난을 받게 된다.

그러나 믿는다는 것은 대체 무엇일까? 믿는다는 것은 하나님의 말씀을 듣는 것이다. 듣고 따르는 것이다. 바울과 같이 신앙을 강조한 사람조차 그 서신 중에 이렇게 권하고 있다.

"여러분도 힘껏 달려서 상을 받도록 하십시오."(고린도 전서 9 장 24 절)

상을 받도록 달리라는 말은, 즉 자기들의 행동을 중요시하고 있는 말이 아닌가? 그러나 바울을 비복음적이라고 비난하는 사람은 없다. 그것은 한편에서 그리스도의 속죄를 되풀이해서 강하게 논하기 때문일 것이다.

확실히 야고보는 그리스도의 속죄를 논하지는 않았다. 그렇다고 해서 그것이 반드시 십자가를 무시한 일이 되는가? 야고보는 그리스도의 속죄는 이미 말할 것까지도 없이 자명(自明)한 일로 치고 이 서신을 썼다고 할 수 있지 않을까? 어느 세대에도,

"믿기만 하면 어떤 죄도 용서받는다."
고 하면서 방종한 생활에 몸을 맡기는 무리가 있다. 야고보는 그런 무리에 대해서 이 서신을 썼는지도 모른다.

"그 열매로 나무를 안다."
고 하신 예수님의 말씀도 있다. 신앙을 자기의 욕망을 위해 악용하는 태도가 바를 리 없다. 그 점이 야고보를 찌른 것이다. 야고보 자신이,

"하나님과 주 예수 그리스도의 종"
이라고 했으며,

"우리 주님이신 영광의 예수 그리스도를 믿고 있으니……."
라고 설명한 것처럼, 그리스도에 대한 자세가 분명하다. 그렇게 생

각하고 읽으면 '짚 서신'이라는 평은 너무 심하다고 할 수 있으며, 또 이 서신은 현대의 우리에게도 중요한 서신이라고 할 수 있을 것이다.

그리고 이 서신을 쓴 야고보는 예수님의 형제라고 한다. 그 당시 형제라고 하는 것은 형, 아우, 그리고 사촌형제까지를 형제라고 했다는데, 예수님의 사촌동생인지 친동생인지 분명치 않다. 그러나 부자의 횡포를 찌르는 말씀은 누가복음에 서술된 예수님의 말씀과 공통되기 때문에 흥미 깊다. 측근에서 생활을 함께 하던 사람이 아닌가고 느낀다.

21 통의 사도 서신을 읽는다

사도의 서신을 서술하는데 나는 야고보서부터 시작했지만, 「신약성서」에는 바울이 쓴 로마서 이하 14 통의 그의 서신, 지금 말한 야고보서, 베드로의 2 통의 서신, 요한의 3 통의 서신, 그리고 유다서 등 합계 21 통의 서신이 편집되어 있다.

이 중에서 최후의 '유다서'를 시초에 나는 저 예수님을 배반한 가룟 유다의 서신으로 생각하고 읽고 있었다. 그래서 그 즈음에 읽은 나의 성서를 보면 빨강 연필로,

"이 정도의 유다의 신앙이 왜 싫어졌을까?"

라고 쓰여 있어서, 지금 읽고는 웃음을 터뜨리게 된다. 여하간 이름이 같은 인물이 성서에는 여러 사람이나 등장한다. 야고보라고 해도 맨 먼저 순교한 요한의 형제 야고보가 있고, 그 요한이라는 이름도 사도 요한이 있고 세례 요한도 있다. 아니, 단 하나 밖에 없다고 생각한 예수라는 이름도 딴 곳에 나온다. 오해가 없도록 읽어 가기 위해서는 안내서가 가르쳐 주는 선배가 이 점에서도 필요한 셈이다.

여하간 이하 이 사도서신의 특징과, 내가 특히 마음에 느낀 말씀을 소개하겠다. 다만 성서의 말씀은 전후관계에 주의할 필요가 있

기 때문에 통독(通讀)이 바람직한 것은 말할 것도 없다.

1. 로마서

복수를 경계(警戒)한다

　서신이긴 하지만 오히려 논문이라고도 할 수 있는 정도로 신학
적인 경향을 띠고 있다. 바울은 이것을 그리스도교의 신앙이 곡해
되거나 와전(訛傳)되지 않기 위해서 유언을 쓰는 셈으로 썼다고
한다.

　하나님께서는 세상을 창조하신 때부터 창조물을 통하여 당신
의 영원하신 능력과 신성과 같은 보이지 않는 특성을 나타내 보
이셔서 인간이 보고 깨달을 수 있게 하셨습니다.(1 장 20 절)
　공로가 있는 사람이 받는 보수는 자기가 마땅히 받을 품삯을
받는 것이지 결코 선물로 받는 것이 아닙니다. 그러나 아무 공로
가 없는 사람이라도 하나님을 믿으면, 믿음을 통해서 하나님과
의 올바른 관계를 얻게 됩니다.(4 장 4~5 절)
　아브라함은 절망 속에서도 희망을 잃지 않고 믿었습니다.(4장
18 절)
　그뿐만 아니라 우리는 고통을 당하면서도 기뻐합니다. 고통은
인내를 낳고 인내는 시련을 이겨 내는 끈기를 낳고, 그러한 끈기
는 희망을 낳는다는 것을 우리는 알고 있습니다. 이 희망은 우리
를 실망시키지 않습니다.(5 장 3~5 절)
　여러분의 지체를 죄에 내맡기어 악의 도구가 되게 하는 일은
없어야 합니다.(6 장 13 절)
　죄의 대가는 죽음입니다.(6 장 23 절)
　기뻐하는 사람이 있으면 함께 기뻐해 주고, 우는 사람이 있으

면 함께 울어 주십시오.(12장 15절)

오만한 생각을 버리고 천한 사람들과 사귀십시오. 그리고 잘난 체하지 마십시오.(12장 16절)

여러분 자신이 복수할 생각을 하지 말고, 하나님의 진노에 맡기십시오. 성서에도,

"원수 갚는 것은 내가 할 일이니 내가 갚아 주겠다."

고 하신 주님의 말씀이 있습니다. 그러니,

"원수가 배고파 하면 먹을 것을 주고, 목말라 하면 마실 것을 주십시오."(12장 19~20절)

위의 19절 이하의 말씀은 '복수'라든가 '하나님의 진노'라든가 사랑이신 하나님과는 먼 것 같은 느낌을 준다. 그러나 이 말씀 때문에 오랜 역사 동안에 얼마나 많은 인간이 복수를 그만둘까. 또 이 말씀들은 자주 문학의 테마가 되기도 했다.

2. 고린도 전서

감동을 주는 사랑의 장(章)

로마서와 똑같이 바울의 서신이다. 고린도란 로마제국의 아가이아주(州)의 수도인데, 에베소와 더불어 매우 번영하던 큰 도시였다.

이 고린도에 바울은 교회를 만들었는데, 그로부터 3년 후 바울은 고린도교회의 나쁜 소문을 들었다. 고린도에 사는 글로에의 집 사람이 '교회 안에 분쟁이 생긴 것' '신자 중에 불륜(不倫)한 사람이 있는 것'을 알려 왔다. 그 불륜이라는 것은 아버지의 아내(아마 후처일 것이다)와 동서(同棲)하고 있다는 놀라운 실태였다.

이 두 사건을 들은 바울은 결연(決然)히 펜을 들었다.

그리고 이 서신 중에서 바울은 고린도교회의 결혼문제, 부활문제에 대한 질문에도 대답하고 있다. 특히 주목해야 할 것은 이 부활문제인데, 부활에 대한 의문이 있을 때는 이 서신에서 대답을 구하면 좋으리라고 생각한다.

"멸망할 사람들에게는 십자가의 이치가 한낱 어리석은 생각에 불과하지만, 구원받을 우리에게는 곧 하나님의 힘입니다."(1 장 18 절)

"아무도 인간을 자랑해서는 안됩니다."(3 장 21 절)

"지식은 사람을 교만하게 만듭니다. 사람을 향상시켜 주는 것은 사랑입니다. 자기가 무엇을 좀 안다고 생각하는 사람이 있다면, 그는 마땅히 알아야 할 것을 아직 알지 못하고 있는 것입니다."(8 장 1~2 절)

"내가 하나님의 말씀을 받아 전할 수 있다 하더라도
온갖 신비를 환히 꿰뚫어 보고,
모든 지식을 가졌다 하더라도
산을 옮길 만한 완전한 믿음을 가졌다 하더라도
사랑이 없으면
나는 아무 것도 아닙니다.
내가 비록 모든 재산을 남에게 나누어 준다 하더라도,
또 내가 남을 위하여 불 속에 뛰어든다 하더라도,
사랑이 없으면
모두 아무 소용이 없습니다."(13 장 2~3 절)

"사랑은 오래 참습니다.
사랑은 친절합니다.
사랑은 시기하지 않습니다.
사랑은 자랑하지 않습니다.
사랑은 교만하지 않습니다.

사랑은 무례하지 않습니다.

사랑은 사욕을 품지 않습니다.

사랑은 성을 내지 않습니다.

사랑은 앙심을 품지 않습니다.

사랑은 불의를 보고 기뻐하지 아니하고

진리를 보고 기뻐합니다.

사랑은 모든 것을 덮어 주고

모든 것을 믿고

모든 것을 바라고

모든 것을 견디어 냅니다."(13장 4~7절)

"믿음과 소망과 사랑,

이 세 가지는 언제까지나 남아 있을 것입니다.

이 중에서 가장 위대한 것은 사랑입니다."(13장 13절)

이 고린도 전서 1장은 '사랑의 장'이라고 하는 유명한 대목인데, 이곳을 암송하는 사람도 많다. 나도 색종이의 휘호를 부탁받으면(시나 격언 등을 써서 벽에 걸어 장식한다=역자 주) 흔히 "사랑은 모든 것을 덮어 준다"고 써 주는데, 위의 인용문 중에서 요약한 것이다.

분쟁으로 세월을 보내고, 또 불륜으로 달리고 있던 고린도교회의 신도들에게 이 말씀들이 어떻게 영향을 주었을까 하고 나는 여러 가지로 상상한다.

다음에, 부활에 대해 상세히 서술한 15장에서 인용해 보겠다.

"그리스도께서 죽은 자들 가운데서 다시 살아나셨다는 것을 우리가 전파하고 있는데, 여러분 가운데 어떤 사람은 죽은 자의 부활이 없다고 하니 어떻게 된 일입니까? 만일 죽은 자가 부활하는 일이 없다면 그리스도께서도 다시 살아나셨을 리가 없고, 그리스도께서 다시 살아나지 않으셨다면 우리가 전한 것도 헛것이요, 여러

분의 믿음도 헛된 것일 수밖에 없을 것입니다. 우리는 결국 하나님
을 거스르는 거짓 증인이 되는 셈입니다. (중략)…… 만일 그리스
도를 믿는 우리가 이 세상에만 희망을 걸고 있다면 우리는 누구
보다도 가장 가련한 사람일 것입니다."(15장 12~19절)

3. 고린도 후서

병중(病中)에 격려를 받는다

  나한테 여러 층의 독자로부터의 서신이 오는데, 고민이 있는 사
람이 참으로 많다. 생각해 보면 이 인생은 언제 무엇이 갑자기 닥
칠는지 모른다. 그런 고통과 고민을 가지고 있는 사람, 살 희망을
잃은 사람들에게 이 고린도 후서는 곧 격려가 되고 위로가 된다고
옛날부터 평을 받고 있다.
  그러면 왜 이 둘째 서신이 위로와 격려로 가득 차 있는가 하면
사실 바울 자신이 고민과 고통중에서 썼기 때문이다.
  바울은 무엇을 고민하고 괴로워했는가? 첫째 서신에서 교회 안
의 분쟁을 경계하고 그 불륜을 경계하는 데에 전력을 다했는데, 교
회 안의 문제는 결코 해결되고 있지 못했다. '사랑의 장'이라는 훌
륭한 말씀을 받았어도 고린도교회 신도들은 솔직하게 그것을 받아
들이지는 않았다.
  아니, 그뿐이 아니었다. 그 즈음 유대교주의자들은 각처의 교회
를 교란하고 있었는데, 고린도교회에도 침입해서 반(反)바울파에
게 작용하고 선동해서 교회를 뺏으려고조차 하고 있었다. 이런 중
에서 바울 개인에 대한 중상(中傷)이 감행되고, 그는 공격의 화살
을 받게 되었다.
  그런 중에서 사실 바울은 이 첫째 서신과 둘째 서신 사이에 한두
통의 서신을 더 썼다고 한다. 그 한 통이 '눈물의 서신'이라는 서

신이라고 하는데, 그것은 현재 이 세상 아무 데에도 없는 것 같다.

성서에 편집된 이 둘째 서신은 교회가 약간 안정을 회복했을 때에 보낸 것이라고 하는데, 그 바울의 마음을 슬프게 하는 불륜과 분쟁이 아직도 꼬리를 끌고 있었던 모양이다.

나는 시초에 성서라고 하는 책에 불륜이라든가, 간음이라든가, 분쟁 등의 말이 있으리라고는 생각한 일도 없었다. 문자 그대로 거룩한 일만이 쓰여 있다고 생각하고 있었다. 그러나 성서는 인간의 현실을 남김없이 파헤치고 있다. 그것은 마치 빛이 암흑의 추악함을 폭로하는 것과 같다. 그리고 확실히 하나님의 말씀은 추악한 우리 인간에게 하나님이 보내신 것이다.

하나님은 우리가 어떤 환난을 당하더라도 위로해 주시는 분이십니다. 따라서 그와 같이 하나님의 위로를 받는 우리는 온갖 환난을 당하는 다른 사람들을 또한 위로해 줄 수가 있습니다(1장 4절).

그 환난은 우리의 힘으로는 도저히 견디어 낼 수 없으리만큼 심해서 마침내 우리는 살 희망조차 잃게 되었습니다. 그러나 이렇게 사형선고를 받았다는 생각이 들자 우리는 우리 자신을 믿지 않고, 죽은 자를 다시 살리시는 하나님을 믿게 되었습니다(1장 8~9절).

여러분이 어떤 사람을 용서하면 나도 그를 용서해 줍니다(2장 10절).

우리는 아무리 짓눌려도 찌부러지지 않고, 절망 속에서도 실망하지 않으며, 궁지에 몰려도 빠져 나갈 길이 있으며, 맞아 넘어져도 죽지 않습니다. 이렇게 우리는 언제나 예수의 죽음을 몸으로 경험하고 있지만, 결국 드러나는 것은 예수의 생명이 우리 몸 안에 살고 있다는 사실입니다(4장 8~10절).

위의 성구로 생각나는 것은 전 운수대신(運輸大臣)인 마쯔우라 슈따로(松浦周太郞) 씨에 대한 일이다. 그 분은 젊은 시절에 사업 전망이 어두워지자 야간 도주(逃走)를 하려고 결심할 정도의 사태에 직면했다. 그러나 신자였던 그 분은 이 말씀을 성서에서 보고 감연히 머물러 서고 또 일어섰다고 한다. 같은 혹가이도(北海道)에 사는 신자여서, 목사님에게서 몇 번인가 들었다.

성서의 말씀이 피와 살이 되면 그렇게 큰 힘이 되는 것을 병상에서 나는 알게 되었다.

"우리는 보이는 것에 눈길을 돌리지 않고 보이지 않는 것에 눈길을 돌립니다. 보이는 것은 잠시뿐이지만, 보이지 않는 것은 영원하기 때문이다."(4장 18절)

"주님께서는 '너는 이미 내 은총을 충분히 받았다. 내 권능은 약한 자 안에서 완전히 드러난다'고 말씀하셨습니다."(12장 9절)

아무 고민도 없는 사람에게는 이 말씀이 별로 위로로도 격려로도 되지 않는지도 모른다. 그러나 나는 언제 나을는지 모르는, 언제나 누워 있어야 하는 병상에서 이 성구로부터 얼마나 격려를 받고 힘을 얻었는지 헤아려 알 수 없다. 그 당시에 읽은 누더기가 된 성서를 꺼내 보면 이곳에 붉은 줄이 어제 그은 것처럼 또렷하게 그어져 있다.

"내 은혜가 네게 족하도다. 이는 내 능력이 약한 데서 온전하여짐이라."

이 문어체가 얼마나 힘차게 나에게 육박했던가. 나는 그 구절 사이에 펜으로 썼다.

"제가 병든 것을 감사합니다. 밝게 사는 사람이 되게 해주십시오. 임마누엘 아멘."

이어서,

"이는 내가 약할 그때에 곧 강함이니라."

라는 구절을 푸른 잉크로 둘러막았다. 그 당시의 평안으로 가득 찬

심경이 지금도 또렷하게 생각난다.

"우리는 진리에 어긋나는 일을 아무 것도 할 수 없고, 다만 진리에 맞는 일만 할 수 있습니다."(13장 8절)

4. 갈라디아서

종교개혁에 불을 붙인 서신

갈라디아서는 겨우 8페이지의 짧은 서신이지만, 사도서 중의 요점이라고도 할 만하게 중요한 서신이다. 어떻게 중요한가? 루터가 야고보서를 '짚 서신'이라고 한 것은 앞에서 서술했다.

신앙보다 행위를 존중하는 듯한 야고보서를 루터는 경시했지만, 갈라디아서에 대해서는,

"나는 이 서신과 결혼했다."

고조차 말할 정도로 존중했다.

이 서신은 종교개혁에 불을 붙인 서신이라고도 한다. 왜냐 하면 루터가 이 서신의 강의를 끝내자 곧 종교개혁의 기치(旗幟)를 들었기 때문이다.

즉, 이 서신은 그리스도에 대한 신앙이야말로 영원한 구원을 받는 길이라는 것을 강조하고 있어서, 루터의 마음에 격렬하게 육박한 모양이다.

그런데 바울은 이 서신을 분노를 띤 어조로 썼는데, 도대체 무엇에 노했을까? 그것은 갈라디아 지방에 있는 여러 교회에도 고린도교회를 교란한 유대교주의자가 침입해서 파괴하며 돌아다니고 있었기 때문이다.

유대교라는 것은 구약성서만을 정전(正典)으로 삼고, 율법을 지키지 않으면 구원으로 들어갈 수 없다는 교리에 입각한 것이다. 이 유대교도들은 그리스도의 십자가를 믿는 사람들을,

"이 할례(割禮) 없는 사람"

이라고 업신여기고 욕했다.

할례란 무엇인가? 나는 성서를 읽기 시작한 즈음 이 할례라는 말이 몹시 귀에 거슬렸다. 그래서 어느 날 나를 인도해 준 청년에게 그 의미를 물었다. 마침 다방의 테이블에 서로 마주 앉아 있던 때였는데, 그가 당혹한 표정을 보인 일을 지금도 나는 기억하고 있다.

할례, 그것은 유대에 태어난 남자가 8일 만에 지켜야 하는 의식이었다. 의식이라고 하지만, 남성 성기의 포피(包皮) 끝을 절개 또는 그 일부를 끊어 버리는 외과적(外科的) 수술이었다. 이것에는 종교적 성별(聖別)의 의미가 있었다고 한다. 이 할례를 받지 않은 사람은 유대인으로 간주하지 않았고, 할례는 선민(選民)의 표이기도 했다. 유대인은 이 할례를 유대에 거주하는 이방인에게도 강요했다. 이 문제에 대해서는 사도행전에도 쓰여 있다.

이 할례를 유대교주의의 신자들은(그것을 바울은 남몰래 들어온 거짓 형제라고 불렀다) 갈라디아 지방의 여러 교회의 신자에게도 강요했다.

현대에 살고 있는 우리는 할례를 받아야 구원을 얻는다는 율법이 바보스럽다고 느끼지만, 인간세계의 관습은 무서운 것이다.

이 할례를 받은 여부로 사람을 멸시하거나 공격하거나 종교 논쟁으로까지 발전했던 셈인데, 현대에도 이 할례와 비슷한 관습이 없는가 생각해 볼 필요가 있을 것이다.

여하간 바울은 강렬한 투지로써 복음의 변호를 전개했다. 그 한 예로서 다음과 같은 말씀조차 있다.

"할례를 주장하여 여러분을 선동하는 자들은 그 지체를 아예 잘라 버리는 것이 어떻겠습니까?"(5장 12절)

이 "지체를 아예 잘라 버리는 것이 어떻겠습니까?"라는 격렬한 말에는 할례 할례 하고 떠들어대는 일파에 대한 강렬한 비꼼과 분

노가 들어 있어서,

"그렇게 할례가 소중한 것이라면 차라리 거세(去勢)해 버리면 어떠냐?"

하는 것이 원어의 의미라고 한다. 이것은 약간 품위가 없는 말이라고도 할 수 있는데, 그렇게까지 말하지 않고는 못 배길 정도의 바울의 심정이었던 모양이다.

물론 이 서신 중에는 어조를 바꾼 진실한 권면도 많다.

"그리스도께서 우리를 해방시켜 주셔서 우리는 자유의 몸이 되었습니다. 그러니 마음을 굳게 먹고 다시는 종의 멍에를 메지 마십시오."(5장 1절)

'종의 멍에'란 말할 것도 없이 할례나 율법으로 꽁꽁 묶여 있는 신앙의 자세를 가리킨다.

"형제 여러분, 하나님께서는 자유를 주시려고 여러분을 부르셨습니다. 그러나 그 자유를 여러분의 육정을 만족시키는 기회로 삼지 마십시오. 오히려 여러분은 사랑으로 서로 종이 되십시오. 모든 율법은 '네 이웃을 네 몸같이 사랑하여라' 하신 한마디 말씀으로 요약됩니다."(5장 13~14절)

"서로 남의 짐을 져 주십시오."(6장 2절)

"각 사람들은 자기 짐을 져야 하기 때문입니다."(6장 5절)

위의 2절과 5절의 말씀은 표리(表裏) 일체의 것으로서 받아들여야 할 것이다.

"낙심하지 말고 꾸준히 선을 행합시다."(6장 9절)

우리 인간은 선한 일을 하나만 해도 뭔가 큰 일을 한 것 같은 생각이 들거나, 자기 만족을 하거나 싫증이 나거나, 자세(藉勢)를 하는 생각에 빠지거나 한다.

5. 에베소서

어떻게 살아야 할까를 가르친다

〈에게해(海)에 바친다〉라는 소설이 아꾸다가와상(賞)을 받았다. 에베는 이 에게해에 면한 항만(港灣) 도시이며, 상업과 종교의 중심지였다. 에베소의 시가지도를 보면 큰 민중 목욕장과 광대한 야외극장이 있어서, 과연 로마제국이 번영하는 시대의 도시다웠던 사실을 알 수 있다.

에베소에서는 유명한 아데미라는 여신이 숭배되고 있었다. 그당시 아데미의 상(像)은 가슴을 노출시키고 서 있었는데, 그것은 기원전 590년 경에 건립되었다고 한다.

에베소의 여러 교회를 수신인으로 삼고, 갇혀 있는 땅 로마로부터 바울이 써 보낸 것이 이 에베소서이다. 이 서신은 '승천의 서신'이라고도 하고, 또 '신자의 수양회에 맞는 서신'이라고도 한다.

바울은 그리스도에 대한 신앙만을 갈라디아서에서 강조했는데, 이 에베소서에서는 어떻게 윤리적으로 살아야 할까를 가르치고 있어서 바울의 서신의 여부를 의심하는 사람도 있다고 한다.

"여러분이 구원을 받은 것은 하나님의 은총을 입고 그리스도를 믿어서 된 것이지, 여러분 자신의 힘으로 된 것이 아닙니다. 이 구원이야말로 하나님께서 주신 선물입니다. 이렇게 구원은 사람의 공로로 이루어지는 것이 아니기 때문에 아무도 자기 자랑을 할 수 없을 것입니다. 우리는 하나님의 작품입니다. 곧 하나님께서 이미 마련하신 대로 선한 생활을 하도록 그리스도 예수를 통해서 창조하신 작품입니다."(2장 8~10절)

"만민의 아버지이신 하나님도 한 분이십니다. 그 분은 만물 위에 계시고, 만물을 꿰뚫어 계시며, 만물 안에 계십니다."(4장 6절)

이 말씀은 하나님의 초월성, 보편성, 내재성(內在性)을 나타내고 있다.

"화나는 일이 있더라도 죄를 짓지 마십시오. 해질 때까지 화를 풀지 않으면 안됩니다."(4 장 26 절)

"남을 해치는 말은 입 밖에도 내지 마십시오. 오히려 기회 있는 대로 남에게 이로운 말을 하여 도움을 주고, 듣는 사람에게 기쁨을 주도록 하십시오."(4 장 29 절)

"추잡한 말과 어리석은 이야기나 점잖지 못한 농담 따위도 하지 마십시오."(5 장 4 절)

"빛의 자녀답게 살아야 합니다."(5 장 8 절)

"아내된 사람들은 주님께 순종하듯 자기 남편에게 순종하십시오."(5 장 22 절)

"남편된 사람들은 그리스도께서 교회를 사랑하셔서 당신의 몸을 바치신 것처럼 자기 아내를 사랑하십시오."(5 장 25 절)

위의 아내와 남편에게 주는 말씀은 교회의 결혼식 때에 낭독된다.

6. 빌립보서

기쁨으로 가득 찬 말씀

빌립보는 로마제국의 식민지인데, 이곳도 역시 상업이 번영한 성이었다. 시초는 근교(近郊)에 산출된 금과 은으로 번영했다고 한다.

빌립보교회와 바울은 대단한 친밀을 유지하고 있어서, 빌립보교회는 옥중의 바울에게 물질적인 원조를 주고 있었다. 그 빌립보교회로부터 에바브로디도라는 열성적인 신자가 금품을 가지고 로마의 옥중으로 바울을 방문하고 위로했다. 그리고 그대로 바울 밑에

서 섬길 예정이었지만, 그는 곧 호움식(home-sick; 鄕愁病)에 걸린
것 같았다. 바울은 에바브로디도가 완쾌한 후 그를 빌립보로 돌려
보냈다. 그때에 이 서신을 그에게 지참시켰다고 전해진다.

바울은 빌립보 사람들이 에바브로디도의 빌립보 귀환을 무책임
한 행위로 간주할는지도 모른다고 염려해서, 이 서신 중에 다음과
같이 썼다.

"주님을 믿는 같은 형제로서 그를 기쁘게 맞이하고, 또 그러한
사람들을 존경하십시오. 그는, (중략)…… 목숨을 걸고 그리스도를
위하여 일하다가 죽을 고비를 겪은 사람입니다."(2장 29~30절)

바울은 에바브로디도를 위해서 배려하는 동시에, 이 서신에서도
유대교주의자들의 움직임을 경계하라고 경고하고 교회의 일치를
강력하게 권했다.

빌립보서는 읽으면 알 수 있다고 하는 서신이다. 내가 좋아하는
성구가 특히 많은 서신이기도 하지만.

빌립보라고 하면 '기쁨'이라는 말이 곧 가슴에 떠오를 만큼 기쁨
으로 가득 찬 말씀이 여러 차례 등장한다.

"나에게는 그리스도가 생의 전부입니다. 그리고 죽는 것도 나에
게는 이득이 됩니다."(1장 21절)

"여러분은 그리스도를 믿을 특권뿐만 아니라 그 분을 위해서 고
난까지 당하는 특권, 곧 그리스도를 섬기는 특권을 받았습니다."(1
장 29절)

"주님과 함께 항상 기뻐하십시오. 거듭 말합니다. 기뻐하십시
오."(4장 4절)

"나는 비천하게 살 줄도 알며, 풍족하게 살 줄도 압니다. 배부르
거나 배고프거나, 넉넉하거나 궁핍하거나 그 어떤 경우에도 적응
할 수 있는 비결을 알고 있습니다. 나에게 능력을 주시는 분을 힘
입어 나는 무슨 일이든지 할 수 있습니다."(4장 12~13절)

갇혀 있는 몸이면서 이와 같은 서신을 써 보낸 바울의 신앙이 2

천년이 지난 지금도 우리의 가슴을 강하게 움직인다.

7. 골로새서

심원(深遠)한 그리스도

내가 5세까지 자란 집 부근에 염색소가 있었다. 약간 넓은 공지에 언제나 물들인 피륙이 최활(천을 펴는 대바늘=역자 주)을 끼운채 널려 있었다. 그 곳을 지나노라면 시큰한 염색된 것의 냄새가 풍겼다. 지금도 염색이라는 글자를 본 것만으로도 그 시큰한 냄새가 풍기는 듯이 느껴진다.

골로새성은 염색의 성이라고 하던 만큼 염색이 성했다고 한다. 얼마나 시큰한 냄새가 성중에 가득 차 있었을까 하고 나는 상상한다.

여하간 이 골로새성이 있던 부근은 세계 양모생산의 일대 중심지였다. 그것을 염색한 것이 골로새성이고, 의복으로 만든 것이 라오디게아성이었다. 그러나 이 번영하던 두 성은 지금 모두 없다. 라오디게아는 폐허가 남아 있지만, 골로새성터에는 이상하게도 그 자취를 남긴 돌 하나조차 없다고 한다. 즉, 지워 버린 것처럼 된 것이다. 대체 어째서 골로새성이 사라졌는가? 이 부근은 지진으로 유명한 장소라고 하는데, 지진으로 사라졌다고 해도 뭔가 남아 있을 듯한데 말이다.

이런 사실을 읽어 가노라면, 현재 살고 있는 나의 거리도 도꾜도 오사까도 골로새성과 같이 언젠가는 형적도 없이 사라지는 날이 오지 않을까 하고 염려된다. 확실히 눈에 보이는 것은 영원한 존재가 아니다.

여하간 골로새교회에도 역시 문제가 있었다. 즉, 이곳에도 그리스도교의 십자가를 경시하는 일파가 침입했던 것이다. 어떠한 이

설(異說)을 그들은 내세우고 있었던가? 이 서신 중의 말씀에서 생각해 보겠다.

"여러분은 헛된 철학의 속임수에 사로잡히지 않도록 조심하십시오."(2장 8절)

'철학의 속임수'라고 바울은 말했다. 물론 철학이 바로 속임수는 아니다. 바울이 이렇게 말한 것은 아마 그리스도의 십자가를 경시하는 나머지 철학을 신앙의 자리에 앉히고, 그 철학으로써 순박한 신자들을 미혹시킨 사실에 대한 항의이기도 했을 것이다.

이런 위험은 현대에도 자주 볼 수 있는 바이다. 학문이 신앙보다 무게를 지니고 사람에게 육박하는 위험은 흔히 볼 수 있다. 때로는 신학이라고 하는 분야에도 그 속임수와 매우 유사한 것이 나타난다.

바울은 또 일상문제에 대해서도 언급했다.

"그러므로 여러분은 먹고 마시는 문제나 명절 지키는 일이나 초생달 축제와 안식일을 지키는 문제로 아무에게도 비난을 사지 마십시오."(2장 16절)

그 당시 금욕주의가 교회 안에 침입해서 무엇을 먹으면 더럽히는가, 무엇을 먹지 않으면 더럽히지 않게 되느냐 하고 이러쿵 저러쿵 했다. 그것은 「구약성서」 중에 규정되어 있는 율법에 먹어서는 안되는 것, 먹어도 좋은 것이 쓰여 있는데, 그것을 특히 엄중하게 지킨 사람이 금욕주의자들이었다. 예를 들면, 양이나 소는 먹어도 되지만 돼지나 토끼는 먹어서는 안된다고 하며 이것을 엄중하게 지키는 것이다.

현대에도 알콜은 물론이고 차도 안된다, 커피도 홍차도 안된다, 육식도 안된다고 하는 파가 그리스교에도 있는데, 참으로 엄격하게 이것을 지키고 있는 모양이다. 그러나 그것은 영원한 구원과는 직접 아무 상관도 없는 일이다.

이곳에 '초생달'이라는 말이 있는데, 이것은 달의 첫째 날에 나오는 달을 의미한다고 한다. 이 날에는 특히 희생이 드려지고, 나팔이 울려 퍼지며, 일상의 일로 쉬는 풍습이 있었다. '초생달'은 또 '초하루'라고도 번역되는데, 안식일과 함께 엄중하게 지킨 모양이다. 요컨대 이것도 율법이다. 규정이다. 바울은 그런 것은 엄중히 지키지 않아도 그리스도의 속죄를 믿으면 영원한 구원을 받을 수 있다고, 이곳에서도 되풀이해서 서술하고 있는 셈이다.

이런 경향이 있던 골로새교회에 보낸 이 서신은 그리스도의 신성(神性)을 참으로 명확하게 선언했다.

"그리스도께서는 보이지 않는 하나님의 형상이시며, 만물에 앞서 태어나신 분이십니다."(1장 15절)

이 대목은 요한복음의,

"한 처음 천지가 창조되기 전부터 말씀이 계셨다. 말씀은 하나님과 함께 계셨고, 하나님과 똑같은 분이셨다. 말씀은 한 처음 천지가 창조되기 전부터 하나님과 함께 계셨다. 모든 것은 말씀을 통하여 생겨났다."

와 꼭 부합되는 말씀이다.

이 서신은 이와 같이 심원한 그리스도관(觀)이 근간(根幹)으로 되어 있는데, 다른 서신과 같이 일상생활의 훈련을 위한 말씀도 적지 않다.

"아내된 사람들은 자기 남편에게 순종하십시오. 이것이 주님을 믿는 사람으로서 해야 할 본분입니다. 남편된 사람들은 자기 아내를 사랑하십시오. 아내를 모질게 대해서는 안됩니다. 자녀된 사람들은 무슨 일에나 부모에게 순종하십시오. 이것이 주님을 기쁘시게 해 드리는 일입니다. 어버이들은 자녀들을 못 살게 굴지 마십시오. 그들의 의기를 꺾어서는 안됩니다."(3장 18~21절)

8. 데살로니가서 (전서 · 후서)

3주 동안에 교회를 설립한다

그리스도교를 '서양 종교'라고 하는 사람이 퍽 많다. 사실은 나도 오랫동안 그렇게 생각하고 있었다. 그러나 예수님의 고국 유대는 서양이 아니고 동양이다.

에베소, 골로새, 갈라디아 지방 등도 똑같이 아시아 안에 들어 있고, 동양(현재의 터키)이다. 그러나 데살로니가는 빌립보와 함께 서양(현재의 그리스)이다. 이 서양에 처음으로 그리스도교를 전한 사람은 바울이었다.

그런데 마케도니아의 수도 데살로니가는 알렉산더 대왕의 여동생 데살로니가의 이름을 따서 붙인 이름이라고 하며, 매우 번영하고 중요한 도시였다. 이 큰 도시 데살로니가에 예루살렘(정확히는 시리아 안디옥＝역자 주)으로부터 먼 곳을 찾아간 바울의 기백에 나는 놀라지 않을 수 없었다.

데살로니가는 모든 면에 그리스 문화의 영향을 받은 도시라고 한다. 그리스 철학, 그리스 고래(古來)의 종교, 그런 끈질긴 사상·문화가 가로누워 있는 데살로니가에 그리스도의 십자가를 전하려고 하는 큰 사도 바울의 신앙은 참으로 성령을 의지하지 않고는 확립할 수 없었을 것이다.

버클레이는 마케도니아로 선교하러 간 바울의 생각 속에 알렉산더대왕의 존재가 없었다고 단언할 수 없다고 서술했는데, 그것에 대해서 약간 언급해 두겠다.

알렉산더대왕은 그 당시 이미 수백 년 전에 죽은 인물인데, 당시 그는,

"온 세계를 하나로 만들고, 평화와 화해(和解)를 가져 오기 위해

서 나는 신으로부터 파견되었다."
고 명언(明言)하고, 동양인과 서양인의 구별도, 그리스인과 유대인의 차별도, 자유인과 노예의 낙차도 없는 나라를 이상으로 여기고 있던 왕이었다. 버클레이는 바울의,

"여기에는 그리스인과 유대인, 할례받은 사람과 받지 않은 사람, 타국인, 야만인, 노예, 자유인 따위의 구별이 없습니다. 오직 그리스도만이 전부로서 모든 사람 위에 군림하십니다."(골로새서 3장 11절)

라는 말씀에, 알렉산더 대왕의 영향을 보고 있는 것 같다.

여하간 내가 놀라는 것은 바울이 겨우 3주 가량 밖에 데살로니가에 체재하지 못했음에도 불구하고 그 곳에 그리스도를 믿는 무리가 생기고, 교회가 형성되어 갔다는 사실이다. 이것은 바울의 신앙의 확실성을 여실히 증명하는 것이며, 성령의 도우심의 풍성함을 증거하는 사실이기도 하다.

누가 한 성에 겨우 3주 동안 체재한 것만으로 이 정도의 열매를 맺을 수 있을까?

물론 이 교회에도 문제는 많았다. 그리스도의 십자가와 부활을 믿는 것은 당연하다고 해도 종말의 심판을 믿는 나머지, 당장이라도 재림하시는 그리스도가 오신다고 생각해서 일도 손에 잡히지 않고 부질없이 빈둥거리며 돌아다니는 사람들이 있었다. 이 서신에는 그렇게 약한 신앙의 소유자나 그릇된 종말관(觀)을 가진 사람에게 주는 훈계와 권유의 말씀이 눈에 띈다.

"조용히 살도록 힘쓰며, 각각 자기의 직업을 가지고 자기 손으로 일하시오."(전서 4장 11절)

"모든 것을 시험해 보고 좋은 것을 꼭 붙드십시오. 그리고 악한 일은 어떤 종류이든지 멀리 하십시오."(전서 5장 21~22절)

"주님의 날이 벌써 왔다고 어떤 사람들이 말하더라도 여러분은 지성을 잃고 쉽사리 흔들리거나 당황해서는 안됩니다."(후서 2장 2

절)

  "일하기 싫어하는 사람은 먹지도 말라."(후서 3 장 10 절)

  위의 구절은 "일하지 않는 자 먹지 말라"는 말로 유명한데, 2천
년 전에 바울이 한 말이다.

9. 디모데서(전서·후서)

교회 본연의 자세를 가르친다

  지금까지의 서신은 교회로 보낸 서신이었다. 이 서신은 디모데
라는 개인에게 보낸 서신이다.

  디모데라는 인물은 대체 어떤 신자였을까? 성서는 디모데를 이
렇게 썼다.

  "루스드라에는 디모데라는 신도가 있었다. 그의 어머니는 예수
를 믿는 유대 여자였으나, 아버지는 그리스 사람이었다. 디모데는
루스드라와 이고니온에 있는 교우들 사이에서 평판이 좋은 사람이
었다."(사도행전 16 장 1~2 절)

  누가는 이와 같이 디모데를 평판이 좋은 인물이었다고 썼다. 그
것을 뒷받침하는 것처럼 바울도 빌립보서 중에 이렇게 썼다.

  "여러분의 일을 진심으로 걱정해 주는 사람은 그 사람(디모데)
밖에 없습니다. 모두들 자기 일만 돌보고 예수 그리스도의 일은 아
랑곳하지 않습니다. 그러나 디모데는 여러분도 잘 알다시피 흠잡
을 데 없는 사람으로, 자식이 아버지를 섬기듯 나를 섬기면서 복음
을 위하여 함께 왔습니다."(빌립보서 2 장 20~22 절)

  절대(絶大)한 신용을 바울에게서 얻고 있었던 사실을 잘 알 수
있다.

  이 서신은 바로 이 디모데에게 보낸 소위 개인적인 서신이지만,
내용은 교회에 보낸 서신이라고 해도 좋을 것이다. 옛날부터 디모

데서는 '목회 서신'으로서 유명하다. 목회(牧會)란 교회의 관리지도라고 할 수 있다. 현대에서 말하면 목사의 활동을 목회라고 한다. 이 서신의 큰 기둥은,

첫째, 교회의 질서란 무엇인가?

둘째, 어떻게 교회를 조직하고 다스리며, 회원의 영혼을 위해 배려할까?

하는 두 가지라고 한다.

교회라고 하면 현재 세워져 있는 건축물로서의 교회당을 머리에 떠오르게 하지만, 교회란 신자들의 집합체이다. 무리(群)이다. 즉, 교회당은 없어도 그 곳에 신자가 있으면 교회는 있는 것이다.

더구나 그 당시의 교회는 현대와 같이 세상 일반에게서 인정을 받는 안온한 교회가 아니었다. 끊임없이 이단시(異端視)되고, 박해를 받고 있던 시대였다. 이 디모데도 육십대에 박해를 당해 순교했다고 한다. 바울은 이 서신의 첫머리에 '참된 믿음의 아들 디모데에게'라고 썼는데, 이것은 무심히 하는 말이 아니다. 바울의 전도에 그림자가 형체를 따르듯이, 함께 있으면서 얼마나 큰 활동을 했는지 전술한 누가나 바울의 평으로도 알 수 있다.

"노인에게는 나무라지 말고 오히려 아버지를 대하듯이 좋은 말로 충고해 드리라. 젊은이들에게는 형제에게 하듯이, 나이 많은 여자들에게는 어머니에게 하듯이, 젊은 여자들에게는 자매에게 하듯이 오로지 순결한 마음을 가지고 충고하라."(전서 5 장 1~2 절)

"우리는 아무 것도 세상에 가지고 온 것이 없으며, 아무 것도 가지고 갈 수 없다."(전서 6 장 7 절)

"부자가 되려고 애쓰는 사람은 유혹에 빠지고, 올가미에 걸리고, 어리석고도 해로운 온갖 욕심에 사로잡혀서 파멸의 구렁텅이에 떨어지게 된다."(전서 6 장 9 절)

"돈을 사랑하는 것이 모든 악의 뿌리이다."(전서 6 장 10 절)

"힘들여 일한 농부가 소출을 먼저 받아야 한다는 것은 당연한 일

이다."(후서 2장 6절)

10. 디도서

어리석은 논쟁을 피하라

이 서신도 역시 디모데서와 똑같은 목적으로 쓰여진 것 같다. 그
러나 디도는 디모데만큼 유명하지 못했다. 유명하진 못했지만, 바
울과 함께 전도에 수고한 점에서는 디모데와 같고, 바울의 좋은 제
자였다. 일설에 디도는 누가의 동생이었다고 한다. 그 때문인지 누
가가 쓴 사도행전에는 디도의 행적이 기록되어 있지 않다. 누가가
'우리'라고 쓴 글 중에 디도가 포함되어 있지 않을까라고도 한다.

"어리석은 논쟁을 피하고 족보를 캐거나 말다툼을 하거나, 율법
을 가지고 싸우거나 하는 일을 멀리 하라. 이와 같은 일은 헛된 일
이며, 이로울 것이 없다."(3장 9절)

11. 빌레몬서

노예로서가 아니라 사랑하는 형제로서

이것도 역시 바울의 서신이다. 그러나 사실은 바울 한 사람부터
의 서신이 아니라, 첫머리에 디모데의 이름도 연서(連署)되어
있다. 바울의 서신의 거의 모두는 이와 같이 바울과 디모데 또는
실루아노 등의 연서로 발신되었다. 이것은 아마 바울이 구술하고,
다른 사람이 필기한 사실에 의한 것이 아닌가라고 한다. 전술한 것
처럼 바울은 눈이 나빴기 때문에 스스로 펜을 들기가 어려웠던 것
같다. 그래서 때로는 서신 끝에 와서,

"바울로부터 이렇게 친필로 서명을 하며 여러분에게 문안합

니다. 이 서명은 내 모든 편지를 가려내는 표입니다."(데살로니가
후서 3 장 17 절)
라고 썼다.

　그런데 우리가 일상 쓰는 서신을 생각해 보자. 우리가 서신을 쓰
는 경우, 바울의 서신과 같은 내용을 쓰는 수가 있을까? 이 서신
들은 참으로 대단한 작업이었다고 해야겠다.

　그러나 이 빌레몬서는 바울의 서신 중에서 가장 짧다. 고작해야
4 백자 원고지 석 장 남짓한 데 지나지 않는다. 이 짧은 서신이 왜
성서에 수록되었을까? 흥미가 있는 일이다.

　이 빌레몬서는 오네시모라고 하는 빌레몬의 노예문제가 중심으
로 되어 있다. 그 당시는 노예제도가 아무런 의심도 없이 존재한
시대이다. 겨우 타월 두 장을 훔친 것만으로 불에 달군 윤두를 벌
로써 찍혔다는 시대라고 하는데, 만일 주인에게 거슬리는 일이
있다면 사형에 처할 수도 있었다고 한다.

　그런 일을 염두에 두고 이 사신(私信)을 읽는다면, 이 서신이 아
무리 짧다고 해도 얼마나 놀라운 서신이었는가를 충분히 알 수가
있다.

　빌레몬은 노예 오네시모의 주인이었다. 오네시모는 주인의 집에
서 물건을 훔치고 로마로 도망했다. 그리고 그 곳에서 바울을 만나
마침내 크리스찬이 되었다.

　바울은 미결수로 재판의 결과를 기다리며 로마에 머물고 있
었다. 미결수라고 해도 집 한 채를 빌려서 살았고(감시 군인 하나가
붙어 있었지만), 비교적 자유로운 행동이 허용되고 있었다.

　오네시모는 바울의 신변에서 섬기게 되었는데, 바울은 그 오네
시모를 빌레몬에게 돌려보내기로 했다. 어떠한 형벌을 도망친 노
예에게 부과해도 상관치 않는 시대였다. 이것은 큰 모험이었다. 그
러나 바울은 이 노예 오네시모를 돌려보내는 것으로, 빌레몬과 그
의 친구 친지들에게 신자는 노예를 어떻게 대해야 하는가를 알려

주려고 한 모양이다. 그리고 그 소원은 저쪽에서 들어주었을 것이다. 만일 빌레몬이 깊은 감동으로서 받아들이지 않았다고 하면 벌써 이 서신은 파기되었을 것이기 때문이다.

"나는 그대가 마땅히 해야 할 일을 그리스도의 이름으로 아무 거리낌 없이 명령할 수도 있습니다. 그러나 서로 사랑하는 사람으로서 그대에게 간곡히 부탁하는 것이 좋겠다고 생각합니다. 내가 갇혀 있는 동안에 얻은 내 믿음의 아들 오네시모의 일로 그대에게 이렇게 간청하는 것입니다."(8~10절)

"그것(오네시모를 돌려보내는 일=역자 주)은 내 심장을 떼어 보내는 셈입니다."(12절)

"이제부터 그는 종으로서가 아니라 종 이상으로, 곧 사랑하는 교우로서입니다."(16절)

"그대가 나를 동지로 여긴다면 나를 맞는 것처럼 그를 맞아 주시오."(17절)

이 말씀들은 그 당시 사람들에게 전격적인 말씀이었을 것이다. 노예는 인간이 아니고, 가축이나 물건처럼 다루던 시대이기 때문이다.

부자의 재산으로 간주되고 있던 노예를,

"나의 심장이다. 사랑하는 형제로서 나와 같이 맞아 주기를 바란다."

는 말로서 나타낸 바울의 사상은, 그 시대의 부자들을 노하게 하는데 충분했을 것이다. 그것이 후년에 저 아메리카에서의 노예해방에 연관이 되었으리라고 생각하면 이 짧은 빌레몬서는 큰 사랑의 다이너마이트였다고 할 수 있다.

12. 히브리서

한평생 잊을 수 없는 한 구절

이 책은 '히브리인들에게 보낸 서신'으로 되어 있지만, 누구에게 보내기 위해 썼는지 사실 수신인이 없다. 그리고 발신인의 이름도 없다.

내게도 때로는 발신인의 이름이 없는 서신이 오는데, 그때에는 소인(消印)을 조사하거나 필적을 판단하거나 쓰여진 내용으로 상대를 추측한다.

이 히브리서도 그런 식으로 대대로 저자를 추측했지만, 아직도 확실한 발신인이 분명치 않다. 바나바가 썼다느니 디모데가 썼다느니 여러 설이 있지만 분명치 않다.

그런데 히브리인이란 무엇인가? 그것은 이스라엘인을 의미한다. 히브리인이란 외국인이 이스라엘인을 부를 때, 그리고 이스라엘인이 외국인 앞에서 말할 때에 사용된 것이라고 한다. 이 책은 지금까지의 서신보다 약간 난해하다. 어느 정도 「구약성서」에 밝지 못하면 알기 어렵다. 신앙경력이 오랜 신자들에게도 그리 쉽지 않다. 그래서 이곳을 읽고 알 수 없다고 해서 실망할 필요는 없다.

성서의 해설서는 여러 가지이다. 그러나 성서의 가장 좋은 해설서는 성서 자체라고 한다. 앞에서도 서술했다고 생각되는데, 성서는 「구약성서」와 「신약성서」를 합쳐서 비로소 성서라고 한다. 「신약성서」를 알기 위해서는 「구약성서」를 읽을 필요가 있다. 「구약성서」를 알기 위해서는 「신약성서」를 읽을 필요가 있다. 서로 해설서의 구실을 다하고 있기 때문이다.

그런데 이 서신은 무엇에 대해서 썼는가? 한마디로 하면, 그리스도론(論)을 전개하고 있다. 특히 그리스도는 대제사장이라는 것을 역설하고 있다.

이스라엘 민족은 어릴 때부터 회당으로 가서 「구약성서」를 암송할 정도로 교육을 받으니까, 이 서신에 쓰여 있는 의도와 논지(論旨)를 잘 알았을 것이다. 아마 이 저자는 그리스도의 십자가가 어떤 의미를 가지는지, 그리스도를 믿는다는 것은 어떤 일인가를 신앙이 희박해진 신자에게 다시금 호소한 것이리라.

이 책이 쓰여졌을 때는 이미 황제 네로의 박해가 있은 후인데, 마음이 위축된 사람들을 격려하고 위로하는 데에 크게 도움이 되었다고 생각한다.

"하나님께서는 당신의 아들을 통해서 온 세상을 창조하셨으며, 그 아들에게 만물을 물려주시기로 하셨습니다. 그 아들은 하나님의 영광을 드러내는 찬란한 빛이시요, 하나님의 본질을 그대로 간직하신 분이시며, 그의 능력의 말씀으로 만물을 보전하시는 분이십니다."(1 장 2~3 절)

이 말씀도 요한복음의 "태초에 말씀이 계시니라. 이 말씀은 곧 하나님이시니라"와 일치하는 그리스도관이다.

"사실 집보다는 그 집을 지은 사람이 더 큰 영광을 누리게 마련입니다. 어느 집이든지 그 집을 지은 사람이 있습니다. 그런데 만물을 지으신 분은 바로 하나님이십니다."(3 장 3~4 절)

"'오늘'이라는 동안에 날마다 서로 격려하시오."(3 장 13 절)

"여러분은 신념을 버리지 마시오. 그 신념에는 큰 상이 붙어 있습니다."(10 장 35 절)

"믿음은 우리가 바라는 것들을 보증해 주고, 볼 수 없는 것들을 확증해 줍니다."(11 장 1 절)

이 마지막 한 구절은 내가 한평생 잊을 수 없는 말씀이다. 아직 내가 깁스 침대에 누워 있을 즈음 병문안하러 온 미우라가 먹으로 색종이에 써서 벽에 걸어 주었다. 나는 이 말씀에 격려되어 얼마 후 병을 이길 수 있었다.

"여러분은 죄와 맞서 싸우면서 아직까지 피를 흘린 일은 없습니다."(12장 4절)

"이 땅 위에는 우리가 차지할 영원한 도성이 없습니다."(13장 14절)

13. 베드로서(전서·후서)

폭군 네로의 박해

베드로는 예수님의 12제자 중의 한 사람인데, 예수님이 체포되신 밤에 세 번 예수님을 모른다고 한 인간이다. 그럼에도 불구하고 웬지 나는 베드로라는 인물을 제자 중에서 가장 좋아한다. 잘 생각하지 않고 행동하는 경거망동(輕擧妄動)형이지만, 그래도 따뜻함이 있다.

이 서신도 그 특징이 따뜻함에 있다고 하는데, 그 사랑은 그리스도를 세 번 부인했기 때문에 도리어 풍성하도록 넘쳐 나오게 된 것이 아닐까?

버클레이의 해설서를 보면 기원 64년에 네로의 박해가 있었는데, 이 서신은 그 몇 년 후엔가 쓰여졌다고 한다. 영화로도 보았지만, 네로는 참으로 언어에 절(絶)하는 폭군이었다. 네로는 로마의 거리를 불태웠다. 그것은 무엇 때문인가? 낡은 로마의 거리를 신건축으로 보기 좋은 거리로 개조하고 싶었기 때문이었다. 굉장한 비난이 네로에게 퍼부어졌다. 그는 그 비난을 피하기 위해서 방화의 죄를 그리스도에게 전가시켰다.

그 이전에도 크리스찬은 여러 가지 오해를 받고 있었다. 그들은 최후의 만찬을 기념해서 때때로 서로 빵을 나누고, 포도주를 나누었다. 그러나 이 만찬석에는 신자 밖에 참여할 수 없었다. 그래서 다른 사람들은 그 장면을 볼 수 없었다.

예수님은 최후의 만찬에서 빵을 나누시면서 "이것은 내 몸이다"고 말씀하시고, 포도주를 나누실 때에는 "이것은 내 피다"고 말씀하셨다. 그것이 잘못 전해져서 크리스찬은 인육을 먹고, 사람의 피를 마신다는 엉뚱한 소문이 퍼졌고, 게다가 외국인과 갓난아기를 죽여서 먹는다는 소문까지 퍼지고 있었다.

그리고 그 석상에서 평화의 표인 입맞춤을 했는데, 그것이 정욕의 제사라는 소문이 퍼졌다고 한다. 그런 오해를 받고 있던 크리스찬이었기 때문에, 시초에는 네로의 방화라고 믿어 의심하지 않았던 사람들도 주체할 수 없게 된 비난을 크리스찬에게 돌린 모양이다. 그래서 큰 학살이 일어나고, 네로는 크리스찬을 계속적으로 체포해서 십자가에 못박거나, 밤에 정원을 밝게 하기 위해서 신자들에게 콜탈을 칠하고 그 몸에 불을 붙여서 횃불 대신으로 태웠다고 한다.

그리고 야생동물의 가죽을 쓰게 해서 사냥개에게 뜯어 먹히게 했다는 말도 전해지고 있다.

이 제1차 박해가 끝난 후에도 크리스찬은 언제나 위험에 직면해 있었다. 군중은 투우를 보는 것처럼 크리스찬의 피를 보고 열광했기 때문이다. 그 대부분은 법률에 의해서가 아니라 가공(可恐)할 사형(私刑)으로 크리스찬의 생명이 탈취당했다.

이런 틈바구니에서 베드로는 이 서신을 쓴 셈인데, 원한이나 증오가 없고 위로와 확신으로 가득 찬 말씀이 나열되어 있는 것은 역시 큰 경이라고 해야겠다.

"자유인답게 사십시오. 그러나 악을 행하는 구실로 자유를 남용해서는 안됩니다. 여러분은 하나님을 섬기는 종입니다."(전서 2장 16절)

"죄를 짓고 매를 맞으면서 참으면 영예스러운 것이 무엇입니까? 그러나 선을 행하거나 고통을 당하면서도 참으면 하나님의 축복을 받습니다."(전서 2장 20절)

"악을 악으로 갚거나 욕을 욕으로 갚지 말고 도리어 축복해 주십시오."(전서 3 장 9 절)

"여러분의 온갖 근심 걱정을 송두리째 하나님께 맡기십시오. 하나님께서는 언제나 여러분을 돌보십니다."(전서 5 장 7 절)

"여러분은 열성을 다하여 믿음에 미덕을 더하고, 미덕에 지식을, 지식에 절제를, 절제에 인내를, 인내에 경건을, 경건에 교우끼리의 사랑에 만민에 대한 사랑을 더하십시오."(후서 1 장 1~7 절)

14. 요한 1 서

자기 눈으로 직접 본 예수의 신성

이것도 서신으로 되어 있지만, 서신의 형식에서는 멀고 수신인도 인사말도 없고, 대번에 설교로 되어 있다. 저자는 요한복음을 쓴 12 사도 중의 한 사람 요한이라고 하는데, 쓰여진 연대는 기원 100 년 경이라고 한다. 그렇다면 예수님이 32, 3 세 경에 십자가에 못박히신 셈이니까, 요한이 그때 20 세라고 해도 이미 90 에 가까운 연령이다.

이 요한은 죽지 않는다는 전설이 있었던 만큼 장수했기 때문에 기원 100 년 경에도 충분히 건강하게 활약하고 있었는지도 모른다.

나는 원어를 읽지 못해서 모르지만, 요한복음과 이 요한 1 서는 문장에서 받는 느낌이 참 비슷해서 아무리 보아도 같은 인물로 생각된다.

베드로, 바울의 서신과는 달리 이 서신이 쓰여진 즈음은 교회가 퍽 평온했던 것 같다. 박해에 고통하는 일들은 없었던 것 같다. 그 대신 교회 자체 속에 여러 가지 유혹이 있어서 거짓 예언자가 일어나고, 뜨겁던 신앙이 식어지며 붕괴의 조짐조차 보이고 있었던 모양이다.

신앙이란 것은 밖으로부터의 박해로 무너지는 것보다 자기 마음의 해이(解弛)로 무너지는 편이 많다. 그것은 현대 교회가 지닌 위험이기도 하다.

그 당시의 교회가 지닌 위기의 하나는 예수님을 그리스도로 믿을 수 없다는 것이었다. 특히 오랫동안 유대교를 믿어 온 사람들에게는 십자가에 못박히신 예수님을 구주로 믿는 것은 현대의 우리가 상상하는 것보다 훨씬 곤란한 일이었던 모양이다. 즉, 하나님의 아들이 육체를 입으시고 이 세상에 나타나셨다는 것은 아무래도 믿기 어려운 일이었다.

이런 때에 요한은 이 서신을 썼다. 목적은 자연히 이해할 수 있다. 즉, 예수 그리스도에 대한 새로운 확인이다.

"우리는 생명의 말씀에 관해서 말하려고 합니다. 그 말씀은 한 처음부터 계셨습니다. 우리는 그 말씀을 듣고 눈으로 보고 실제로 목격하고 손으로 만져 보았습니다. 그 생명이 나타났을 때에 우리는 그 생명을 보았기 때문에 그것을 증언합니다. 우리가 여러분에게 선포하는 이 영원한 생명은 아버지와 함께 있다가 우리에게 분명히 나타난 것입니다."(1장 1~2절)

이 첫머리의 말씀은 얼마나 요한복음의 첫 말씀과 닮았는지.

"한 처음에 말씀이 계셨다. 말씀은 하나님과 함께 계셨고, 하나님과 똑같은 분이셨다. 말씀은 한 처음부터 하나님과 함께 계셨다. 모든 것은 말씀을 통하여 생겨났고, 이 말씀 없이 생겨난 것은 하나도 없다. 이 말씀에 생명이 있었다."(요한복음 1장 1~4절)

요한은 직계 제자로서, 자기의 눈으로 직접 보고 귀로 직접 들은 사람으로서 예수님의 신성을 강하게 증언했다.

"우리가 우리의 죄를 하나님께 고백하면 진실하시고 의로우신 하나님께서는 우리의 죄를 용서하시고 우리의 모든 불의를 깨끗이 씻어 주실 것입니다."(1장 9절)

"예수 그리스도께서 사람의 몸으로 오셨다는 것을 인정하는 사람은 모두 하나님께로부터 성령을 받은 사람이고, 예수께서 그런

분이시라는 것을 인정하지 않는 사람은 모두 하나님께로부터 성령을 받지 않은 사람입니다."(4장 2~3절)

15. 요한의 서신(둘째·셋째)

거짓 교사의 미혹을 받지 말라

첫째 서신과 같이, 저자는 요한이다. 매우 짧은 서신인데, 셋째 서신은 성서 중에서 가장 짧은 서신이라고 한다. 둘째 서신은 수신인을 '선택을 받은 귀부인과 그 자녀들에게'라고 썼다.

나는 어떤 부인에게 쓴 것인가 하고 생각했는데, 교회를 부인이라고도 불렀다고 한다. 흔히 교회의 신랑은 그리스도라고 비유적으로 말하는 수가 있기 때문인 것이다. 그러므로 그의 자녀들이란 바로 신도들이다.

이 짧은 서신에서 가장 중요한 대목은 다음의 말씀일 것이다.

"그리스도의 교훈을 지키지 않고 지나치게 앞서 나가는 자는 누구든지 하나님을 모시지 않는 자입니다. 그리스도의 교훈을 지키는 사람은 하나님 아버지와 그 아들을 함께 모시는 사람입니다. 만일 누가 여러분을 찾아가서 이 교훈과 다른 것을 전하거든 그를 집 안으로 받아들이지도 말고 인사도 하지 마십시오."(요한 2서 9~10절)

이곳을 생각없이 읽으면 크리스찬은 얼마나 비(非)관용한 사람인가 하고 놀란다. 나도 그렇게 생각하고 이곳을 읽을 때마다 어쩐지 저항을 느끼곤 했다. 그러나 이렇게 쓰는 데는 쓸 만한 사정이 있었다.

그 당시 순회 설교사(說敎師)가 적지 않았던 모양인데, 그중에 그리스도교와는 전혀 다른 교의(敎義)를 가지고 들어오는 위험한 교사가 있었다. 산재한 교회에 언제 이 위험한 교사가 올는지 알

수 없었다. 아무 것도 모르고 자기들에게 좋은 설교를 해줄 교사라
고 생각하여 환영하면 큰일날 설교를 듣게 되고, 신도들의 신앙에
동요와 혼란을 초래한다.

현대에도 이런 종류의 거짓 교사가 있다. 복음서에도 자칭 그리
스도나 거짓 그리스도가 나타난다고 예수님이 예언하신 대로, 현
재 자기가 재림한 그리스도인 것 같은 교회를 가지고 많은 젊은이
를 미혹하는 사람이 있다. 그 교훈에 말려든 젊은이들은 학문을 버
리고, 어버이를 버리고, 직장을 버리고, 음식을 먹는 둥 마는 둥
모금(募金)의 노르마를 부과받고 가정 방문을 하러 거리에 다니고
있다. 전국에 그 피해자의 모임조차 구성되어 있고, 나한테도 그런
가족으로부터의 호소가 끊이지 않는다.

이렇게 생각하면 "그를 집안으로 받아들이지도 말고, 인사도 하
지 마십시오"라는 주의는 결코 엄하다고도 비관용이라고도 말할
수 없다.

셋째 서신에도,

"디오드레베가 그 교회의 우두머리가 되려는 야심을 품고 우리
의 권위를 인정하려 하지 않습니다. 그래서 내가 가면 그가 저지르
는 나쁜 일들을 낱낱이 지적하겠습니다. 그는 나쁜 말로 우리를 헐
뜯고 있습니다. 그것도 부족해서 우리가 보낸 형제들을 받아들이
지 않을 뿐더러 그 형제들을 받아들이려는 사람들까지도 그렇게
못하도록 방해하고, 심지어는 그런 사람들을 교회 밖으로 쫓아내
고 있습니다."(9~10 절)

라는 말씀도 보이는데, 단순히 사적(私的)인 문제가 아니라 교회
전체의 문제였던 것을 염두에 두고 읽으면 이해할 수 있다고 생각
한다. 이것은 사도들이 문제를 모호하게 만들거나, 적당하게 타협
하지 않았다는 한 예이기도 할 것이다. 예수님의 "'예'할 것은
'예'하고, '아니오' 할 것은 '아니오'라고만 하여라"고 가르쳐 주
신 말씀이 아울러 생각난다.

여하간 초대 교회에서 복음이 바르게 뿌리를 내리기까지에 안팎 모두 많은 문제와 겨루고 있었던 사실을 엿볼 수 있다.

16. 유다서

육(肉)에 더럽힌 사람

이 유다가 가롯 유다라고 생각했던 사실은 앞에도 썼다. 그러나 이 유다는 예수님의 동생인 유다라고 한다.

이 서신을 써야 했던 것은 다른 서신과 마찬가지로, 거짓 교사가 나타나 그 거짓 교사한테 교회가 교란을 당하고 있었기 때문에 서둘러서 썼다고 한다.

이것도 짧은 서신이지만, 신자라고 해도 대번에 알기는 어렵다. 왜냐 하면 「구약성서」의 사건과 지명과 인명이 종횡으로 구사(驅使)되어 있기 때문이다.

"하나님의 사랑 안에 머물러 있으면서 영원한 생명으로 인도하시는 우리 주 예수 그리스도의 자비를 기다리십시오. 의심을 품는 사람들을 동정해 주고, 죄악의 불구덩이에 빠진 사람들을 끌어내 구해 주십시오. (중략)…… 그 욕정으로 더럽혀진 그들의 속옷까지도 미워하되 조심스럽게 자비를 베푸십시오."(21~23절)

이 마지막 말씀, '욕정으로 더럽혀진 그들'이란 하나님을 믿는다고 하면서, 믿고 있으니까 무엇을 해도 괜찮다고 하는 잘못된 방종한 생활을 하고 있던 거짓 신자들을 가리킨다고 한다. 이 일 때문에 유다는 서신을 쓴 것이다.

17. 요한계시록

신앙을 지키기 위한 암호

이전에 나는 「신약성서」 중에서 이 '요한계시록'을 읽는 것이 가장 마음이 내키지 않았다. 나와 생각이 같은 사람은 의외로 많은데, 또 반대로 이 계시록에 열심인 사람들도 적지 않다는 말을 듣는다. 즉, 평가가 둘로 나뉘어 있다는 말일 것이다.

일찍이 내가 이 책을 경원(敬遠)한 까닭은 종잡을 수 없는 대목이 너무나 많기 때문이었다. 왜 그런가? 그것은 곳곳에 암호를 사용했기 때문이다.

그런데 암호를 푸는 일은 재미가 있는 법이다. 그러나 이것에 열중한 나머지 흥미 본위의 억설(臆設)을 농(弄)하거나 또는 어느 해어느 달 어느 날에 이 세상 끝이 온다는 말을 해서 사람을 불안과 혼란에 빠뜨리는 사람이 있으니 매우 주의해야 한다.

그러면 무엇 때문에 암호를 써야 했을까? 그것을 알기 위해서는 역시 이곳에서도 그 배경을 주목해야 한다.

나는 로마황제라고 하면 당장 폭군 네로가 생각난다. 앞에도 쓴 것처럼 스스로 로마의 거리에 불을 지르고, 그 죄를 크리스찬에게 지워서 잔혹한 형벌에 처한 네로였다.

그러나 초대부터 8대까지의 황제를 위주로 해서 조사해 보니까, 3대째에 이미 황제 예배를 강조한 칼리큘라 황제(37~41년)가 있다. 이 황제는 정신이상자이고, 과대망상광(誇大妄想狂)이었다고 한다. 네로(54~68년)는 5대째인데, 확실히 폭군이었지만 자기를 신(神)이라고 하지는 않았고, 황제 예배도 강요하지는 않았다.

그런데 제8대인 도미티아누스 황제(81~96년)는 칼리큘라와 네로를 합친 것 같은 손을 댈 수 없는 폭군이었다.

「신성서대사전」에 따르면, 이 황제는 로마의 신분이 높은 유명인을 많이 사형에 처하고, 또 아무 이유도 없이 추방하거나 재산을 몰수했다. 의심이 많아서 자기의 조카를 비롯해서 근친자에게도 마수를 뻗쳤다. 그는 너무나 많은 사람을 반역의 혐의로 처형했기 때문에, 그의 아내가 신하와 모의하고 그를 암살할 정도였다.

특히 그의 가장 큰 죄악은 자기를 신이라고 주장하고, 그것을 법령으로 선언한 일이다. 정부의 통고나 고시(告示) 문서의 첫머리에는 "우리 주, 그리고 신이신 도미티아누스 황제의 명에 의하여"라는 말을 사용케 했다. 그리고 서면이든지 구두로든지 그를 부를 때는 '주' 또는 '신'이라고 해야 한다. 즉, 로마제국과 예속된 주(州)에 거주하는 사람은 황제를 신이라고 하든가, 신이라고 부르지 않고 죽음을 당하든가, 둘 중의 하나 밖에 없었다.

크리스찬 사람을 신이라고는 절대로 부를 수 없었다. 그런 시대에 살아야 했던 크리스찬들의 공포는 얼마나 컸을까? 그 신앙을 격려하고 관철(貫徹)시키기 위해서 이 '요한계시록'이 쓰여졌다. 그러므로 황제측에서 이 책의 의도가 알려지는 것을 막아야 했다. 암호를 쓴 것은 목숨을 걸고 신앙을 지키기 위한 지혜였다.

즉, 이 책은 목숨을 걸고 쓰여진 것이고, 읽는 쪽도 역시 목숨을 걸고 읽어야 했다. 나는 여기서 뚝 멈추어 선다. 나는 하나님을 믿는 사람으로서, 그리고 글을 쓰는 사람으로서 자기의 목숨을 위기에 직면케 하면서까지 쓸 수 있을까 하고 생각했을 때 나는 새삼스럽게 이 암호를 사용해서라도 써야 했던 신앙에 압도당하는 느낌이었다.

박해 속에서 쓰여진 「신약성서」

생각해 보면, 이 계시록뿐만 아니라 「신약성서」의 각 권 거의 모두가 박해에 직면한 중에서 쓰여졌다. 바울은 옥중에 있으면서조차 썼다. 본래 그리스도교는 예수님이 십자가에 못박히시는 박해에서 시작되었다. 그러므로 「신약성서」의 어느 부분에도 그리스도의 존귀한 피보라가 덮여 있고, 성도들의 피가 묻어 있다.

시대는 2천년을 경과했다고 하지만, 우리도 역시 이 생명의 위기에 직면하면서 쓴 성서를 진지하게 읽어야 하지 않을까? 목숨을 걸고 쓴 글을 알기 위해서는 이쪽도 진지하게 되어야 하지 않을까?

"성서는 자기의 온 생활을 걸고 읽어야 한다."

고 하신 목사님의 말씀의 깊이를, 나는 지금 겨우 알 것 같은 생각이 든다. 그리고 또,

"성서의 말씀을 이 자기 자신에게 주시는 말씀으로 알고 귀를 기울여라."

고 하신 목사님의 말씀의 무게도 깨닫는다.

마지막으로, 계시록 중에서 몇 말씀을 인용하고 붓을 놓겠다.

"들어라. 내가 문 밖에 서서 문을 두드리고 있다. 누구든지 내 음성을 듣고 문을 열면 나는 그 집에 들어가서 그와 함께 먹고, 그도 나와 함께 먹게 될 것이다. 승리하는 자가 나와 함께 내 옥좌에 앉게 하여 주겠다."(3장 20~21절)

이 말씀은 유명한 그림이 되었다. 그리스도께서 손잡이가 없는 문 밖에서 문을 두드리고 계시는 그림이다. 손잡이가 없기 때문에 그리스도께서는 여실 수가 없다. 그리스도교의 신앙은 자기의 의지로 인해서 문을 열고, 그리스도를 마음에 맞아들일 밖에 도리가 없다. 지금까지 읽어 온 성서 전체는 그리스도의 노크이다. 이 노크에 응해서 마음의 문을 여는 여부로 그의 인생은 완전히 다른 것으로 변한다.

"아멘. 오소서, 주 예수여!"

이것이 성서의 마지막 말씀이다(맺는 인사말 한 구절이 뒤에 있지만).

박해중에 있으면서 사도들이 고대하던 분은 참으로 주 예수님이

었다. 인간이 참으로 기다려야 할 것은 무엇인가? 그것은 거룩한
자, 사랑인 자, 의로운 자, 즉 구주이신 하나님의 아들이 아닌가.
나도 역시 원한다.

"오소서, 주 예수여!"

하고.

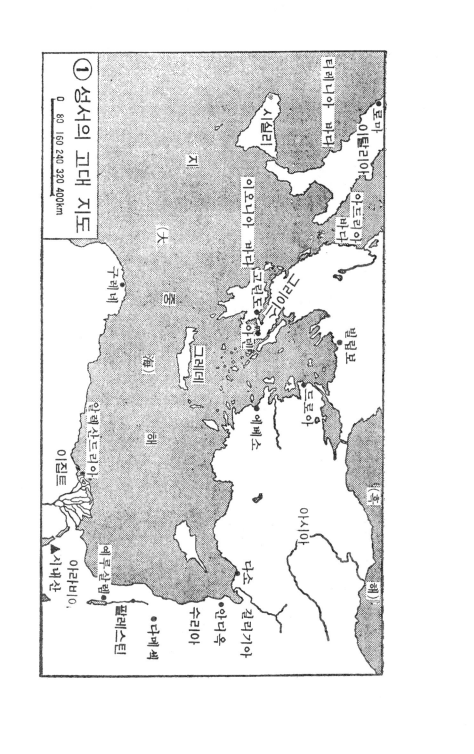

① 성서의 고대 지도

0 80 160 240 320 400km

로마

이탈리아

테베나아

시칠리

지
(大

중
海)

그레데

구레네

에

레기움

보디올

드로아

그리스

아오니아 바다

고린도

아데네

겐그레아

델로이

에베소

루디아

아시아

밤빌리아

베니게

수리아

안디옥

다소

길리기아

알렉산드리아

이집트

예루살렘

다메섹

아라미아,

▲시내산

나일

아라비아

팔레스틴

유브라데

홍
해

②그리스도시대의 팔레스틴

0   30   60km

지중해 (大中海)

베니게

헐몬산 ▲

다메섹

두로

가이샤라 빌립보

갈릴리

가버나움

갈멜산

갈릴리호수

나사렛

나인

가이사랴

데가볼리

사마리아

요

욥바

단

예루살렘

강

베들레헴

가사

유대

사해 (死海)

아라비아

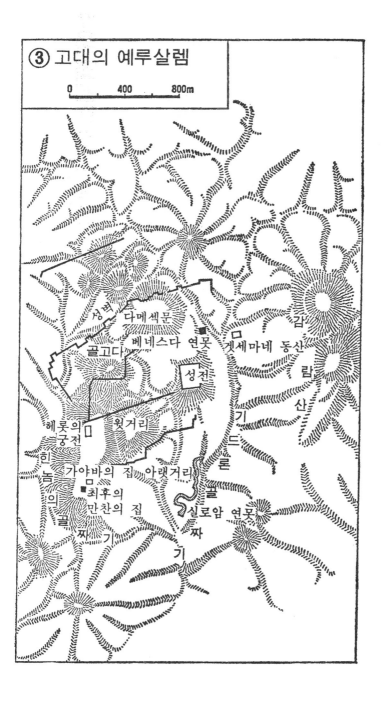

③ 고대의 예루살렘

0   400   800m

성벽
다메섹문
골고다   베네스다 연못   겟세마네 동산
성전
헤롯의   윗거리
궁전
힌놈   가야바의 집   아랫거리
의   최후의   론
골   만찬의 집   골
짜기   실로암 연못
기   짜
기

감
람
산
기
드
론

신약성경 이야기

1판 1쇄 인쇄 / 1991년 7월 15일

1판 1쇄 발행 / 1991년 7월 20일

2판 1쇄 발행 / 1993년 11월 25일

3판 1쇄 발행 / 2009년 9월 5일

4판 1쇄 발행 / 2024년 12월 10일

지은이 / 三浦綾子(미우라 아야꼬)

옮긴이 / 최 정 선

펴낸이 / 김 용 성

펴낸곳 / 지성문화사

등 록 / 제5-14호 (1976.10.21)

주 소 / 서울시 동대문구 신설동 117-8 예일빌딩

전 화 / 02)2236-0654

팩 스 / 02)2236-0655

정 가 / 13,000원